Sara Schätzl

HUNGRIGES HERZ

Mein Leben mit der Bulimie

SCHWARZKOPF & SCHWARZKOPF

INHALT

Teil 2

Vorwort

Bulimia nervosa, auch Ess-Brech-Sucht genannt, ist eine Essstörung, bei der die Betroffenen ein unkontrolliertes Verlangen nach Essen entwickeln und anschließend gewichtsreduzierende Handlungen herbeiführen – dazu gehören Erbrechen oder das Schlucken abführender Präparate. Überwiegend wird diese Erkrankung bei Frauen diagnostiziert. Ein Ausweg aus dieser heimlichen Sucht ist in der Regel nur mithilfe einer Psychotherapie in Form von Einzel-, Gruppen- und Familientherapie möglich; je nach Schwere der Störung wird diese in psychosomatischen Kliniken, intensivtherapeutischen Wohngruppen wie ANAD oder aber ambulant durchgeführt. Der Therapieverlauf gestaltet sich oft langwierig und aufgrund der zahlreichen körperlichen Folgen immer unter Einbeziehung medizinischer Behandlung ist er nicht selten eine Kombination aller genannten Maßnahmen. Die Betroffenen müssen meist ganz neu lernen, sich ausgewogen zu ernähren und symptomatische Verhaltensweisen der Bulimie zu überwinden. Schon der Titel dieses Buches verdeutlicht jedoch, dass Essstörungen in aller Regel weitaus mehr mit sich bringen, als ein schwieriges Verhältnis zu Lebensmitteln und zur Nahrungsaufnahme.

Vielmehr geht es dabei auch um die Aufarbeitung psychischer Hintergründe dieser Erkrankung, denn hinter den seelischen Problemen steht häufig ein »hungriges Herz«, welches dem Gefühl des Betroffenen zufolge nach nur mit viel Essen beruhigt und gesättigt werden kann. Dies ist natürlich ein Trugschluss, nichts weiter als ein leeres Versprechen, das sich die Erkrankten wieder und wieder selber geben, um Leere, Angst und Unsicherheit mit Ruhe, Kontrolle und Sicherheit zu füllen und ihrem verzerrten Selbstbild für einen Moment zu entfliehen. Für den Großteil der Betroffenen ist es erfahrungsgemäß ein schwieriger Schritt, sich das vollständige Ausmaß der Störung einzugestehen. Es bedarf deshalb oft mehrerer Anläufe, sich professionelle Hilfe zu holen und sich von einem lieb gewordenen, aber natürlich destruktiven Begleiter zu verabschieden. Wie in so vielen anderen Bereichen des Lebens erscheint auch bei dieser Essstörung ein neuer Weg zunächst oft unheimlich und die Destruktivität der Bulimie kurzfristig einfacher und vor allem gewohnt. Darüber hinaus werden auch körperliche Folgen zumeist lange vor sich selbst verharmlost, Begleiterscheinungen heruntergespielt. Allzu häufig braucht es aus diesem Grunde leider mehrere Jahre, bis Betroffene den ersten Schritt wagen. Auch Sara benötigte einen dramatischen Einschnitt in ihrem Leben, einen Wendepunkt, um sich des Ausmaßes und der Gefährlichkeit der Bulimie bewusst zu werden. Obwohl sie schon vor vielen Jahren vor der Tür unserer ANAD-Beratungsstelle stand und damit den ersten wichtigen Schritt gegen die Essstörung schon getan hatte, so hatte sie damals noch nicht die Kraft, diesen Weg an der Seite eines Therapeuten zu Ende zu gehen. Und so dauerte es eine lange Zeit, bis auch sie schließlich bereit war, sich professionelle Hilfe zu suchen und anzunehmen und endgültig aus der Heimlichkeit auszusteigen, die für die Bulimie so typisch ist.

Saras Geschichte zeigt, dass es nie zu spät ist, der Essstörung entgegenzutreten und sich schließlich von ihr zu verabschieden. Die Heilungschancen liegen bei 50 bis 70 Prozent, allerdings kann auch nach einer Therapie ein angespanntes Verhältnis zu Essen, Figur und Gewicht bestehen bleiben – oft ein Leben lang. In einer guten Psychotherapie lernen die Betroffenen deshalb, ein Frühwarnsystem zu entwickeln, um nicht mehr den »Verlockungen der Bulimie« zu verfallen. Neben therapeutischer Hilfe bedarf es zudem eines starken Willens und Durchhaltevermögens, um in ein Leben zurückzufinden, in dem Essen, Figur und Gewicht nicht länger im Mittelpunkt stehen – dieses Buch zeigt, dass sich die Mühen, die Zweifel und die Anstrengungen einer Therapie lohnen.

Offen und ehrlich beschreibt Sara, wie sie in die Sucht abrutschte, wie sie jahrelang mit ihr lebte und in ihr vermeintlichen Halt fand, aber auch, wie und warum sie der Essstörung schließlich den Kampf ansagte und Schritt für Schritt ein gesundes Leben zurückerlangte. Trotz vieler anfänglicher Zweifel, es niemals schaffen zu können und trotz so mancher Rückschläge, die Sara auf ihrem Weg zur Heilung durchlebte, gelang es ihr letztendlich, den Teufelskreis der Bulimie zu durchbrechen.

Ich wünsche mir, dass Saras Geschichte für andere Betroffene ein Ansporn ist, den Weg aus der Essstörung anzutreten, sich Hilfe zu holen und (sich) nicht aufzugeben.

Andreas Schnebel, Therapeutischer Leiter ANAD
Versorgungszentrum für Essstörungen

TEIL I

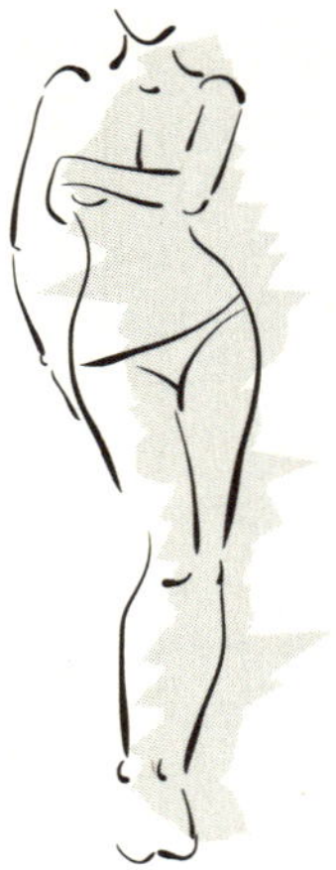

ERINNERUNG

Man sollte meinen, es wäre schwierig, sich an einen bestimmten Tag, der zwölf Jahre zurückliegt, glasklar zu erinnern. Zwölf Jahre sind, gemessen an meinem Alter von 26, immerhin fast die Hälfte meines Lebens. Aber ich erinnere mich nicht nur, ich kann diesen Moment, in dem ich mich das erste Mal absichtlich übergeben habe, geradezu greifen. Ich kann in die Szene hineinlaufen, so präsent ist sie für mich. Die Frage, warum ich mich so detailliert erinnern kann, lässt mich bis heute nicht los, denn ich bilde mir ein, dass ich schon damals, ganz tief in mir, wusste, was für ein weichenstellender Tag es werden würde. Heute weiß ich, dass fast alle Geschichten von Bulimikern ähnlich anfangen. Und zwar vor dem Tag 1. Vor dem ersten Übergeben.

Es war eines Nachmittags irgendwann im Januar. In Regensburg wirbelten dicke Schneeflocken durch die Luft und ich starrte aus dem Fenster unseres fast rundum verglasten Hauses am Ortsrand. Ein modernes Wunderwerk der Architektur. Aber die vielen Fenster und die abgelegene Lage ohne direkte Nachbarn hätte es auch zu einer perfekten Kulisse für einen Horrorfilm gemacht. Wir hatten einen Teich mit einem kleinen Steg, der zur Eingangstür führte. Das war nicht nur sehr cool, sondern gab dieser übergroßen *Scream*-Kulisse wenigstens den Rosamunde-Pilcher-Touch, den man sich in Bayern wünscht. Hier lebte ich nun seit gut einem Jahr mit meiner Mutter, ihrem heutigen Ehemann sowie meinem Bruder. Ich verbrachte stets viel Zeit in meinem Zimmer. Wahrscheinlich mehr, als gut für mich war. Rausgehen und Freunde treffen wollte ich nie – aus gutem Grund, denn das erste Jahr kämpfte ich schwer mit den Umstellungen in meinem Leben. Meine Eltern hatten sich getrennt, meine Mutter war neu verliebt und ich war eben 14 – das ist für fast jeden ein Problem.

Zweifellos steckte ich mitten in der Pubertät. Mit all ihren hässlichen Aspekten wie Selbstzweifel, unglücklichem Anschmachten von Jungs, die meine Existenz nicht mal erahnten, und jeder Menge Weltschmerz für wechselnde Themen. Das Ende meiner Lieblingssendung machte mir genauso viele Sorgen wie die armen Wale in SeaWorld oder sterbende Kinder in Afrika. Ganz offensichtlich fehlte mir damals etwas der Sinn für eine gewisse Wertigkeit. Aber zumindest war ich andauernd ergriffen und tief berührt – von was auch immer. Vielleicht, weil es mich davon abhielt, mich mit mir selbst auseinanderzusetzen. Denn auf diesem Schlachtfeld gab es meiner Meinung nach noch weniger Hoffnung als für die Wale in SeaWorld. Ohne es groß zu beschönigen, kann man sagen, ich hasste alles an mir. Vor allem meinen Körperumfang. Ich war eine stabile Kleidergröße 42 – mit 14! Und mir war durchaus bewusst, dass 42 die letzte Größe im Bekleidungsgeschäft für normale Leute war. Ich fühlte mich schrecklich, und obwohl die Scham allgegenwärtig war, so trug ich doch nichts davon nach außen. Niemals. Ich behielt diese Gedanken, so wie fast jeden Gedanken damals, für mich. Ich mag wohl fett und hässlich gewesen sein, aber ich war schon immer eine gute Schauspielerin. Wenn nicht auf der großen Leinwand, dann doch sicher im Leben.

Bis ich mit zwölf Jahren auf ein Internat geschickt wurde, war ich eigentlich nicht sonderlich dick, sondern nur ein wenig moppelig. Das Großküchenessen, die Anwesenheitspflicht und die Langeweile hatten mich aber aufgehen lassen wie ein Hefeteig. Ich war also neu im Fett-Game. Und ich mochte es nicht. Schon als kleines Kind war ich sehr unbeliebt und ängstlich gewesen, aber wenigstens nicht fett und hässlich. In meinem Jahr in Internat hatte ich »ängstlich« und »unbeliebt« abgelegt – ich hatte mich neu erfunden. Allerdings hatte ich »übergewichtig« zum Resümee hinzugefügt. Tatsächlich nahm ich in dieser Zeit so schnell zu, dass mein Bindegewebe riss und ich Schwangerschaftsstreifen an den Oberschenkeln bekam.

Dass dies keine Phase war, zeigte sich, als ich zwei Jahre später in den Glaskasten zog und meine Schenkel noch immer aneinanderrieben.

Eines Tages wurde mir das zu blöd. Ich beschloss, etwas zu ändern. Und da ich, damals wie heute, kein Freund von Grauzonen bin, fasste ich einen extremen, aber effektiven Plan. Mich motivieren Ergebnisse. Natürlich wusste ich damals, dass jeder Arzt eine Umstellung des Lebensstils mit ausgewogener Ernährung und Sport empfehlen würde. Und heute weiß ich außerdem: Er hätte recht. Aber damals war mir das egal. Ich wollte dünn sein und zwar am besten gestern. Also setzte ich mich den ganzen Tag und die ganze Nacht vor den Computer, um die besten und extremsten Tricks zum Abnehmen zu finden. Um der Wahrheit Genüge zu tun, muss ich an dieser Stelle anmerken, dass ich Sport hasste – jede Art von Bewegung war mir zuwider und in die Welt hinaus wollte ich auch nicht häufiger als unbedingt nötig. Es blieb also nur die Ernährung als Mittel zum Zweck. Am ähnlichsten hätte mir eine Nulldiät gesehen, aber meine Recherche ergab, dass dann mein Stoffwechsel herunterfahren würde, und die paar kaum zu erahnenden Muskeln, die ich hatte, würde ich auch verlieren.

Schließlich fiel meine Wahl auf eine Diät, in der Mahlzeiten durch Shakes ersetzt werden. Hierbei handelte es sich jedoch nicht um irgendwelche Diätshakes, sondern medizinische Produkte, die speziell hergestellt wurden, um extrem Übergewichtigen bei schnellem Gewichtsverlust vor einer OP zu helfen. Erhältlich waren sie nur in der Apotheke.

Auf dem Weg in die Schule am nächsten Morgen bestellte ich sofort drei Packungen und pünktlich zum Schulschluss waren diese auch da. Ich war besessen von der Idee, ganz schnell schön zu sein. Ich war euphorisch und mit genau diesem Gefühl reichte ich das Geld für die Shakes der Apothekerin. Es galt zwar keine Verschreibungspflicht, aber sie fragte mich trotzdem, für wen denn diese große Menge an Shakes sei. Wie aus Reflex log ich. »Für meinen Opa, er hat starkes Übergewicht und bald eine OP«, schoss es aus mir heraus. Warum ich damals log? Bis heute habe ich keine Ahnung.

Zu Hause packte ich die Shakes aus, als wären sie der heilige Gral. Sofort hatte ich einen Flashback. Diese Packung kannte ich – meine Mama hatte das Zeug damals benutzt, um ihr Abendessen zu ersetzen, als ich noch jünger war! Das war ein gutes Zeichen, denn wenn eine Frau wusste, wie man sich in Schuss hält, dann war es meine Mama. Seit ich mich erinnern kann, war meine Mutter eine sehr schöne und zierliche Frau gewesen und außerdem höchst penibel, wenn es um ihr Aussehen ging. Jeder Schuh musste zur Tasche passen, jeder Nagellack zum Lippenstift und jeder Ring zur Kette. Keinen Tag ging sie ohne High Heels zur Arbeit und ihr Gewicht war ein ständiges Thema für sie. Heute wünschte ich, dass ich schon damals den Mut aufgebracht hätte, ihr zu sagen, dass sie das alles gar nicht nötig hatte. Dass sie gut genug und schön genug war. Dass die Welt sie liebte und sie nicht jedem etwas beweisen musste. Aber was wusste ich damals denn schon.

Man kann über das leicht schwabbelige, ziemlich verlorene 14-jährige Ich sagen, was man will, aber wenn ich etwas erst einmal wollte und anpackte, dann richtig. Am nächsten Tag schon begann ich, auf richtige Mahlzeiten zu verzichten, und stieg stattdessen auf Shakes um, verweigerte von da an jede feste Nahrung. Ich verlor drei Kilo in der ersten Woche. Das war gut, aber natürlich nicht gut genug. Statt vier Shakes täglich reduzierte ich auf drei, die ich mit Wasser statt Milch zubereitete. Genau 27 Tage hielt ich durch und wog am Ende ganze zwölf Kilo weniger. Es war nicht leicht, wurde von Tag zu Tag schwieriger, aber die Komplimente meiner Klassenkameraden und meiner Familie bedeuteten mir so viel mehr als das bisschen Hunger oder die Lust auf Essen. Zu diesem Zeitpunkt war Essen kaum mehr als eine Lüge für mich – nicht mehr als ein leeres Versprechen. In der Werbung und auf der Verpackung versprachen sie mir Freude und Genuss, Spaß und Sonne. Aber am Schluss bekam ich Einsamkeit, Selbsthass und aneinanderreibende Schenkel. Essen konnte mir nichts mehr vormachen. Und mit dieser neuen Wahrheit sollte ich sehr lange leben.

An Tag 27 kamen uns meine Großeltern aus Regensburg besuchen. Das war schön, ich freute mich, denn von meiner frühen Kindheit war nach der Scheidung meiner Eltern nicht viel übrig geblieben. Die einzige Konstante, die überlebt hatte, waren die Besuche von Oma und Opa. Die liefen immer gleich ab und das war auch gut so. Meine Oma rauschte in unser Glashaus, sprach sehr laut und viel und bereitete Essen für 20 imaginäre Familienmitglieder in der Küche zu. Kochen und viel reden sind die größten Liebesbeweise, die meine Oma auf Lager hat. So sollen Omis ja auch sein. Und niemand auf der Welt kocht wie meine Oma Rosa. Ihr Essen schmeckt nach Zuhause und Kindheit und einfach perfekt. Mein Opa hingegen war sehr ruhig und rauchte Pfeife. Zusammen war es die perfekte Mischung. Essen und Pfeife, Oma und Opa, Ente und Knödel.

Zum Mittagessen setzten sich alle zusammen und ich saß da mit meinem Tee. Das war 27 Tage lang zwar kein Spaß, aber mein Wille war stets viel größer gewesen. Doch plötzlich war es ein Problem. So sehr ich versuchte, mich zurückzuhalten, stark zu sein – ich wollte dieses Essen. Diese einzigartige Kochkunst aus meiner Kindheit. Und meine Oma kam doch so selten vorbei. Vom größten Hunger geschüttelt, den ich bis dahin kannte, ging ich in die Küche und holte mir nun doch einen Teller. Meine Oma und meine Mutter waren erleichtert, mich schließlich essen zu sehen. Oma sagte »Ja endlich, Kind, man muss doch was essen, sonst ist das Leben doch nix«, und gab mir eine große Portion von allem, was auf dem Tisch stand. Und ich aß. Mein Magen war durch den Mangel an fester Nahrung im letzten Monat jedoch so klein und inaktiv geworden, dass er bald wehtat. Ich aber aß weiter – mit einem Affenzahn und wie von Sinnen. In meinem Kopf stritten sich Schuldgefühl, Ekel und eine kleine Stimme der Rechtfertigung, die leise immer wieder sagte: »Nur dieses eine Essen. Das ist total okay. Morgen wieder Shakes.«

Nach dem Essen ging ich sofort in mein Zimmer. Ich verließ den Tisch fluchtartig unter dem Vorwand, sehr viele Hausaufgaben machen zu müssen. Rückblickend eine wirklich lächerliche Lüge, denn jeder wusste, ich machte nur das Nötigste für die Schule, und Hausaufgaben fielen sicher nicht in diese Kategorie.

In meinem Zimmer lief ich im Kreis, neben einem wirklich schmerzhaften Völlegefühl spürte ich aber vor allem Ekel. Ekel vor mir selbst. Was hatte ich nur getan? Das ruinierte die Kalorienbilanz der ganzen Woche! Panisch kreiste ich in meinem Zimmer und die Gedanken schnell in meinem Kopf. Bis ich einen zu fassen bekam: Mach es ungeschehen! Diese Kalorien müssen raus aus mir! So schnell wie möglich.

Im Keller unseres Hauses war eine zweite Toilette, in der mich keiner hören würde. Ich schlich also hinunter, machte kein Licht an und fühlte mich wie ein Verbrecher, als ich endlich in der Toilette war. Sofort beugte ich mich über die Kloschüssel und – na ja, es passierte nichts. Hektisch versuchte ich mit meinem Zeigefinger den Würgereflex auszulösen. Das funktionierte zwar, aber es tat unheimlich weh, und alles, was zu Tage kam, war eine Handvoll Essen. Was war das Problem? Ich war damals noch kein Profi und viel zu unerfahren, aber mir wurde klar, dass die Konsistenz nicht flüssig genug war. Ich hatte so viel und so schnell gegessen, dass ich völlig vergessen hatte, etwas zu trinken. Zwei Sekunden später fand ich mich über das Waschbecken gebeugt und trank aus dem Wasserhahn. Ich empfand es als logisch, für einen Moment auf und ab zu hüpfen, um alles im Magen zu mischen. Neuer Versuch über der Toilette, und siehe da, es wurde zwar wirklich einfacher – aber leider nicht weniger schmerzhaft.

So verging sicherlich eine halbe Stunde, bis ich das Essen größtenteils draußen hatte, und ich fühlte mich schrecklich. Mir war schwindelig, mein Magen tat unglaublich weh, mein Hals war geschwollen und mein Gesicht rot und aufgeschwemmt. Es dauerte einige weitere Minuten, bis ich überhaupt aufstehen konnte. Das hatte ich mir einfacher vorgestellt. Mit der Sicherheit, mir diesen Quatsch nie mehr anzutun, quälte ich mich hoch in mein Zimmer und schlief sofort ein.

Als ich ungefähr zwei Stunden später aufwachte, war es schon beinahe dunkel und meine Großeltern sicher weg, denn meine Oma fährt nur bei Tag. Vorsichtig stand ich auf und zu meiner Überraschung fühlte ich mich ganz okay. Zwar noch recht schwindelig, aber ansonsten gut. Und vor allem leicht. Das Gefühl von Leere in meinem Magen beruhigte mich und außer großem Durst spürte ich nichts. Erleichtert ging ich in die Küche und trank drei große Gläser Wasser. Die Reste des Essens standen noch in der Küche, aber ich spürte nichts außer Ekel für die fettige Hausmannskost. Beinahe hätte dieses Zeug die gesamte Woche, ja vielleicht die ganze Diät, kaputt gemacht! Essen ist nichts als eine Lüge, dachte ich still bei mir. An diesem Tag aber hatte ich das System besiegt. Ich hatte mir alles genommen, was ich wollte. Alles gegessen, worauf ich so lange verzichten musste, ohne den Preis zu bezahlen. Ich hatte die Regeln geändert. Und mir die Kontrolle geholt.

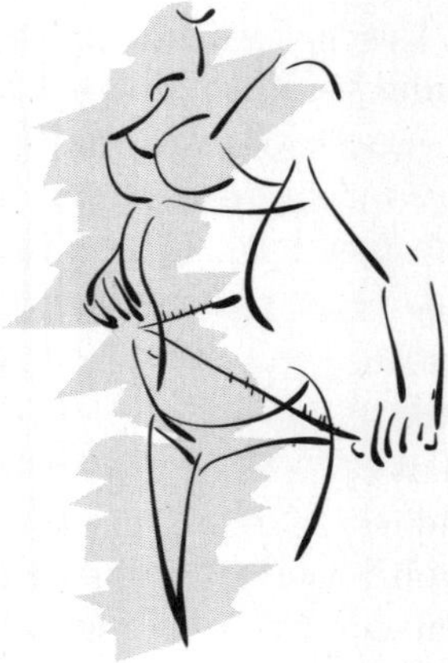

FASSADE

Meine Tage in Regensburg hatten einen sehr einfachen, stets gleichen Rhythmus. So gegen 6:45 Uhr wachte ich morgens im Glashaus auf – und zwar mit oder ohne Wecker, denn das Innere von besagtem Glashaus war immer taghell, sobald die Sonne aufging. Und nein – man gewöhnt sich nicht irgendwann an das Licht und schläft einfach weiter. Jeden Morgen nahm ich mir normalerweise fünf oder auch zehn Minuten, um mich über das Licht aufzuregen. Und so begannen für mich damals viele Tage mit der zugegebenermaßen recht sinnlosen Wut über Dinge. Das Glashaus sah in seinem Design weder Vorhänge noch Dunkelheit vor. Für viele mag das sicherlich toll klingen – dauerhaft lichterfüllte Räume, ein klarer Blick über die Bäume bis hin zur Donau. Aber als depressiver Teenager möchte man eher in einer Höhle wohnen und die Wände mit Weltschmerz streichen. Wie auch immer. Wenn ich schließlich damit fertig war, mein Luxusproblem durchzukauen, schlappte ich in mein Bad und brauchte keine fünf Minuten. Seit ich denken kann, habe ich nie den Drang verspürt, mich für den Tag besonders hübsch zu machen. Wann das wohl anfing? Ich müsste meine Mutter fragen, die wüsste es sicher. Es gibt nur zwei Extreme in meiner Welt: nämlich »aufgetakelt bis der Arzt kommt« und »Haste mal 'ne Mark?«-Penner-Look. Vielleicht ist es Faulheit oder Rebellion gegen die allgegenwärtige Perfektion meiner Mutter – ich weiß es ehrlich nicht. Aber unterm Strich ist mir alles, was übers Zähneputzen und das morgendliche Duschen hinausgeht, zu viel. Das Gefühl von Make-up auf meiner Haut ist mir unangenehm, Kontaktlinsen tun meinen Augen weh und meine Haare sind meist zum Pferdeschwanz oder Dutt zurückgebunden. Bis heute. Und »zurückgebunden« ist ohnehin ein viel zu elegantes Wort für das, was ich wirklich mache – nämlich einen Bollen Haare mit Haargummi irgendwie im Laufen fixieren.

So verließ ich also jeden Tag ohne Frühstück gegen 7:10 Uhr das Haus, denn um 7:20 Uhr musste ich ja an der Bushaltestelle stehen. Mein Ritual zu dieser Zeit war, so lange wie möglich den Tag über nichts zu essen. Da ich morgens eh keinen Hunger hatte, klappte das anfangs auch ganz gut, aber der Hunger kam und ich hatte alle Zeit, ihn zu bemerken, denn ich nahm wirklich nur physisch am Unterricht teil. Meist schrieb ich die ganze Zeit Tagebuch. Und meine Lehrer wussten das. Doch zum Glück hatte ich weiterhin akzeptable Noten. Das bisschen, was ich gelegentlich aufschnappte, war anscheinend genug, um mit reiner Logik durch die Tests zu kommen. Meine Lehrer ließen mich also weitestgehend in Ruhe und ich sie. Bis auf das eine Mal, als meine Klassenleiterin, eine ältere, wirklich reizende Dame, dachte, es wäre eine tolle Idee, mich von der letzten in die erste Reihe zu setzen. Welch pädagogischer Ansatz – der leider jeden Sinn verliert, wenn man bedenkt, dass ich mein Desinteresse am Lehrstoff nie groß zu verstecken versuchte. Ab diesem Tag saß ich also in der ersten Reihe und schrieb Tagebuch. Manchmal malte ich und mit zunehmendem Eifer studierte ich Kalorientabellen und Diätbücher.

Um 13 Uhr hatten wir es dann hinter uns, und ich trottete, meist in zu großen Hosen, zu großen Pullis und meinen geliebten Nike Airforce 1, wieder Richtung Bus. Damals wie heute beobachte ich ständig die Leute um mich herum und dabei bin ich sehr detailverliebt. Die halbe Stunde Busfahrt (ja, unser Haus stand so weit am Ortsrand, dass wir schon gar keinen Ort mehr sahen!) gab mir dazu viel Gelegenheit. Egal welches Mädchen ich ansah, ich hätte sofort mit ihr getauscht. Schon immer wollte ich jemand anders sein. Diese anderen Mädchen waren so klein, zierlich und hübsch und sie fanden irgendwo die Motivation, sich zu schminken, ihre Haare zu richten und ein perfekt abgestimmtes Outfit rauszukramen. Wann standen die denn auf? Und als ob das nicht schon gereicht hätte, um sich mies zu fühlen – auf der Hinfahrt morgens wie auch auf der Rückfahrt aßen sie das wunderbare, aber unglaublich kalorienreiche Essen, das man an unseren Bushaltestellen kaufen konnte. Warum konnte ich nicht so klein und zierlich sein und essen, was ich wollte? Wenn ich mir mal eine Pizza genehmigte, legte die sich 1:1 in Originalproportion auf meinen fetten Arsch. Und blieb da. Was für ein beschissenes ungerechtes Leben. Gott hatte mir eine nette Augenfarbe und tolle Haare gegeben, aber in seiner Eile wohl jeglichen Stoffwechsel vergessen.

Wenn der Bus an meinem Stopp ankam, war ich meist schon so hungrig, dass ich den hübschen Mädels am liebsten ihre Donuts und Butterbrezen aus der Hand gerissen hätte. Gerne stellte ich mir vor, wie ich den primitiven Urmenschen in mir einfach Oberhand gewinnen ließ und wie eine Wilde durch den Bus renne, laute undefinierbare Töne ausstoße, jedem sein Essen wegnehme und dann mit meiner Beute flüchte. Diese Mini-Showeinlage in meinem Kopf brachte mich immer zum Lachen.

Allerdings war selbst ich nicht so daneben, dies auch wirklich jemals durchzuziehen. Ich ließ den beneidenswert schönen Mädchen ihr Essen und behielt für mich selbst nur die Hoffnung, dass die Natur irgendwann Gerechtigkeit walten ließ und sie aus ihren Hüfthosen Größe 34 herausquellen würden.

Zwischen der Bushaltestelle und unserem Haus lagen zwei Lieder. Ich rechnete nicht in Minuten oder Metern, es waren immer zwei Lieder auf meinem iPod. Und selbst das war mir schon zu viel. Ich war der unsportlichste Mensch, den ich kenne. Schon in der Grundschule hatte ich nie beim Sport mitgemacht. Das wurde aber akzeptiert, denn ich hatte Asthma und ein Attest. Ach, Atteste – des Schülers beste Freunde. Allerdings hatten meine Asthmaattacken stets psychosomatische Auslöser wie Angst, und selbst die vergingen, als ich älter wurde. Obwohl ich faktisch schon lange kein Asthmatiker mehr war, behielt ich das lieber erst einmal für mich, denn wie gesagt: Sport und Aktivität im Freien hasste ich wirklich.

Wie ein nasser Sack schleppte ich mich jeden Tag nach Hause, immer hungrig und extrem müde. Was auch okay gewesen wäre, wenn ich für all die Mühe wenigstens Kleidergröße S getragen hätte. Aber ich kämpfte noch immer irgendwo zwischen M und L, und es schien, als wären das Fett und ich unzertrennlich. Zwölf Kilo war ich in sehr kurzer Zeit ja losgeworden, doch von da an herrschte plötzlich Stillstand auf der Waage und das frustrierte mich sehr.

Meine Mama ließ unsere damalige Haushälterin unsere Mahlzeiten zubereiten. Wir waren eine vierköpfige Familie und hatten dabei stets Essen für sechs. Das ist bayrische Tradition, denke ich. Täglich stand meine Portion in der Küche, wenn ich heimkam. Das Haus war allerdings leer, denn meine Mutter und ihr Mann arbeiteten täglich zehn Stunden und länger am Aufbau einer neuen Firma und mein Bruder hatte tatsächlich ein Leben.

Eine gute Woche nach meinem ersten jämmerlichen Versuch, Essen ungeschehen zu machen, stand ich also eines Nachmittags alleine in der Küche. Nudeln in Käsesoße. Mir war schwindelig und der Hunger war an diesem Tag wirklich groß. Oder war es extremes Verlangen? War es beides? Konnte ich nicht genau sagen – war mir aber auch egal. Ich schnappte mir einen Teller und beschloss, einen neuen Versuch zu wagen. Diesmal würde ich einfach viel mehr trinken und besser kauen. Wenn keine Klumpen in der Masse waren, musste sich das doch leicht wieder nach oben befördern lassen.

Mit einem überquellenden Teller und einer ganzen Flasche stillem Wasser setzte ich mich an unseren Esstisch und fing an, zu essen. Und ich liebte es. Jeden Bissen. Ich liebte Essen so sehr. Die Müdigkeit und der Schwindel waren nach zehn Minuten verschwunden und ich wurde so fröhlich wie ein Kind im Spielzeuggeschäft. Und da ich ja all die Kalorien nicht drin behalten würde, war es ein Spielzeuggeschäft, in dem alles umsonst war. Ich konnte so viel haben, wie ich nur wollte. Erst als ich einen stechenden Schmerz in meinem Magen fühlte und dachte, ich würde mich von alleine übergeben müssen, hörte ich auf zu essen. Ohne den Teller wegzuräumen, rannte ich schnurstracks in mein Bad, beugte mich über die Toilette und – nichts. Wieder musste ich mit dem Finger nachhelfen, bis es, man verzeihe mir den Ausdruck, wie geschmiert funktionierte. Trotz der verbesserten Technik dauerte es aber wieder sehr lange und viele Versuche, bis ich dachte, mein Magen sei leer. Glücklicherweise war es nicht so unheimlich schmerzhaft wie beim ersten Mal, aber die körperlichen Begleiterscheinungen waren dennoch die gleichen. Danach war ich erschöpft, müde, hatte Kopfweh und Schwindel.

Mich kümmerte das allerdings wenig, denn ich hatte nichts vor. Weder machte ich regelmäßig Hausaufgaben noch traf ich irgendwelche Freunde und Sport mied ich ja ohnehin wie der Vampir das Licht. Ich hatte also alle Zeit der Welt, erschöpft zu sein.

Ohne den Esstisch aufzuräumen, ging ich in mein Bett und rollte mich in meine Decke ein. Ich war gerne in meiner »sicheren Zone«. Am Spielfeldrand des Lebens – auf meinem Bett vor dem Fernseher. Dort schaute ich mir Sitcoms an, wenn ich lachen wollte, und romantische Komödien, wenn ich einsam war. Immer mit dem festen Plan, eines Tages genau diese Dinge zu leben. Aber nicht jetzt.

Wenn ich dünn und hübsch wäre, würde sich das alles schon von alleine ergeben.

Ein auffallend positiver Nebeneffekt meiner kleinen Diäthilfe war ein verstimmter Magen. Mir war zwar nicht richtig schlecht, aber flau. Als es Zeit für das Abendessen war, konnte ich also ohne die kleinste Mühe verzichten. Eine echte Win-win-Situation. Großartig.

Während meine Familie zu Abend aß, war ich geradezu beflügelt von neuen Möglichkeiten, die sich mir eröffnet hatten. Ich konnte jetzt einfach jeden Mittag soviel ich wollte essen, ohne jemals den Preis dafür zu bezahlen. Das Gefühl, als mir das wirklich klar wurde, war, als hätte ich fliegen gelernt. Mein Gott, diese Möglichkeiten!

So vergingen die nächsten Tage und ich liebte sie. Von nun an hatte ich ein Geheimnis und meinen wichtigsten Verbündeten darin gefunden.

Jeden Abend, wenn mein Körper sich von meiner Version des Mittagessens erholt hatte und der Kopfschmerz nachließ, saß ich vor dem Computer und suchte online nach Gleichgesinnten. Tatsächlich fand ich sie scharenweise. Es gab Chatrooms und geheime Seiten, auf denen sich Mädchen, die den gleichen Trick wie ich gefunden hatten, trafen und austauschten. Viele von ihnen waren schon länger im »Essen ohne Reue«-Geschäft und gaben mir Tipps. Es gab ganze Listen mit Nahrungsmitteln, die sich leicht wieder hochwürgen ließen, und seitenweise Tipps und Tricks, um den Würgereflex leichter und weniger schmerzhaft auslösen zu können. Es war ein Schlaraffenland und ich notierte alles ganz genau in meinem Tagebuch.

Mein Leben lief unterdessen normal weiter und ich folgte seinen Abläufen. Glashaus – Bus – Schule – Bus – Glashaus. Und nachdem ich das geschafft hatte, fing der wirklich gute Teil des Tages an. Mittagessen soviel ich nur konnte, die böse Tat ungeschehen machen, den Nachmittag im Bett vor dem Fernseher verbringen und abends mit Gleichgesinnten chatten. Es hätte nicht besser sein können. Ich war einem Geheimbund beigetreten, der das Leben raus hatte.

Langsam fing ich an, an den Bushaltestellen all die Dinge zu kaufen, die ich mir so lange verkniffen hatte. Von Schokolade über Kuchen bis hin zu Leberwurstsemmeln. Ich wusste kaum, was ich zuerst einpacken sollte. Dann trug ich das Essen wie einen Schatz in meinem Rucksack herum, bis ich zu Hause war. In meinem Rucksack war immer ordentlich Platz, denn ich hatte nie Bücher dabei. Außer eines – mein Tagebuch.

Ich war wie verliebt in mein neues Leben. Täglich kontrollierte ich mein Gewicht und ich nahm tatsächlich nicht zu! Sogar immer ein klein wenig ab. Wieso war mir das nicht schon viel früher eingefallen? Mein Gott, wenn ich schon auf dem Internat das ganze ungesunde Essen einfach immer wieder ungeschehen gemacht hätte, wäre ich nie so fett geworden. Meine Oberschenkel hätten nie aneinandergerieben und ich hätte nicht diese Schwangerschaftsstreifen. Wie ich diese Streifen hasste.

Mein Geheimnis und ich, wir lebten gut, und das würde auch so bleiben. Für nichts in der Welt würde ich darauf noch mal verzichten. Ich hatte meinen eigenen kleinen Geheimbund mit mir selbst und Hunderte Verbündete online, die mir näher waren als alle realen Menschen zusammengenommen. Das neue Kapitel in meinem Leben war ein ganz besonderes und ich verlor mich jeden Tag ein wenig mehr in dieser neuen Welt ohne alte Grenzen. Ich zelebrierte die neuen Möglichkeiten, indem ich während der Nachmittage im Bett jede neue Eissorte oder sonstige Nachspeise, die per Werbespot angepriesen wurde, notierte und am nächsten Tag kaufte. Ich hatte die Regeln neu geschrieben und einen Weg gefunden, mehr Macht über meinen Körper zu besitzen, als es Hunger und Essen je gelingen würde. Ich hatte klammheimlich das System besiegt. Und das fühlte sich einmalig an.

SCHMETTERLING

Den Großteil meiner jugendlichen Verliebtheit könnte man als Fernbeziehung beschreiben. Räumlich gar nicht so fern, meist im selben Klassenzimmer oder zumindest auf demselben Schulhof. Emotional allerdings so fern wie München von Lummerland. Meine Angebeteten wussten kaum, dass es mich gab. Ich war immer eine Außenseiterin, still und irgendwie anders. Es ist keine Schande, anders zu sein, aber als Kind will man doch einfach nur dazugehören und als Jugendlicher will man cool sein. Ich scheiterte an beidem. Ob ich so still und verunsichert war, weil ich keine Freunde hatte, oder andersrum, weiß ich bis heute nicht.

Aber nach einem Jahr emotionalen Überlebenskampfes im Internat, einer spektakulären Scheidung meiner Eltern und zehn Kilo weniger auf den Rippen, sah das Leben schon anders aus. Ich sah anders aus. Äußerlich, aber vor allem innerlich. Da draußen war eine Welt, die nun endlich angefangen hatte, mich wahrzunehmen, und ich wollte ein Stückchen davon sehen. So begann ich, mich mit den älteren Schülern anzufreunden und als eine von den coolen Kids auch in Nachtclubs zu schleichen. Die liehen mir ihren Ausweis und ich sorgte mit High Heels, Schminke und Push-up-BH für den Ich-bin-18-Look.

Meine Mutter wusste über meine nächtlichen Streifzüge Bescheid und vertraute mir. Sie hatte tatsächlich kein Problem damit, solange meine Noten okay waren und ich mich auf das Wochenende beschränkte. Manche Eltern würden ihrem Kind niemals erlauben, sich mit falscher Identität in diesen Wahnsinn zu stürzen, aber meine Mutter ließ sich von der Tatsache beruhigen, dass ihre Tochter im Herzen ein übersensibler Nerd war. Außerdem ein Kontrollfreak und schüchtern. Das Gefühl von Betrunkensein ist mir bis heute unangenehm, weil es für mich Kontrollverlust bedeutet, und die Berührung von mir fremden Menschen macht mich nervös bis panisch – ebenfalls bis heute. Was hatte sie also zu befürchten? Sie wusste, dass ich nüchtern bleiben und niemanden anfassen würde. Das schränkt die nicht jugendfreien Aktivitäten in der Disco ziemlich ein.

Man darf sich das dann also so vorstellen: Ich stand nervös in der Schlange vor dem Eingang und hoffte inständig, dass mein geliehener Ausweis nicht auffliegen würde. Drinnen begrüßte ich erst mal die coolen Kids, die für gewöhnlich am Rand der Tanzfläche standen. Da mir schon immer die Gabe fehlte, meinen Platz in einer Gruppe richtig einzuschätzen, war ich häufig verunsichert: Hielten die coolen Leute mich jetzt für eine von ihnen oder durfte ich nur kurz Hallo sagen? Vorsichtshalber beließ ich es immer bei einem Hallo und machte mich anschließend auf den Weg zur Bar. Da ich samstags schnell Stammgast geworden war und meine Bestellung, nämlich eine Cola light und ein stilles Wasser in der Flasche, sich durchaus vom üblichen »Wodka Bull mit viel Wodka« abhob, kannte der Barkeeper mich nach einer Weile und hatte die Drinks schon parat, bevor ich mein Geld rausgekramt hatte. Und warum auch immer – er ließ mich nie bezahlen. Ob es Mitleid, Sympathie oder Zuneigung war, ich konnte und kann es noch immer nicht einschätzen. Aber es waren über die Monate geschätzte 60 Cola light und ebenso viele stille Wasser aufs Haus. Das summiert sich.

Danach machte ich mich meist auf zu »meinem« Platz auf einer Treppe, die zu einer balkonartigen Plattform mit einer zweiten Bar führte. Und ich stand am Rand der dritten Treppe von unten. Das war meine Treppe. Ich war hoch genug, um über alle Köpfe zu sehen, aber nicht so hoch, dass man gleich einen Spot auf mich richten und eine Rede von mir erwarten würde. Da stand ich also, ein Glas am Boden neben mir, eines in der Hand, und schaute auf das Leben im Club. Die Treppe wurde auch deswegen mein Lieblingsort, weil jeder irgendwann vorbeiläuft, aber keiner stehen bleiben kann – so breit ist sie dann eben doch nicht. Ich nenne dieses Verhalten heute »Alleine in der Menge«. Zu meinem großen Glück verwechseln viele Leute die hohen Mauern, die man aus Angst um sich baut, mit Arroganz. Und absurderweise gilt Arroganz als Respekt einflößend, während Angst dich zur Zielscheibe einer – deiner – unreifen Generation macht. In den darauffolgenden zehn Jahren eroberte ich so Treppen in München, Berlin, Los Angeles. So viel hat sich in mir und um mich herum geändert – aber ich stehe noch immer einen Tick höher als die Menge, alleine auf meiner Treppe.

Aber nicht mal die Treppen in Hollywood, von denen ich heute das »Who is who« der Welt beobachte, können der ersten Treppe in Regensburg je das Wasser reichen. Denn dort lernte ich meine erste große Liebe kennen.

Es war ein Samstag im Frühling und ich kämpfte mich mit meinen zwei Gläsern durch die Menge zu meinem Platz. Doch da stand bereits jemand. Ein Typ. Augenblicklich wurde in mir ein Gefühl von Verunsicherung, Irritation und sogar ein wenig Wut wach. Was sollte das denn? Das war mein Platz und jeder wusste das – zumindest in meinem Kopf. Die Situation war mir so unbehaglich, dass ich sicher zehn Minuten am unteren Ende der Treppe stand und um meinen Stammplatz bangte, bevor ich merkte, wie unglaublich gut aussehend der Junge war. Das machte das Problem augenblicklich größer, denn gut aussehende Leute schüchterten mich damals ein – vor allem Männer. Das besiegelte das Schicksal dieser Situation, denn da ich nun ohnehin kein Wort mehr würde rausbringen können, blieb mir nichts anderes übrig, als unten zu warten, bis er meine Treppe freimachen würde, und dann sofort katzenartig hinaufzugleiten, um mein Terrain zurückzuerobern (wobei ich gestehen muss, dass mein Gang auf High Heels in den frühen Jahren nichts Katzenartiges, sondern eher etwas schwer Bewegungseingeschränktes hatte). Wie auch immer, nach ungefähr einer halben Stunde musste der Schönling, dessen perfekt geputzte übercoole weiße Sneakers mir von den billigen Plätzen der Treppe ins Auge fielen, endlich auf die Toilette. Und die Welt war, zumindest in diesem bayrischen Nachtclub, wieder in Ordnung. Stufe Drei von unten – I am happy to be back.

Dieses Gefühl von Einklang in meiner Nerd-Welt hielt leider keine fünf Minuten, denn da stand er auch schon vor mir, der unverschämt gut aussehende Treppenklauer, und sagte: »Sorry, aber das ist mein Platz.« Man stelle sich diese Frechheit in tief bayrischem Dialekt vor. Innerlich hatte ich tausend Antworten und Gedanken parat, aber wie immer gelang es ihnen nicht, den Weg aus meinem Mund zu finden. Stattdessen presste ich extrem nervös nur ein »Nein, das kommt dir nur so vor« heraus. Und dann schaute ich sehr schnell bemüht Richtung Tanzfläche und hoffte, dass er einfach wegginge. Innerlich, wie immer mit dem schlimmsten Fall kalkulierend, versuchte ich schon mal festzulegen, ob ich nach Hause oder zu meinem Barkeeperfreund flüchten sollte, würde er mich von meiner Treppe verjagen.

Der Worst Case trat jedoch nicht ein, und ich konnte weiterhin ungestört alleine all die Menschen, die nicht alleine waren, beobachten. Leicht seltsam – vielleicht. Interessant – auf jeden Fall.

Doch mitten in meine Alleine-in-der-Menge-Routine platzten die perfekten weißen Sneakers. Auf meiner Treppe, neben mir, völlig unbeeindruckt von der Tatsache, dass er so die halbe Treppe verstopfte, stand der Kerl und sagte: »Wir sollten uns die Treppe teilen«, woraufhin er doch glatt seinen Arm um mich legte. Ich hasse es, wenn fremde Leute mich anfassen, aber auf einer Hass-Skala von 1-10 landete er wegen seines wirklich guten Aussehens nur auf einer soliden 7. Allerdings katapultierte selbiges Aussehen mein Paniklevel direkt auf eine 10. Ich wusste nicht, was jetzt zu tun war, und reagierte deswegen auch überhaupt nicht, sondern blieb einfach ruhig stehen. Starr wie ein Reh vor dem nahenden Auto. Gott sei Dank brauchte der durchschnittliche junge Halbgott nicht viel Bestätigung von meiner Seite und so verkündete er einfach: »Ich hol uns mal zwei Wodka-Bull. Bewach unsere Treppe.« Ich musste lachen, denn er war witzig. Nicht übermäßig Michael-Mittermeier-witzig, aber doch durchaus charmant. Vielleicht hatten meine Hormone aber auch ordentlich in meine Einschätzung reingepfuscht.

Wie auch immer, sein Ausflug zur Bar gab mir zumindest ein paar Minuten, meine Gedanken zu ordnen. Der Typ – mir wurde klar, dass ich bis dahin nicht einmal seinen Namen kannte – war mit Sicherheit der süßeste, tollste Kerl, der je meine Existenz bemerkt hatte. Und anscheinend war ihm nicht klar, dass ich nicht zu den coolen Leuten gehörte.

Jetzt mal ehrlich – ich hatte nie wirklich gelernt, cool, stark oder selbstbewusst zu sein. Aber ich hatte gelernt, wie man so tut als ob. Im Beobachten von Verhalten und Zusammenhängen bin ich nicht nur leidenschaftlich in meinem Element, sondern auch wirklich begabt und ziemlich genau. Die logische Konsequenz daraus ist, dass ich sehr gut einschätzen kann, wann wer was von mir erwartet und hören will. Mein scharfer Humor, meine kalte und distanzierte Art, aber auch meine gespielte Lässigkeit eignete ich mir zu dieser Zeit als Schutzschild an. Und als Pretty Boy zurück auf meine Treppe kam, schaltete ich genau dieses Schild ein. Ich übernahm das Gespräch, führte zu meinen »Glanz-Themen«, die ich für Small Talk perfekt in meinem Kopf zurechtgelegt hatte, und tat so, als würde ich tatsächlich Wodka-Bull trinken. Auf die Frage, warum sein Glas nach einer guten halben Stunde leer sei und meines noch voll, antwortete ich, dass meine Freunde und ich vorher Jägermeister auf dem Parkplatz getrunken hätten. So machen das nämlich die Coolen. Und das wusste ich, weil die Coolen mich tatsächlich wöchentlich auf ihre Parkplatz-Trinkorgien einluden und mir langsam die Ausreden ausgingen. Zu diesem Zeitpunkt meines Lebens wollte ich dieser Clique aber so sehr gefallen, dass ich lieber eine Leberzirrhose erfunden hätte, als meine Angst vor dem Betrunkensein zu gestehen.

Da standen wir also, der Traumtyp und mein Ich-bin-auch-hip-und-äußerst-begehrt-Alter-Ego. Ich schaute ihn mir ganz genau an, während er mir von seinem Auto erzählte. Er war gute anderthalb Köpfe größer als ich, sein Kreuz war breit und er war muskulös, ohne aufgepumpt zu wirken. Seine Haare waren blond und eher kurz, aber man konnte kleine Locken erkennen. Die Augen waren geradezu kitschig hellblau und seine Zähne perfekt und so weiß, dass Colgate den Mann für einen Werbespot hätte buchen sollen. Bis heute weiß ich ganz genau, was er damals anhatte. Ein weißes, locker sitzendes Langarmshirt, dunkelblaue Baggy Pants (ja, vor zehn Jahren waren die noch angesagt) und die coolsten Sneakers überhaupt. Was ich selbst anhatte, weiß ich nicht mehr, aber kann es erahnen – mein Kleiderschrank damals war übersichtlich und beinhaltete nicht ein Teil, das ich hier für die Ewigkeit festhalten müsste. Eines kann ich aber sicher sagen: An diesem Abend, auf meiner Treppe, in einem wirklich mittelmäßigen Nachtclub mit teilweise fragwürdigem Publikum, habe ich mich verliebt. Und zwar so heftig, wie einen die erste große Liebe eben erwischt. Hals über Kopf und mit allem, was ich hatte.

Die nächsten drei Wochen waren wunderbar. Die Verliebtheit nahm mich voll und ganz ein – sogar so sehr, dass ich mein Gewicht plötzlich gar nicht mehr so wichtig fand, denn Andy (ich fand irgendwann doch raus, wie er hieß) mochte mich anscheinend so, wie ich war. Nicht mehr dick, aber auch nicht gerade schlank und sehr weit weg von durchtrainiert. Die Tatsache, dass so ein toller Kerl sich für mich interessierte, machte mich derart euphorisch, dass ich keine große Zeit für den üblichen Selbsthass hatte, denn wir sahen uns jeden Nachmittag. Natürlich gingen wir auch oft essen und ich konnte ja schlecht auf der Restauranttoilette mein Essen hochwürgen. Aber ich wollte auch nicht. Ich wollte nicht müde und benebelt im Kopf sein, wenn wir zusammen waren. Lieber wollte ich alles ganz genau erleben, und außerdem musste ich wach im Kopf sein, um meine Hipster-Fassade nicht fallen zu lassen. An diesem Punkt waren er und ich noch lange nicht. Der Gedanke, dass mein wahres kleines Ich nicht gut genug für ihn wäre, war nach wie vor allgegenwärtig.

Andy wohnte ungefähr eine halbe Stunde Fahrzeit von Regensburg entfernt. Täglich fuhr er extra in die große Stadt, nur um mich zu sehen (in diesem Kontext sollte ich anmerken, dass mit »großer Stadt« tatsächlich das beschauliche Regensburg gemeint war). Da er und ich aber schließlich so unglaublich verliebt waren, dass eine Welt ohne den anderen nicht mehr vorstellbar war, wollte er mir eines Tages endlich sein Zuhause zeigen und mich sogar seiner Mutter vorstellen. Auf der Fahrt zu seinem Elternhaus schaute ich mir die Felder entlang der Landstraße an und dachte so bei mir: Das ist der beste Tag meines Lebens. Ich kann nicht wirklich beantworten, ob ich jemals wieder so komplett und ohne Vorbehalt verliebt war. So euphorisch, überwältigt von Glück und vor allem so sicher. Vielleicht liebt man aber eben das erste Mal am unverdorbensten. Das Leben hat uns noch nicht so viel Gepäck und Angst mitgegeben. Also nehmen wir unser kleines Herz und geben es der anderen Person, ohne auch nur die kleinste Sicherheitsschnur daran zu binden. Diese Autofahrt hätte für mich ewig dauern können und ich hätte nicht einmal seine Hand losgelassen. Hätte er ein Auto mit

Gangschaltung besessen, hätten wir gemeinsam geschaltet, so ernst nahmen wir das Händchenhalten.

Andy war und ist noch heute ein sehr gut aussehender Mann. Der Beweis, dass nicht nur mein hormonvernebeltes Hirn das so sah, war die Tatsache, dass er hier und da für kleine Modeljobs gebucht wurde. Ja, verehrte Leserinnen und Leser, mein erster fester Freund war tatsächlich ein Model. Weder erfolgreich noch berühmt, aber natürlich trotzdem wahnsinnig aufregend.

In der Altstadt seiner Heimat war ein Fotogeschäft, das ganz kitschig die besten Porträts seiner Kunden im Schaufenster ausstellte, und von Andy, von Natur aus fotogen und göttlich, war ebenfalls ein Bild in diesem Schaufenster. Es war der erste und einzige Stopp auf unserer Highlight-Tour durch eine kleine Stadt ohne Highlights. Er hielt also vor dem Schaufenster des Fotoladens an, und ich drückte, stolze feste Freundin, die ich war, meine Nase an der Schaufensterscheibe platt. Andy stellte sich neben mich – wie gesagt, wir waren im bayrischen Umland, und wenn man da sein Auto mit laufendem Motor einfach mitten auf der Straße abstellt, stört das niemanden. Aus tiefstem Herzen überschüttete ich ihn mit Komplimenten. Die anderen Fotos nahm ich gar nicht richtig wahr, bis er auf das Foto eines Mädchens neben seinem zeigte und sagte: »Das ist am gleichen Tag entstanden. Meine Ex modelt auch nebenbei und wir haben unsere Sedcards hier billiger bekommen, wenn wir beide an einem Tag welche machen lassen.« Das haute er einfach mal so lapidar raus, als würden wir übers Wetter reden. Eigentlich auch keine so große Sache, wenn das Mädl auf dem Bild nicht ausgesehen hätte wie ein verdammtes Topmodel. Es war auch nicht irgendein nettes Porträt, sondern eine Ganzkörperaufnahme im Bikini. Klar. Und diese junge Frau war so perfekt, dass ich augenblicklich vor Angst hätte kotzen wollen. Sinnbildlich und tatsächlich.

Gedanken rasten durch meinen Kopf. Ich war sehr sehr hart auf dem Boden der Realität aufgeschlagen und konnte meiner Vorgängerin in keinster Weise irgendwie das Wasser reichen. Andy hielt meine Hand (das versteht sich von selbst, denn schließlich waren wir kurz davor an den Händen zusammenzuwachsen) und zog mich mit den Worten »Komm jetzt – zu lang musst du dir die nicht ansehen, denn die hat ’nen Dachschaden« langsam Richtung Auto. Mit meinem Selbstwertgefühl im freien Fall saß ich anschließend still auf meinem Sitz, bis ich mit gekonnt gespielter Lässigkeit fragte: »Deine Exfreundin ist ein bildhübsches Mädchen. Guter Fang, mein Freund. Sieht nicht nach Dachschaden aus auf dem Bild.« Er lachte kurz und merklich gekünstelt – das tat er oft. Und als wäre es nicht von Bedeutung, sagte er: »Doch, die ist besessen und ruft fast täglich bei mir an und schreibt SMS. Die will unbedingt, dass wir es noch mal versuchen. Gott sei Dank ist sie mit dem Modeln so gut gebucht, dass sie nicht mehr oft hier ist. Ich laufe ihr kaum über den Weg, aber wenn, gibt es immer ’ne Diskussion.« Aha. Okay – ich war zu dieser Zeit zwar neu im Beziehungs-Game, aber eines konnte man nicht abstreiten: Neben dieser Frau sah ich aus wie ein Sack Reis. Der berühmte umgefallene Sack Reis in China, der keinen interessiert. Es brauchte also kein Genie, um zu wissen, dass auch er das bald erkennen würde. Den Rest des Tages verbrachte ich in meiner Schutzmauer aus Lässigkeit und Small Talk. Das Treffen mit seiner Mutter lief gut und ich funktionierte. Innerlich war ich jedoch meilenweit weg. Ich würde das jetzt nicht als Talent per se bezeichnen, aber ich kann in einer Situation wie ein perfekt programmierter Roboter funktionieren und innerlich ganz woanders sein. Das ist in Notfällen oder auf roten Teppichen sehr nützlich – eben immer dann, wenn man gerade nicht man selbst sein kann.

Doch zurück in meinem Zimmer daheim im Glashaus brach ich in Tränen aus. Als hätten wir uns schon getrennt. Diese Frau war die Krebsdiagnose unserer Beziehung. Wir waren zwar gewiss noch nicht tot, aber auf dem besten Weg dorthin. Als ich meine Klamotten vor dem Schlafengehen wechselte, betrachtete ich mich selbst im Spiegel. In Unterwäsche. Widerlich. Andy und ich hatten zu diesem Zeitpunkt noch keinen Sex gehabt, ich war dieser Situation bisher gekonnt aus dem Weg gegangen. Es würde nämlich mein erstes Mal sein. Das wusste er nicht und das sollte auch so bleiben, denn er sollte nicht das Gefühl haben, ein kleines dummes Mädchen zu daten. Das wäre aber ohnehin egal. Sollte er mich jemals nackt sehen, würde er sich vor mir und meinem Körper zu Tode ekeln. Das wusste ich. Die Dehnungsstreifen an meinen schwabbeligen Oberschenkeln starrten mich an und waren so dermaßen auffällig, als hätte ich sie mit Leuchtmarker gekennzeichnet. In den letzten drei Wochen hatte ich mich sichtlich gehen lassen. Was hatte ich mir nur dabei gedacht? Es war meine eigene Schuld, wer sollte jemanden wie mich denn ernsthaft lieben?

Stundenlang saß ich nur da und heulte. Selbst als Andy mir eine SMS schrieb, dass er gut zu Hause angekommen sei und seine Mutter mich wunderbar fände, war das für mich nur noch mehr Anlass zum Trauern. Jede nette Geste, jede wunderbare SMS und jeder Kuss waren von nun an nicht mehr dasselbe für mich. Es erinnerte mich nur daran, dass er eines Tages zur Besinnung kommen, mich verlassen und all die tollen Dinge mit sich nehmen würde. Das einzige Gute am Heulen ist, dass es einen wirklich müde macht. Mich jedenfalls, aber ich bin halt auch ein überdramatischer Heuler. Sehr viel Schluchzen und Schneuzen und Schnappatmung. Ziemlich übertrieben, ich weiß, aber so bin ich halt in meinen Gefühlsausbrüchen.

Ohne Abendessen und mit Hungergrummeln in meinem fetten Bauch schlief ich ein.

Doch der nächste Morgen war ein neuer Tag. Ich setzte mich in meinem Bett auf und wie immer galt mein erster Gedanke Andy. Gefolgt von dem zweiten – nämlich um den besten Mann, der mir je begegnet ist zu kämpfen. 15, wie ich nun mal war, dachte ich, mein Leben wäre vorbei ohne ihn. Also fasste ich einen Plan. Ich musste besser, dünner, schöner werden – und zwar schnell.

Wann immer Andy nicht bei mir war, aß ich nichts. Gar nichts. Egal wie schwindelig oder schlecht mir war, ich verkniff mir alles.

Um dann während der Nachmittage mit ihm so zu tun, als würde ich normal essen. Warum? Weil er nicht merken sollte, dass ich auf Diät war! Das ist nicht sexy. Probleme sind nicht sexy und Cellulite an einer 15-Jährigen erst recht nicht. Tatsächlich bewegte sich mein Gewicht wieder langsam nach unten. Aber es wurde täglich merklich schwerer, meinen Hunger unter Kontrolle zu halten, also griff ich auf das beste Mittel gegen das Problem zurück: Essen und anschließend wieder raus damit. Jedes Abendessen, jedes Frühstück. Um die Müdigkeit, die diese Routine mit sich bringt, etwas zu verstecken, fing ich an, Kaffee zu trinken. Außerdem hatte ich in einem Diätforum gelesen, es würde den Stoffwechsel ankurbeln. Umso besser.

Aufgeben war keine Alternative. Die Uhr lief gegen mich und gegen unsere Beziehung – in meinem Kopf. Und sollte ich den Kampf um uns, um ihn, jemals vergessen, gab es fast täglich eine kleine Erinnerung vom Tumor in unserer Liebe – SMS von seiner Exfreundin. Diese Frau hatte vielleicht Nerven, es war unfassbar! Andy verhielt sich wie ein echter Gentleman und stand zu mir und unserer Beziehung und schrieb ihr immer wieder per SMS, vor meinen Augen, dass sie sich bitte nicht mehr melden sollte. Aber das Mädchen kannte keine Scham. Sie schickte ihm Liebesgeständnisse und tonnenweise Fotos ihres perfekten Körpers und einmal sogar die Frage: *Ich habe deine neue Freundin gesehen – was willst du bitte mir der?* Zweifellos – die Frau kannte ihr Schlachtfeld. Aber mein Mann war eben mein Mann und dieser versicherte mir immer wieder, er habe nie jemanden so geliebt wie mich.

Die nächsten Wochen fühlte ich mich wie in einem Hamsterrad. Innerlich rannte ich um mein Leben. Und trotzdem war ich so glücklich, dass ich niemals auch nur im Traum daran gedacht hätte, ihn zu verlassen oder – noch schlimmer – reinen Tisch zu machen und ihn zu fragen, ob er eigentlich wisse, dass er ein total verunsichertes, unerfahrenes Moppelchen datet. Nein – ich war bereit, alles für diesen Mann zu tun, denn was war mein Leben schon ohne ihn? Glücklich hungerte ich also vor mich hin, zwar mit nur recht mäßigem Erfolg, aber immerhin besser als nichts. Noch immer war ich verliebt in den tollsten Menschen der Welt und wahrscheinlich würden wir für immer zusammenbleiben. Und hoffentlich würde er irgendwann alt und fett werden, damit auch ich wieder essen können würde. Ein Superplan, wie ich fand, bis ich eines Tages eine SMS von einer mir unbekannten Nummer bekam. Das passierte normalerweise nie. Gespannt klappte ich mein Handy auf – das war noch vor der Touchscreen-Ära – und öffnete die SMS. Der Absender nutzte die 160 Zeichen, die man damals zur Verfügung hatte, nicht aus, sondern beschränkte sich auf: *Sarah, ruf mich an. Wir müssen dringend reden, bitte.* Keine Signatur und mein Name war auch noch falsch geschrieben. Ich wusste nicht, wer das war, aber die Endung der Nummer kam mir irgendwie bekannt vor. Bloß woher? Mir fiel nichts ein. Mit starrem Blick auf mein Handy überlegte ich. Und dann war mir klar: Ich kannte die Nummer von Andys Telefon! Es war seine Exfreundin – der Tumor! Mir reichte es nun wirklich. Wenn sie meine Nummer hatte, musste sie die von Andy haben, was hieß, die beiden hatten sich getroffen – klare Sache. Sofort drückte ich auf den kleinen grünen Hörer, um dieses Mädchen zur Rede zu stellen. Normalerweise ja nicht meine Stärke, aber in diesem Moment war ich so sauer und hatte dermaßen Angst um meine Beziehung, dass ich jede Scheu vergaß.

Es klingelte und eine junge Männerstimme ging ans Telefon. »Hallo, hier ist Sara, kann ich bitte Miriam sprechen!«, schnauzte ich in den Hörer. Ja, der Tumor hatte einen Namen. »Sara, hier ist Mehmet, ein guter Freund von Andy. Zumindest guter Freund bis gestern«, sagte die Männerstimme in einem auffällig ruhigen Ton. »Ja und jetzt? Sag, was du zu sagen hast, und dann gib mir das Mädchen ans Telefon«, raunzte ich in die Leitung. Ich war wirklich ungehalten und pampig, aber ja nur, weil ich merkte, dass das, was auch immer jetzt kommen sollte, ganz sicher nicht gut war. Und guter Gott, ich sollte recht behalten.

In der nächsten halben Stunde erzählte mir Mehmet eine Geschichte, die ich mir selbst nicht hätte erträumen lassen. Um es kurz zu machen: Andy und Mehmet waren beste Freunde seit dem Kindergarten. Eines Tages erzählte ihm Andy von mir und dass er sich wirklich in mich verliebt hätte. So weit, so fantastisch. Allerdings fand Andy wohl, dass ich abnehmen sollte, denn dann wäre ich – und ich zitiere Mehmet, der wiederum Andy zitierte – »wahrscheinlich echt ein hübsches Mädel«. Da mein Andy ja nun kein Dummkopf war und die Frauen – vielleicht aber auch nur mich – anscheinend kannte, wusste er, dass Konkurrenz das Geschäft belebt. Also zeigte er mir ein dünneres schönes Mädchen, zu dem er keinerlei Verbindung hatte, im Schaufester des Fotogeschäftes und behauptete, es sei seine Exfreundin. Seine Exfreundin, das atemberaubend schöne Model mit weniger Körperfett als ein Regenwurm und dem Bindegewebe einer Marathonläuferin. Mehmet war zwar nicht unbedingt angetan von der Idee, wie er am Telefon beteuerte, half aber natürlich seinem ältesten Freund, indem er sich fast jeden Nachmittag als Miriam ausgab und ihm SMS schickte. Jedes Mal, wenn ich danebensaß.

Nun habe ich ja, zugegeben, eine wirklich farbenfrohe Fantasie und rechne stets mit dem Schlimmsten, aber das habe selbst ich nicht kommen sehen. Nicht einmal ansatzweise. Und ich hätte es wohl auch nie herausgefunden, wenn Andy nicht aus Versehen Mehmets Auto angefahren hätte und sich nun weigerte, den Schaden zu bezahlen. Darüber gerieten die beiden in Zoff, woraufhin Mehmet ihn aus Wut verpfiff.

Da saß ich also im Glashaus auf meinem Bett und wusste nicht so recht, was ich fühlen sollte. Nein, das ist nicht ganz richtig – ich wusste, ich sollte empört und wütend sein, denn mein Freund hatte mich zu seiner kleinen schwabbeligen Psycho-Marionette gemacht. Aber ich war weder empört noch wütend. Ich war erleichtert. Mein Atem war ruhig, meine Muskeln entspannt und mein Herz okay. Warum?

Nach ein paar Minuten fand ich die Antwort in dem Gestrüpp aus Gedanken: Ich war erleichtert, dass es keine Miriam gab. Und geradezu geschmeichelt, dass er seinem ältesten Freund von mir erzählt hatte.

Kein Witz.

Das große Zur-Rede-Stellen konnte ich mir auch sparen, denn Mehmet hatte ihm bereits gesagt, er hätte mir die ganze Geschichte gebeichtet. Daraufhin fand ich nachts einen ewig langen Brief von Andy und Rosen vor dem Haus.

Ehrlich gesagt, er hätte sich nicht einmal entschuldigen müssen. Es änderte doch nichts: Ich musste besser, dünner und hübscher werden, wenn ich wollte, dass mich jemand liebt. Das hatte ich doch schon vorher gewusst. Schon immer. Und er wusste es eben auch. Wer konnte es ihm verdenken – ich würde mich selbst auch nicht anfassen wollen. Und er hatte ja recht, wenn ich nur mehr an mir arbeiten würde, dann könnte ich eines Tages vielleicht ein echt hübsches Mädchen sein. Das konnte ich kaum erwarten.

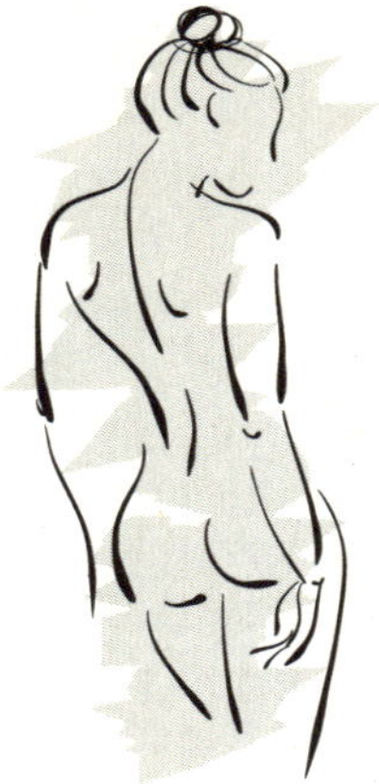

ENTHÜLLUNG

7:45 Uhr. Guten Morgen, Sonne. Genervt lag ich im Bett und fragte mich, was nur mit den guten alten Zeiten passiert war, als ich noch Wände und nicht nur Glas um mein Bett hatte. Mein Gott, wie ich dieses Haus hasste! Rückblickend verstehe ich gar nicht warum, denn eigentlich ist es ein Prachtstück, aber damals war mir wohl jedes Licht auf mein Leben zu hell. Es war nun mittlerweile schon ein gutes halbes Jahr vergangen, seit ich angefangen hatte, meinen Körper zu überlisten. Ich konnte essen, was ich wollte, und mein Gewicht halten oder manchmal sogar leicht verringern. Nun stand aber der Sommer vor der Tür und der Druck der kurzen Röcke und engen Tops war ständig in meinem Hinterkopf. Schlecht gelaunt und sehr müde schleppte ich mich zur Bushaltestelle. Schleppen war mittlerweile meine normale Art der Fortbewegung geworden. Irgendwie brauchte mein Körper extrem viel Schlaf und wurde nie richtig wach. Die Nachmittage mit Andy hatten sich auf dreimal die Woche reduziert, denn er hatte einen neuen Job angenommen und ich war ehrlich gesagt froh, ihn nicht so oft sehen zu müssen. Nicht weil ich ihn damals nicht wie geradezu gehirnamputiert geliebt hätte – im Gegenteil, ich war ein wandelndes Klischee und schlicht abhängig von ihm. Sondern weil es verdammt anstrengend war, ihm vorzuspielen, wie fröhlich, unbelastet und voller Leben ich war. Ernsthaft, dem eigenen Freund Lebensfreude vorzugaukeln, ist ein anstrengender Fulltime-Job! Mir war jedoch fast immer nach Schlafen. Mein Leben glich dem eines Faultieres, aber was machte das schon? Meine größte Freude war das Beschaffen und Vertilgen meiner Lieblingssünden und mittlerweile hatte ich echt Routine im Umgang mit Essen. Und diese sollte ich auch an jenem Tag im Sommer beibehalten. Nach fünf Stunden rein körperlicher Anwesenheit im Unterricht verließ ich die Schule und stoppte auf meinem Weg zur Bushaltestelle an einem Supermarkt. Selten kaufte ich neue Dinge, es pendelte sich auf die immer gleiche Mischung ein: zwei Tafeln Schokolade, eine Tüte Chips, zwei Tüten Gummibärchen und eine Mohnsemmel. Wenn ich besonders in Fahrt war, kaufte ich noch Donuts und eine Käsebreze an der Bushaltestelle. Heute war so ein Tag. Mit einer vollen Tüte Essen saß ich im Bus und schaute aus dem Fenster. Zum ersten Mal in meinem Tagesablauf spürte ich Aufregung und Freude. Ich war ehrlich jeden Tag einfach schwer begeistert von meiner Ausbeute und wollte mit meinem vergänglichen Schatz alleine in meinem Zimmer sein. Jetzt mal ehrlich, ein stilles Zimmer, ein riesen Fernseher, nix zu tun und eine große Tüte voller Lieblingsessen, das sich danach nicht auf die Hüften legt. Das war mein perfekter normaler Tag.

Zu Hause stellte ich die Tüte, wie immer, sofort hinter den Kleiderschrank in meinem Zimmer. Warum ich das tat, weiß ich gar nicht so recht, denn von sieben Uhr morgens bis mindestens sechs Uhr abends fand man meine Mutter und ihren Mann mit absoluter Gewissheit in ihren Büros. Die lagen zwar nur ein Stockwerk unter unserem Wohnzimmer, aber trotzdem eine Welt weit weg.

Der Geruch von frisch Gekochtem lag in der Luft. Voller Vorfreude sprang ich regelrecht in die Küche. Heute gab es Gulasch mit Reis. Sehr gut. Ich bin halt ein bayrisches Mädel und mag deftige Küche. Für die schon peinlich große Portion, die ich mir auf den Teller geschaufelt hatte, brauchte ich gerade mal zehn Minuten. Ich merkte, dass ich beim Essen immer schneller wurde und es nur noch mechanisch hinunterschlang. Ich hätte jeden Contest gewonnen. Gut gelaunt stellte ich anschließend meinen leeren Teller in die Spülmaschine und konnte kaum schnell genug in mein Zimmer kommen. Fernseher an, Schuhe aus, Essen aufs Bett und los gings. Immer in der gleichen Reihenfolge: salzig, süß, sauer. Mitten in meinem Ritual musste ich noch mal zurück in die Küche, denn ich hatte vergessen, die Cola Light aus dem Kühlschrank mitzunehmen. In den vergangenen Monaten hatte ich herausgefunden, dass stetiger Konsum von Getränken mit Kohlensäure das Übergeben viel leichter machte.

Nach guten 30 Minuten ist der ganze Spaß dann auch schon vorbei und mein Magen so voll, dass ich ein deutliches Stechen spüre. Normalerweise das Zeichen, dass jetzt Schluss ist. Das Übergeben ist, entgegen vieler Vorurteile, der lästige Teil. Ein notwendiges Übel und es macht keiner Bulimikerin Spaß. Die Angst vor den Kalorien und das extreme Völlegefühl treiben einen aber ganz von alleine sehr schnell Richtung Toilette. Ich ging also in mein Bad und beugte mich über die Schüssel. Mittlerweile hatte ich meine Zeit, die ich brauchte, um wirklich alles wieder loszuwerden, auf unter 15 Minuten reduziert. Man darf sich das nicht wie ein natürliches, vom Körper eingeleitetes Erbrechen vorstellen. Das geht ja schnell. Künstlich herbeigeführtes, erzwungenes Übergeben ist dagegen echt anstrengend. Und mitten in diesem anstrengenden Prozess klopfte es plötzlich an der Tür. Ich war erstarrt vor Schreck. Zwölf Jahre später erinnere ich mich noch ganz genau an diesen einen Moment. Wie vom Blitz getroffen saß ich neben der Toilette. Für ein paar Sekunden wusste ich ja nicht mal, wer da vor der Tür stand. Bis schließlich ein zweites Klopfen und ein besorgtes »Sara?« klarmachten, dass meine Mutter auf der anderen Seite der Tür war. Scheiße. Was machte meine Mutter denn mitten am Nachmittag hier? »Hey Mum! Kleinen Moment, ich bin gleich da«, flötete ich mit gespielt fröhlicher Stimme. Trotz des üblichen Schwindels zog ich mich am Waschbecken hoch, wusch meine Hände und presste kurz ein nasses Handtuch auf mein rotes Gesicht. Die Panik war grenzenlos, aber ich musste jetzt da raus und heile Welt spielen.

Nach einem tiefen Atemzug öffnete ich lächelnd die Tür und sagte: »Hey Mum, was ist los?« Sie schaute mich ernst und mit versteinertem Blick an. In verstörend neutralem Ton fragte sie schließlich: »Was war da drinnen gerade los? Du hast dich übergeben und du bist nicht krank. Hast du das mit Absicht gemacht?« Und völlig gegen jeden Plan in meinem Kopf, gegen alles mir Erklärliche, sagte ich »Ja.« Von mir selbst geschockt stand ich einfach da, meine Mama mir gegenüber. Wie waren beide gleich überrascht von meiner Antwort. Nach einer gefühlten Ewigkeit ohne Blickkontakt zeigte meine Mama schließlich Richtung Wohnzimmer und sagte: »Setz dich hin.« Und das tat ich. Wie jeden Tag nach diesen 15 Minuten im Bad war mir schwindelig und wahnsinnig schlecht. Aber das Adrenalin in dieser Situation ließ mich steif wie ein Brett und sehr wach werden. So wach war ich seit Wochen nicht mehr gewesen. »Wie lange machst du das jetzt schon?«, fragte meine Mutter ernst. »Vier Wochen«, log ich wie aus der Pistole geschossen. »Nur ab und zu, um mein Gewicht zu halten, wenn ich mal zu viel gegessen habe«, ergänzte ich noch. Bis heute frage ich mich, was an diesem Tag passiert ist. Warum habe ich nicht einfach vorgegeben, etwas Falsches gegessen und mir den Magen verdorben zu haben? Es wäre so einfach gewesen, mein wichtigstes Geheimnis zu beschützen. Aber vielleicht war ich irgendwie froh, dass sie mich an diesem Tag erwischt hatte. Keine Ahnung.

In einem gespenstisch ruhigen und unemotionalen Gespräch von gerade einmal fünf Minuten verlangte meine Mutter, dass ich einen Spezialisten sehen solle, um auszuschließen, dass dieses Verhalten sich dauerhaft einschleicht. Aha.

Ziemlich verwirrt saß ich nach unserem Showdown in meinem Zimmer. Ich war wie in Watte gehüllt und meine Gedanken trieben nur langsam durch meinen Kopf. Deutlich spürte ich aber bald, wie Wut und Erleichterung gleichermaßen das Ruder übernahmen. Wut, weil ich kaum glauben konnte, dass meine Mutter nicht vor Angst und Entsetzen ausgerastet war. Und Erleichterung über genau dieses.

Zu meiner eigenen Verwunderung legte ich mich erst einmal ins Bett und schlief.

Als ich zwei Stunden später aufwachte, suchte ich die Nummer einer auf Essstörungen spezialisierten Klinik in Regensburg raus, schrieb sie auf einen Zettel und legte ihn meiner Mama auf den Schreibtisch, als sie nicht im Haus war. Ich tat das unaufgefordert, denn mir war völlig klar, dass ich durch mein Auftreten sowohl Ärzte als auch Psychologen daran hindern konnte, bei mir eine Essstörung zu diagnostizieren. Ich war nicht essgestört und brauchte deshalb auch keine Hilfe. Ich benutzte das Übergeben ja nur als Mittel zum Zweck. Dort aufzutauchen und dann mit negativem Befund wieder heimgeschickt zu werden, war also das beste und einzige Mittel, diesen Vorfall aus der Welt zu schaffen und weitermachen zu können, wie ich wollte.

Schon zwei Tage später fand ich mich im Porsche meiner Mutter auf dem Weg zu besagter Klinik. Wir waren einander in den letzten zwei Tagen ein wenig aus dem Weg gegangen. Wohl einfach, weil wir beide nicht wussten, was wir sagen sollten.

Auf dem Parkplatz der Klinik angekommen, kontrollierte meine Mama zunächst ihr Make-up, legte noch mal Lippenstift auf, kämmte ihre Haare. Sie war sichtlich emotional überfordert mit der Situation, aber egal, was jetzt auf sie zukommen würde, sie würde dem Ganzen mit perfektem Make-up und einem makellosen Auftreten gegenüberstehen. Ich musste ein bisschen schmunzeln, weil ich das schon so oft an ihr beobachtet hatte.

Ich selbst stand zwar ein wenig unter Druck, eine perfekte Ich-bin-okay-und-keinesfalls-essgestört-Erstaufführung hinzulegen, aber richtig Sorgen machte ich mir nicht. Ich hatte in der Nacht zuvor alles, was es über Bulimie zu wissen gab, im Internet recherchiert – inklusive Anzeichen der Krankheit. Ja, ich räume ein, dass Essen und dann Kotzen mit Sicherheit ein sehr überzeugendes Anzeichen sind – aber das musste ja außer mir keiner wissen. Ich würde den Vorfall herunterspielen und als abgeschlossene Phase meines Lebens verkaufen.

Mit sehr schnellem Schritt stöckelte meine Mum voraus. Unglaublich, wie diese Frau auf High Heels durch ihr Leben rennt. Wäre das ein Sport, so wäre meine Mutter erstens gesponsert von Prada und zweitens unschlagbar. Mit ein wenig Abstand und weit weniger graziösen Nike-Turnschuhen folgte ich ihr. Die Gänge in dem Gebäude waren lang, kahl und erinnerten mich an ein Krankenhaus. Als wir das Büro unserer zuständigen, wie soll ich sagen, »Sachbearbeiterin« im zweiten Stock erreichten, drehte sich meine Mama zu mir um und versuchte fast schon rührend, irgendwie ihre Unterstützung klarzumachen, indem sie mich an der Hand nahm und sagte: »Jetzt schau ma halt mal.«

Wir betraten das Büro und da saß – ich kann es nicht anders sagen – das absolute Feindbild meiner Mutter. Hätte man sämtliche Eigenschaften, die meine Mutter nicht ausstehen kann, zusammengenommen und damit eine fantasievolle Collage gebastelt – herausgekommen wäre exakt ein Bild von Frau Bräuer aus Raum 212.

Frau Bräuer war Mitte 40, etwas übergewichtig und ganz klar ein Gegner von Make-up. Und Haarpflegeprodukten. Und Socken – sie trug offene Sandalen. Passend zu den Sandalen einen weiten bunten Rock und eine beiges Shirt. Ich musste kurz in mich hineinlachen, weil ich mir die Situation vorstellte, in der jemand morgens aufwacht und denkt, heute kaufe ich mal ein beiges Shirt. Einfach nur beige und sonst nix. Frau Bräuer war aber dennoch sehr freundlich und ihr Büro war, entgegen dem Rest des Gebäudes, wirklich niedlich. Sie sammelte Puppen, außerdem standen überall Karten und es gab einen Haufen Kissen sowie eine Couch. Sie mag ein Hippie gewesen sein, aber ganz offensichtlich mochte sie ihr Büro und ihren Job.

Freundlich bat sie uns, Platz zu nehmen. Die ersten paar Minuten vergingen mit Small Talk über das Wetter und die Baustelle auf der Autobahn. Dann griff die weibliche Ausgabe von Peter Lustig jedoch zu den Fragebögen und stellte sowohl meiner Mutter als auch mir Fragen zu unseren generellen Lebensumständen. Reflexartig verfielen wir beide in eine Art Verkaufspräsentation unseres Lebens. Fand ich klasse, denn zusammen hatten wir es ja viel leichter, mich als normal und gesund zu verkaufen, um dann mit dem Segen der Psychotante wieder in unser altes Leben zu gehen. Wir logen nicht und wir verschwiegen auch nichts, aber wir beschönigten und schmückten aus. Für fünf Minuten waren wir richtig in unserem Element. Eifrig machte Frau Bräuer sich Notizen, und ich war mir sicher, dass ich mit einem fetten »Ist okay« auf meiner Stirn hier in spätestens zehn Minuten wieder raus war.

Doch es regnete mir ordentlich auf meinen inneren Siegeszug, als Frau Bräuer plötzlich mit »Frau Schätzl, Sie als Mutterfigur scheinen momentan zu versagen« eröffnete. Hoppla. Frontalschuss gegen den Bug meiner Mutter. Was sollte das denn jetzt? Irritiert suchte meine Mama nach Worten – das kommt normalerweise nie vor. »Also meine Mum hat damit nichts zu tun. Wir reden offen über unsere Probleme miteinander und das Leben ist halt nicht immer leicht«, griff ich schnell beschwichtigend ein.

Aber Frau Bräuer und ihr beiges Shirt waren anscheinend auf Krawall gebürstet. Sehr ruhig, aber dennoch bestimmt, antwortete sie: »Du bist viel zu jung, um alleine die Verantwortung für deine Krankheit zu haben, und deine Mutter vernachlässigt ihre Pflichten anscheinend zugunsten von Arbeit und Partner.« Jetzt wurde es aber wirklich verdammt eng in diesem Zimmer. Verunsichert schaute ich zu meiner Rechten. Ich hörte meine Mutter regelrecht nachdenken und sie tat mir leid. Hatte ich anfangs noch gedacht, meine Mama würde die Therapeutin vorverurteilen und eben generell niemanden in Sandalen ernst nehmen, so hatte ich jetzt das Gefühl, dass genau das Gegenteil geschehen war. Ja, ich hatte keine glückliche unbeschwerte Kindheit. Und seit meine Mutter mit uns nach Regensburg zu ihrem neuen Freund und heutigen Ehemann gezogen war, hatten wir gewiss unsere Probleme und unser Verhältnis wurde auch immer dünner. Aber trotzdem sehe ich es nicht gerne, wenn meine Familie angegriffen wird. Damit hatten weder meine Mutter noch ich gerechnet. Gerade als ich etwas sagen wollte, stand meine Mama jedoch einfach auf, sagte auffällig bestimmt: »Wir sind hier fertig. Sie sind nicht nur unqualifiziert, sondern auch frech und respektlos. Sie wissen nichts über mich oder meine Tochter und brauchen nicht Ihren Frust über Ihr eigenes Dasein auf meine Familie zu projizieren.« Ja – das war ein Zitat. Wort für Wort.

Ohne eine Antwort abzuwarten, kehrte meine Mutter also Frau Bräuer und ihren gefühlten 30 Puppen den Rücken zu und verließ den Raum. Reflexartig lief ich ihr nach.

Den Weg zurück zum Auto machte meine Mama mit den größten und schnellsten Schritten, die ich von einer 1,65 Meter kleinen Frau je gesehen hatte. Auf der Fahrt nach Hause herrschte unangenehme Stille im Auto. Was sollte man jetzt auch sagen? Wir beide wussten, dass unsere Familienverhältnisse ungesund waren, aber das Leben ist eben manchmal einfach das Leben und keine Mutter ist perfekt. Sie wusste, dass ich ein unglückliches Kind war und ein noch unglücklicherer Teenager, aber irgendwie musste es nach der Scheidung meiner Eltern ja weitergehen. Und meine Mama war halt schon immer von dem Drang, großen Erfolg haben zu müssen, getrieben gewesen. Das ist ihr Fluch, so wie ich meinen habe. Und in diesen Umständen haben wir uns eben irgendwann verloren.

Am nächsten Morgen, es war ein Samstag, kam meine Mutter mit zwei großen Tüten voller Gemüse und gesundem Zeug in mein Zimmer. Sie strahlte und sagte: »Ich glaube, du machst das nur wegen deiner Gewichtsprobleme, und ich helfe dir jetzt einfach, dein Gewicht mit gutem und gesundem Essen im Griff zu behalten, okay? Denkst du, das löst das Problem?« Bis heute frage ich mich, ob sie damit unterbewusst eine Steilvorlage schaffen wollte, damit wir beide das Thema ignorieren konnten. Egal was es war – ich nahm dankend an, indem ich sagte: »Ja das hört sich gut an! Ich denke, das löst das Problem.«

Und fünf Jahre lang haben wir das Thema nicht mehr angesprochen.

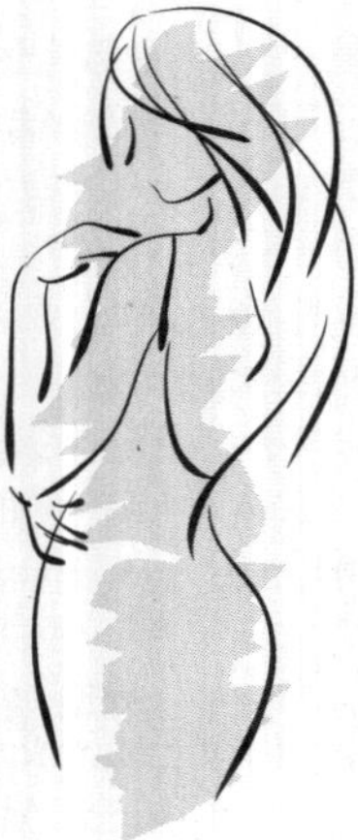

WOLKE 9

Die Jahre vergingen schnell und sie waren gepflastert mit holprigen Wegen, die ich hauptsächlich mir selbst zuzuschreiben hatte. Die Firma meiner Mutter war mittlerweile sehr erfolgreich, und es lag nahe, einfach in Regensburg zu bleiben und dort zu arbeiten. Bequem und sicher als Tochter der Chefin. Allerdings habe ich anscheinend überhaupt kein Gespür für Vernunft in jeglichem Sinne und beschloss deshalb, stattdessen alleine nach München zu ziehen, um Schauspielerin zu werden. In der bayrischen Landeshauptstadt angekommen, wohnte ich zunächst in einer wirklich heruntergekommenen Einzimmerwohnung – und war trotzdem glücklich wie nie. Irgendetwas in mir ließ mich nie mehr nach Hause zurückkehren – obwohl die Wetten wohl dagegenliefen. Ich war nun 18 und mein Leben war ein wenig unstrukturiert, um es mal diplomatisch zu sagen. Da ja in München keiner auf mich gewartet hatte und selbst mir klar war, dass das mit der Schauspielerei ohne Kontakte nicht einfach werden würde, suchte ich nach einem Plan B. Der war zum Glück auch recht schnell gefunden und hieß Maskenbildnerin. Das war zumindest branchenverwandt zu Plan A Ich-werde-ein-großer-Filmstar-und-alle-lieben-mich. Als Maskenbildnerin würde ich an Filmsets arbeiten und die richtigen Leute kennenlernen. Außerdem war es ein kreativer Beruf und im Zukleistern von Gesichtern war ich schon immer gut. Gleich nach »Berühmtes reiches Mädchen« also ein top Plan B.

Leider musste man, bevor man Maskenbildnerin werden konnte, erst einmal eine Lehre zur Kosmetikerin absolvieren. Gut, das stand zwar so nicht von Anfang an im Plan, aber die Ausbildung war nötig und meine Mama glücklicherweise willens, sie zu bezahlen. Also suchte ich eine gute Schule, bewarb mich und saß schneller, als mir lieb war, jeden Morgen mit meinem Hintern wieder in einem Klassenzimmer. Und was soll ich sagen – ich blieb mir treu und war genauso faul und desinteressiert wie schon in meinen Schultagen. Reine körperliche Anwesenheit. Und glaubt mir, ich habe es wirklich versucht, aber die Zusammensetzung von Cremes oder bestimmte Gesichtsmassagetechniken weckten jetzt nicht gerade euphorischen Wissensdurst in mir. Es war geradezu frustrierend, zu sehen, wie die anderen Mädchen jeden Tag voller Freude in den Unterricht kamen, stolz neues Arbeitsmaterial vorzeigten und gegenseitig Tipps austauschten. Der Theorieunterricht war ja noch erträglich, denn in guter alter Tradition saß ich einfach in der letzten Reihe und schrieb mein Tagebuch. Die Praxisstunden, in denen wir gegenseitig an unseren Gesichtern rumkneten sollten, kosteten mich allerdings meinen letzten Nerv. Das einzig Gute an dieser täglichen Qual war die Lage der Schule, direkt neben dem Münchner Hauptbahnhof. Meinen Heimweg trat ich also stets mit der U-Bahn an, und in den Katakomben des Hauptbahnhofs gab es alles, was man sich im Hinblick auf Essen nur wünschen konnte. Ich folgte also auch hier im Grunde dem gleichen Prinzip wie in

Regensburg: Schule, Hamsterkäufe, Heimfahrt, Essen, Essen wieder rückgängig machen und dann schlafen. Das war okay für mich. Meistens wachte ich so gegen 17 Uhr von meinem Nachmittagsschlaf auf und die Abende verbrachte ich mit Andy. Ja, Andy war nun auch nach München gezogen. Man konnte ihm nun wirklich einiges vorwerfen, aber es gab nicht viel, was er nicht für mich getan hätte. Und ich liebte ihn noch immer wie eine Idiotin. Er war mein Lebensmittelpunkt und auch die einzige Konstante. Obwohl das Wort »konstant« unseren Beziehungsstatus nicht wirklich passend beschreibt – wir stritten oft, trennten uns dramatisch und fanden dann wieder zusammen. Es war ein einziger großer Rosamunde-Pilcher-Film. Unsere Trennungen dauerten nie länger als eine Woche, und ich denke, es gab in all unseren Jahren nie einen Tag ohne eine SMS. Der Inhalt wechselte von *Ich hasse dich – lösch meine Nummer* zu *Ich kann ohne dich nicht leben – es tut mir so leid.* Es war ein ständiges Machtspiel zweier ängstlicher, kindischer, zur Dramatik neigender Dummköpfe. Aber es war echt für uns. Wir weinten, wir liebten, wir brauchten einander. Sehr.

Andy war sehr gut aussehend, aber er suchte trotzdem permanent Anerkennung wie ein kleines hässliches Entlein. Leider suchte und fand er diese häufig bei anderen Frauen, sobald bei uns wieder der Wurm drin war. Ich redete mir damals ein, dass ich über all seine kleinen Ausrutscher Bescheid wusste. Innerlich war mir ja klar, dass er mit diesen Frauen nur sein Ego aufpolieren wollte, aber mich von Herzen liebte. Generell bliebt es immer nur bei harmlosen Flirtereien seinerseits, und das wusste ich nicht etwa, weil ich auf sein Wort vertraute, sondern weil ich extrem eifersüchtig war. Ich checkte sein Handy, wenn er unter der Dusche stand, seine Post, seine Internetprofile – alles. Ich dachte also, ich kannte meinen Mann, und schaffte es so, ihm immer wieder zu verzeihen. Aber wir waren nun mal beide jung und nicht gerade Auswüchse an Vernunft. Bis heute bin ich ehrlich verwundert, dass wir uns nicht die Namen des jeweils anderen tätowieren ließen. Das hätte uns so ähnlich gesehen.

Wir waren also die Art Paar, die sich normalerweise jeden Tag unzählige SMS schrieb, aber an diesem Tag im Mai herrschte Funkstille, denn wir hatten mal wieder Schluss gemacht. Und diesmal schon sechs Tage, was für uns ziemlich lang war. Es war Montagmorgen und ich schrieb meine Gedanken im Tagebuch nieder. Natürlich über Andy und wie sehr ich ihn vermisste. Denn das tat ich – wenn er weg war, fehlte der größte Teil von mir. Gott sei Dank ging es ihm genauso und so vibrierte endlich mein Handy. Eine SMS! Von »Schatzi«. Das Übliche *Ich vermisse dich, lass uns bitte heute Abend reden, ich komm zu dir, ok?* Oh, was war ich in diesem Moment glücklich. Denn obwohl wir diese Situation zuvor ja schon hundertmal durchgespielt hatten, so versetzte es mich jedes Mal wieder in die extreme Angst, es könnte wirklich vorbei sein. Wir waren halt Kinder. Und wie Kinder nun mal so sind, nahm ich mir vor, mindestens drei Stunden nicht zurückzuschreiben. Und auf den Punkt drei Stunden später antwortete ich ganz cool mit *Ok, komm um 5*. Die Erleichterung, die ich jedes Mal, wenn wir wieder zusammenfanden, spürte, ist kaum zu beschreiben. Ich fühlte mich leicht und frei und vor allem sicher. Obwohl er einer der instabilsten und sicherlich unehrlichsten Menschen war, die ich in meinem Leben bisher getroffen habe, war er mein Mann. Außerdem hatte er es ja auch nicht einfach mit einem überemotionalen, verunsicherten und selbstbildgestörten Freak wie mir. Wenn er mich aber dann in den Arm nahm, war ich irgendwie erleichtert. Ich konnte dann wieder normal atmen und die Nacht durchschlafen. Für ein paar Jahre brauchten wir nur einander. Dachte ich.

Als ich die Schule verließ, fuhr ich sofort nach Hause – ohne Essen in meiner Tasche. Ich war so aufgeregt, ihn abends zu sehen, dass ich absolut keinen Hunger verspürte. Und übergeben wollte ich mich auch nicht, denn mein Gesicht sah danach immer rot und ein wenig aufgeschwemmt aus. Außerdem hatte ich viel zu tun und konnte keinesfalls schlafen. Ich musste die Wohnung aufräumen – okay, das war nur ein winziges Zimmer, aber immerhin. Des Weiteren musste ich meine Haare waschen und schön zurechtföhnen. Um kurz vor fünf stand ich dann mit Kontaktlinsen statt Brille und einem bemüht unauffälligen Make-up in meiner Wohnung. Ich trug Jeans und ein sehr vorteilhaftes Shirt, denn es sollte schließlich aussehen, als hätte ich mir gar keine Mühe gegeben und würde ständig so hübsch morgens aus dem Bett fallen. Das Ganze war natürlich Schwachsinn, denn dieser Junge war zuvor schon geschätzte 300-mal neben mir aufgewacht. Er wusste also genau, dass ich so nicht einfach aufwache, und definitiv wusste er, dass ich normalerweise Brille trug.

Egal – es lief alles nach Plan. Er kam vorbei, wir redeten, er verdrückte ein Tränchen, wir waren beide unglaublich erleichtert, und als er auf Toilette ging, checkte ich in Lichtgeschwindigkeit sein Handy – Kontrollfreak, der ich nun mal war. Alles sauber, guter Mann.

Ab diesem Tag waren wir wieder zurück auf Wolke 9 – ganz recht, 7 reichte für uns nie – und bald waren wir wieder zurück in unserem gemeinsamen Alltag. Morgens ging ich zur Schule und er fuhr zu sich nach Hause. Seine Wohnung war circa zehn Minuten Fahrt entfernt. Den Nachmittag hatte ich dann für mich und mein geliebtes Essen. Andy dachte die ganze Zeit über, ich bräuchte die Zeit zum Lernen. Die Abende verbrachten wir dann immer zusammen. Wir hatten ja beide nicht übermäßig viel Geld, also waren wir mit simplen Abenden vor dem Fernseher und Tiefkühlpizza völlig zufrieden. Wir hatten ja einander.

Zumindest bis zu einem Mittwoch im Juni.

An diesem Tag sollte ich ausnahmsweise mal direkt nach der Schule zu Andys Wohnung kommen, denn wir wollten ihm neue Sneakers im Einkaufszentrum neben seiner Wohnung aussuchen. Ich freute mich und war bester Laune. Später sollte ich sogar einen seiner Nachbarn kennenlernen, mit dem er in den letzten zwei Wochen viel Zeit verbracht hatte. Als ich unten am Gebäude klingelte und dann mit dem Aufzug in den vierten Stock fuhr, bemerkte ich, dass mein Herz wie wild pochte. Ich weiß noch, wie ich dachte: Wer hat nach so langer Zeit miteinander schon noch Herzklopfen? Wir sind wirklich etwas Besonderes. Und wenn wir uns das erste Mal an einem Tag sahen, war es stets, als wäre es das erste Mal seit Wochen gewesen. So auch an diesem Tag. Als ich in die Wohnung kam, fiel mir sofort auf, dass er die Möbel umgestellt hatte und neue Kissen auf der Couch lagen. Sah zwar alles ganz gut aus, aber irgendwas in mir mochte es nicht, wenn er Dinge ohne mich änderte. Sein Handy klingelte und er nahm ab. Nach einem simplen »Ja okay. Ich bin gleich da« legte er auf und sagte, er müsste kurz seinem Nachbarn mit einem Schrank helfen und würde dann mit seinem neuen Freund zusammen zurückkommen. »Alles klar, ich wollte eh kurz mit meinem Bruder telefonieren«, flötete ich zurück und drückte ihm einen Kuss auf. Die Tür fiel hinter ihm ins Schloss und ich war augenblicklich alarmiert. Die Wohnung sah anders aus und fühlte sich seltsam an. Irgendetwas stimmte nicht. Zuerst rannte ich zum Schrank und griff in sein wenig geheimes Geheimfach, um zu checken, ob er dort Zigaretten versteckt hatte. Andy rauchte nur, wenn er abends in Clubs ging, und er hatte mir geschworen, er war in der Zeit unserer Trennung kein einziges Mal aus gewesen. Das Fach war leer. Ich war zwar eine paranoide, völlig vertrauensunfähige Irre, aber in Andys Fall trog mich mein Gefühl ja leider nie. Wie ein geölter Blitz durchsuchte ich das ganze Wohnzimmer, jede Schublade, das Bad, die Küche und letztlich das Schlafzimmer. Dort fiel mir zuerst die neue Bettwäsche, passend zu den unangenehm neuen Kissen im Wohnzimmer, auf. Was war denn da los? War das hier die Teenagerausgabe von SCHÖNER WOHNEN? Ich konnte trotzdem nichts Verdächtiges finden. Aber er war ja ein schlauer Kerl und wusste, dass ich kommen würde. Etwas ratlos stand ich eine Weile mitten im Flur zwischen den Zimmern, die ich bereits alle durchsucht hatte. Und da fiel mein Blick auf den Schuhschrank. Ich öffnete die Schubladen eigentlich nur, weil es wirklich das letzte Möbelstück war, das ich noch nicht durchleuchtet hatte. Drinnen fand ich nur Schuhe. Doch als ich die letzte Schublade mit viel Schwung zurückzog, rutschte in einem Schuh ein Feuerzeug nach hinten. Neugierig nahm ich den Schuh heraus, und siehe da, im Schuh waren Zigaretten und in der Schachtel ein Zettel. Mein Leben hat wirklich ein Talent, mir Momente zu beschweren, die sonst nur im Film passieren. Das hier war so ein Glanzstück. Mein Herz schlug schnell, und ich fühlte mich schon unwohl, bevor ich den Zettel ganz aufgefaltet hatte. Zu Recht. In geradezu ätzend schöner Schrift stand dort *Du bist wunderbar. Ruf an! Alana* und eine Nummer. Ich setzte mich auf den Boden und mir war schlagartig schlecht. Das war nicht die erste Nummer, die ich bei ihm gefunden hatte, aber es traf mich trotzdem wie ein Schlag.

Ich war überwältigt von Gefühlen und packte den Schuh hektisch in den Schrank zurück, aber die Nummer steckte ich für alle Fälle ein. Einen Moment stand ich unentschlossen im Flur, bis mich plötzlich der Impuls überrollte, ihn sofort zu konfrontieren. Aber mit was? Ich wusste ja nicht genau, was wirklich los war. Also verließ ich fluchtartig die Wohnung und das Gebäude und rannte regelrecht zur Bushaltestelle. Dort schaltete ich mein Handy aus. Im Bus starrte ich auf den Zettel und meine Gedanken rasten unkontrolliert in jede Richtung. Die Schrift war so schön und perfekt, ich hatte keinen Zweifel, dass es das Mädchen ebenso war. Viel besser als ich. Andererseits hatten wir das ja schon ein paar Mal durch, und er hatte nie mehr mit diesen Mädels gemacht, als ein bisschen geflirtet. Die eine Seite meines Hirns malte die schlimmsten Bilder, während die andere versuchte, diese zu widerlegen. Erst, nachdem schon die Hälfte des Weges im Bus zurückgelegt war, kam ich auf die naheliegendste Idee: Ich würde die gute Alana einfach anrufen. Und zwar jetzt. Ich schaltete mein Handy wieder ein und wählte. Während es klingelte, war mir übel und ich fühlte meinen Herzschlag in meinem Ohr. Das Mädchen nahm ab und meldete sich simpel, aber stilvoll mit: »Hier ist Alana – hallo!« Ihre Stimme klang so schön und entspannt. »Hi, mein Name ist Sara und ich hab gerade deine Telefonnummer auf einem Zettel im Schuh meines Freundes gefunden«, platzte es wenig charmant aus mir heraus. Die Stimme am anderen Ende änderte die Tonlage und wurde leiser. »Warte mal kurz, ich muss das Zimmer wechseln«, flüsterte sie, um dann ein paar Sekunden später wenig erfreut »Mädchen, wer ist denn überhaupt dein Freund?« in den Hörer zu ranzen. »Andy«, gab ich sofort zurück, denn für weitere Erklärungen war ich nicht fähig. »Erzähl keine Scheiße. Andy und ich sind seit zwei Wochen zusammen und ich weiß ganz genau, wer du bist. Du bist seine geisteskranke Ex. Ich weiß alles von dir, Mädl«, fauchte Alana total aggressiv ins Telefon. Ich musste kurz nachdenken. Das war alles ein bisschen viel auf einmal. Sie war seine Freundin? »Komm sag was«, tönte es aus dem Hörer. Um Fassung bemüht und unter purem Schock sagte ich: »Beruhige dich bitte erst mal! Erklär mir eines, woher weiß ich denn genau, was auf dem Zettel steht, wenn ich nicht gerade eben in seiner Wohnung war und den Zettel in meiner Hand habe?« Stille am Ende der Leitung. Dann ein leises »Fuck.« – »Jetzt musst du mir nur noch beweisen, dass du tatsächlich ebenfalls seine Freundin bist«, legte ich schnell nach. Eine spürbar betroffene Alana kämpfte um Worte und presste »Die Bettwäsche in seinem Schlafzimmer war vor zwei Tagen noch im Muster der amerikanischen Flagge. So wie die Kissen am Boden. Er wohnt im vierten Stock und sein Parkplatz ist Nummer sechs« hervor. Bitteres Schweigen auf beiden Seiten. Ich hatte keine Ahnung, wie ich jetzt reagieren sollte. Sollte ich schreien, weinen, diskutieren? »Willst du zu mir nach Hause kommen? Ich bin den ganzen Tag zu Hause. Ich will wissen, was Sache ist, und du sicher auch«, schlug die wenig fröhliche, aber immer noch wirklich schöne Stimme vor. »Okay. Schick mir die Adresse kurz per SMS und die Busse, die zu dir fahren«, entgegnete ich und legte auf. Meine Haltestelle hatte ich verpasst und ich würde einfach bis zum Hauptbahnhof sitzen bleiben. Egal, wo sie wohnte, von dort aus fuhr jeder Bus. Tja, und dann saß ich da. Seltsam ruhig. Mittlerweile waren drei SMS von Andy angekommen und ich öffnete keine.

Eine gute Stunde später fand ich mich bei Alana daheim auf der Couch wieder. Sie war wunderbar. Sie war alles, was ich gern sein wollte: hübsch, zierlich, durchtrainiert, witzig und von Beruf Tänzerin! Ganz ehrlich, ich hätte an Andys Stelle auch eher sie genommen als mich. Besonders einfühlsam war sie allerdings nicht. Sie erzählte mir jedes kleine Detail von ihrer glücklichen und leidenschaftlichen Beziehung zu meinem Freund. Aus drei SMS von ihm waren mittlerweile sieben geworden und Alana forderte mich auf, dem »Vollarsch« doch zu antworten. Warum eigentlich nicht. Immer noch emotional völlig überfordert, aber nicht ganz ironiebefreit, schrieb ich also: *Du Schatzi, ist grad schlecht, denn ich bin beschäftigt. Ich brauchte ewig, um Alanas Haus zu finden, und sie erzählt mir gerade alles von eurer gemeinsamen Zeit. Später kommt noch ihre Mutter, die du ja auch schon kennst, und macht Kaffee. Bye*. Kaum hatte ich den Text an »Schatzi« gesendet, klingelte Alanas Handy. Sie lachte und zeigte mir das Display. In blinkenden, leuchtenden Buchstaben stand da »Baby«. Ach, sie war einfach in jeder Hinsicht ein bisschen cooler als ich. Ganz ehrlich, ich hätte sie gerne hassen wollen, aber es war unmöglich. Und noch lieber hätte ich Andy gehasst, aber wenn ich sie mir in ihrer Perfektion so anschaute, konnte ich ihn ja verstehen.

Es war schon Abend, als ich wieder im Bus nach Hause saß. Ein seltsames Gefühl von Taubheit hatte sich über meinen Körper und mein Hirn gelegt. Ich hatte den einzigen Menschen, der sich wirklich für mich interessierte, verloren. Was gab es dem noch hinzuzufügen?

Zu Hause legte ich mich einfach ruhig auf mein Bett und fühlte nichts. Ich schaute eine Sitcom, und es reichte mir nicht, mein Handy bloß auszuschalten – ich nahm den Akku und die Simkarte heraus, legte die Einzelteile in eine Küchenschublade und machte diese zu.

Am nächsten Morgen rief ich mit dem Festnetztelefon in der Schule an und entschuldigte mich für den Rest der Woche. Ich würde meine Wohnung nicht verlassen. Wenn es nach mir ging, nie mehr. Am Nachmittag passierte etwas Unangenehmes – der Schmerz setzte ein und ich begann zu weinen. Erst ein wenig, dann immer mehr. Es war die unkontrollierte Art zu weinen, mit Schluchzen und Schneuzen. Die Leere in mir fühlte sich unendlich an und brannte wie Feuer. Jetzt hatte ich endgültig niemanden mehr.

Als ich kaum mehr wusste, wohin mit mir, fiel mir der sicherste Platz der Welt ein: vor dem Fernseher mit viel, viel Essen. Ich zog eine Jacke über meinen Schlafanzug und ging sehr schnellen Schrittes zum Supermarkt in meiner Straße. Ich kaufte alles, was ich gern aß, zwei volle Tüten. Zu Hause angekommen, ging es mir ein wenig besser, denn all meine Gedanken galten dem Essen, und so war die Einsamkeit für einen Moment nicht weg, aber doch verdrängt. Es ging jetzt allein um den Akt des Essens. Ich aß, wie immer, schnell und viel. Mehr als sonst. Und als ich nichts mehr hätte runterschlucken können, weil die Grenzen meines Magens einfach erreicht waren, übergab ich mich. Aber diesmal dachte ich: Warum aufhören? Ich hatte noch so viel Essen übrig. Und je länger und mehr ich aß, umso weniger fühlte ich. Das war perfekt. Es war, als würde das schnelle Essen die Taubheit zurückbringen! Ich war so erleichtert. Nach dem zweiten Mal Übergeben war ich schließlich so müde und dermaßen erschöpft, dass ich keine Probleme hatte, einzuschlafen. Es war ein Gottesgeschenk. Mein Leben lang hatte ich das Problem, von meinen Gefühlen übermannt zu werden und zu viel zu fühlen. Ich hatte genug davon und wollte nur Stille in meinem Kopf. Und Essen war ja wohl die beste Art, die man sich wünschen konnte, um das eigene Hirn endlich zum Schweigen zu bringen.

Essen war die Droge meiner Wahl. Wer braucht schon eine beste Freundin, die einem auf die Schulter klopft, oder eine intakte Familie, wenn man quasi auf Bestellung jedes schlechte Gefühl einfach ausblenden kann? Anscheinend hatte ich mein Ritual zur Gewichtskontrolle bisher schändlich unterschätzt. Die nächsten fünf Tage tat ich nichts außer zu essen, es rückgängig zu machen und zu schlafen. Der zunehmende Schwindel störte mich wenig, denn der Weg von meinem Bett zum Bad betrug gerade einmal sechs Schritte, und mehr war in meinem Leben ja nicht zu tun. Nichts fühlen zu müssen war so eine Erleichterung. Nicht einmal denken musste ich, meine Gedanken hatten den Kampf aufgegeben und waren still. Die simple Tätigkeit von Essen und wenig anspruchsvolle Serien im Fernsehen waren alles, was es in diesen tauben und guten Tagen für mich gab.

Ich würde wohl nicht für immer hierbleiben können, aber zumindest so lange, bis die Zeit irgendwie ein kleines Pflaster über das Ende meiner einzigen Beziehung geklebt hatte. Nach ein paar Tagen würde ich wieder rausgehen und die Vormittage mit Tagebucheinträgen, Cremes und Make-up vergeuden. Aber nicht jetzt. Jetzt war alles so perfekt und friedlich. Es war neben der Umarmung meines Exfreundes der beste Platz, den ich kannte.

MÜNCHEN

Ach München, schönes München. Mittlerweile hatte ich mich in der großen Stadt eingelebt. Vielleicht sogar etwas mehr als das, denn ich kannte inzwischen alles und jeden, den man so kennen musste. Aber noch wichtiger – sie kannten mich. Sogar aus der vermoderten Schuhschachtel, in der ich zuerst lebte, hatte ich es herausgeschafft. Stolz konnte ich ein Upgrade zu einer immer noch sehr kleinen, aber dennoch viel schöneren Wohnung im Stadtteil Laim verzeichnen. Größter Fortschritt war wohl, dass die Küche nicht mehr aus zwei heißen Platten neben meinem Bett bestand. Oh schöne neue Welt! Mittlerweile war ich 19 und hatte zumindest hier und da kleine Rollen im TV ergattern können. Im Großen und Ganzen ging es also bergauf. Mir ist wohl bewusst, dass das für Außenstehende immer noch nach Chaos ohne Plan aussieht, aber ich glaubte schon immer so sehr an meine berufliche Zukunft im medialen Bereich, dass andere es wohl wahnhaft genannt hätten. An meiner Realität gemessen hätte ich glücklich sein müssen. Aber ich war es nicht.

Gerne würde ich jetzt behaupten, dass ich die Trennung von meiner ersten großen Liebe ganz toll weggesteckt hätte, aber das wäre eine Lüge. Selbst Monate nach dem großen Knall namens Alana vermisste ich Andy. Ich ging viel aus, lernte viele Männer kennen, aber verlieben konnte ich mich in keinen. Keiner war wie er.

Irgendwo zwischen Trennungsschmerz und Ende der Kosmetikschule hatte sich nun ein seltsames Loch ergeben, in dem ich bis mittags schlief und erst wenn es dunkel wurde, das Haus verlassen wollte. Die Tage sahen alle sehr ähnlich aus, und ich wusste eigentlich nur anhand der Musikrichtung im P1, welcher Tag es war. Eigentlich hätte ich mir eine Ausbildungsstelle zur Maskenbildnerin suchen müssen, aber das war bei Weitem nicht so einfach, wie man meinen sollte, und mir fehlte es zudem an Elan. Außerdem hatte ich ja einen sehr straffen Tagesablauf, der wie folgt aussah: Aufwachen, irgendwann zwischen Mittag und 13 Uhr. Was passierte schon jemals vor Mittag? Dann ein winziges Frühstück, denn die bösen Kalorien lauerten ja überall. Dass ich an der Welt kaum teilhatte, hieß nicht, dass ich mir nicht gern anderer Leute Leben ansah, denn zwischen 14 und 15 Uhr lief täglich meine Lieblingstalkshow. Ach Oli Geißen, du warst mir ein guter Freund! Nach diesem kulturellen Höhepunkt duschte ich und erledigte die wenigen Dinge, die es so zu tun gab. Dazu zählte natürlich auch das Studieren aller wichtigen Medien, denn ich wollte immer wissen, wer denn gerade wieder auf dem roten Teppich war, auf dem ich gern sein wollte.

Ab 17 Uhr war mein Hunger meist unerträglich und ich ging zu dem Supermarkt, der (oh wie praktisch!) genau gegenüber meiner neuen Wohnung lag. Jeden Tag holte ich dort die Ration des Tages, die aber im Laufe der Jahre immer größer wurde. Mein Magen war mittlerweile an solch große Mengen gewöhnt, dass ich locker für drei Leute essen konnte, bevor ich mich voll fühlte. Nun ist es aber so, dass im Supermarkt im beschaulichen Laim nicht gerade die Hölle los war und jeder Angestellte jeden Kunden kannte. Freundlich, wie der Urbayer nun einmal ist, fragte mich also die Marktleiterin beim Kassieren schon bei meinem zweiten Einkauf, ob ich denn neu in der Nachbarschaft sei und warum ich denn immer alleine das Essen für die ganze Familie holen müsste. Steilvorlage also für eine gelungene Cover-up-Story: »Ich lebe mit meinen Großeltern und meinem kleinen Bruder. Jeder hat seine Aufgaben im Haushalt und Einkaufen ist meine«, log ich wie gedruckt. Die freundliche Frau entgegnete damals lächelnd: »Mei, ich wünschte, meine Kinder wären so engagiert wie Sie.« Jetzt kam ich mir schäbig vor. Gespielt lächelte ich und dachte bei mir: Nein, glaub mir, das willst du nicht. Keiner will so ein Kind wie mich. Mir war sehr wohl bewusst, dass mein Leben zu dieser Zeit an einem sehr ungesunden Punkt angekommen war. Aber ich redete mir ein, es wäre nur eine Art Auszeit, um mich beruflich zu orientieren. Das machen schließlich viele mit 19 und mit Sicherheit noch mehr, nachdem sie monatelang jeden Vormittag über Cremes, pH-Wert-Probleme und Make-up gesprochen hatten.

Um 18 Uhr fand ich mich dann also mit meinem Essen vor dem Fernseher – das gute alte Spiel. Mittlerweile hatte sich mein Körper aber anscheinend besser an diesen Ablauf gewöhnt und die Müdigkeit und der Schwindel waren zum Glück schon weniger geworden. Meine Technik hatte sich in der Zwischenzeit perfektioniert. Ich wusste genau, welches Essen leicht wieder herauskam und welches nicht, wie viel Wasser und Cola ich dazu trinken musste und in welcher Reihenfolge es gegessen werden wollte. Das Übergeben dauerte zu diesem Zeitpunkt keine fünf Minuten mehr. Das bisschen, das mir an Nebenwirkungen noch geblieben war, bekämpfte ich mit einer großen Tasse Kaffee und einer Aspirin sofort, nachdem ich aus dem Bad zurückkam. Wie hätte ich jetzt auch schlafen sollen? Mein Tag fing nun erst an, denn die Nacht war mein Freund. Genauer gesagt das Nachtleben. Die Münchner In-Clubs waren mein sicherstes

Terrain geworden. Das hört sich jetzt nach einem wilden, witzigen Partyleben an, aber das war es ganz sicher nicht. Es war nur einfach meine einzig erträgliche Art von sozialer Interaktion. In Nachtclubs waren die sozialen Regeln sehr simpel und durchschaubar. Keiner interessierte sich wirklich für den anderen und bei 100 Dezibel und wummerndem Bass aus den Boxen gab es auch keine tief greifenden Unterhaltungen. Das war perfekt für mich. Ich war die Queen des gekonnt nichtssagenden Small Talks und eine Meisterin in gespielter Fröhlichkeit. Die Fassade saß und ich konnte fast unbehelligt an meinen Stammplätzen stehen und mir die Leute ansehen. Immer mindestens zwei Treppenstufen über der Menge und mit Wasser und Cola Light ausgestattet. Diese kleine Welt zwischen 23 Uhr und vier Uhr kannte ich wie meine Westentasche. Es war ein sicheres Feld und nichts anderes als sehr reales Fernsehen für mich.

Gegen vier war ich dann meist zu Hause, und wenn ich um fünf einschlief, wusste ich genau, was mich am nächsten Tag erwarten würde: nichts. Und mit mehr als nichts wäre ich auch überfordert gewesen.

Wie immer schrieb ich auch in dieser Zeit viel Tagebuch, und wenn ich mir die Einträge heute ansehe, weiß ich, dass mir hier und da durchaus klar war, dass mein Leben einen Sinn brauchte. Und Liebe. Aber ich war damals einfach total unfähig, mich aus meiner eigenen Trägheit und Isolation zu kämpfen. Da, wo ich war, kam es mir zwar einsam, aber sicher vor.

Und so wachte ich auch am 17. Juni 2007 erst gegen Mittag auf. Wie immer. Routiniert tastete ich blind nach meinem Handy auf dem Nachtkästchen. Normalerweise waren den Menschen um mich herum die Bürozeiten meines Lebens klar, und vor 15 Uhr versuchte deshalb ohnehin keiner, mich zu erreichen. Aber heute zeigte das Display tatsächlich zwei unbeantwortete Anrufe und eine SMS an. Von meinem Vater. Na ja, aus biologischer Sicht Stiefvater. Aber ich war bei ihm aufgewachsen, und er war die einzige Vaterfigur, die ich je kannte – also gehen wir mal mit »Vater«, weil er noch am nächsten an diesen Begriff rankam. Seit der Scheidung meiner Eltern hatte ich nicht viel Kontakt mit meinem Vater und unsere Charaktere, sagen wir es mal neutral, widersprachen einander sehr. Durch seine Art und Weise hatte er mich so oft tief verletzt, dass ich kaum Kontakt mit ihm wollte. Vor einiger Zeit hatte er neu geheiratet und das machte mich anfangs irgendwie eifersüchtig, aber als ich seine neue Frau, Katharina, dann das erste Mal traf, war ich mehr als überrascht. Sie war die mir ähnlichste Person, die ich je getroffen hatte. Und damit meine ich mein innerliches, wirkliches Ich. Sie trug all die Verletzlichkeit und ihr zerbrechliches Gemüt tapfer nach außen. Sofort fühlte ich mich tief mit ihr verbunden. Wir sahen uns nicht oft, aber jedes Mal fühlte ich mich danach ein kleines bisschen weniger zerbrochen. Irgendwie normaler und weniger falsch. Da war nun jemand, der genauso sensibel und emotional wie ich war, und sie lebte ein glückliches und völlig normales Leben. Nicht nur das, sie erzählte mir überdies offen von ihren Schicksalsschlägen und ihrem jahrelangen Kampf gegen Depressionen. Aber sie hatte die Krankheit im harten Kampf besiegt! Zwar nur, um dann den ungekrönten König der Ignoranz zu heiraten, aber anscheinend liebte sie meinen Vater, und er – na ja, er empfand sie wohl als ganz brauchbare Ergänzung zur Erfüllung seiner Lebens- und Geschäftspläne. Jedenfalls war ich froh, Katharina in unserem Leben zu haben.

Meine Mutter war zwar nie eifersüchtig auf »die neue Frau«, man könnte sogar sagen, es hätte ihr nicht gleichgültiger sein können, aber ich hielt mich mit meiner extremen Zuneigung für Katharina ihr gegenüber trotzdem bedeckt. Da meine Mutter allerdings wusste, dass ich mich sonst in Schimpftiraden epischen Ausmaßes über seine vorherigen Flirts ausgelassen hatte, war Schweigen ein klares Zeichen von Akzeptanz. Da ich den Kontakt mit meiner Vaterfigur auf ein Minimum begrenzt hatte, sahen auch Katharina und ich uns selten. Ich gebe zu, die Hälfte unserer engen Beziehung entstand in meinem Kopf. Ab dem Tag unseres Kennenlernens war sie meine enge Freundin – das wusste aber weder sie noch sonst jemand. Ihr war zwar bewusst, wie sehr ich sie mochte, aber dennoch sagte ich ihr nie, wie wichtig sie tatsächlich für mich war. Wie besonders sie war. Ich wollte damit noch warten, bis wir irgendwann mehr Zeit miteinander verbracht hatten. Bis dahin war sie ein leuchtendes Vorbild in meinem Kopf. Sie hatte es immerhin geschafft, sich aus tiefer Traurigkeit, bösen Schicksalsschlägen und lähmender Depression in ein erfülltes Erwachsenenleben zu kämpfen. Sie brauchte nicht einmal die hohen Mauern, die mein Leben bestimmten. Nein, sie trug ihr Herz ganz offen, damit jeder es sehen konnte. Manchmal braucht man einfach einen Helden im Leben und sie war sicherlich meiner. Bestimmt hätte sie mit mir geschimpft, wenn sie mich in meiner momentanen Lage gesehen hätte. Der Gedanke an sie war wie ein Licht am Ende des Tunnels, ein Versprechen auf bessere Zeiten. Im Gegensatz zu den Gedanken an meinen Dad. Und so kam es, dass ich um drei Uhr nachmittags noch immer weder seinen Anruf beantwortet noch seine SMS gelesen hatte. Das würde ich abends nach meinem Kaffee machen. Aber er kam mir zuvor, denn das Handy klingelte schon wieder, als ich aus der Dusche kam. Das war also sein vierter Anruf an einem Tag und damit ganze drei mehr als im gesamten Vierteljahr zuvor. Ich nahm also ab und öffnete mit einem simplen »Hi Dad«. Er entgegnete in neutralem, aber auffällig leisem Ton: »Sitzt du?« – »Äh nein, aber ich setze mich gerne hin. Und zwar jetzt«, sagte ich leicht verwirrt. Kein Fan von großem dramaturgischen Aufbau, kam er gleich zum Punkt und sagte, nach einem hörbaren tiefen Atemzug: »Du kannst dir nicht vorstellen, was heute passiert ist. Katharina hat sich umgebracht. Wahnsinn, oder?« Es ist komisch, aber bis zu diesem Satz kann ich mich an jedes Wort, seinen genauen Tonfall und jede Betonung der Wörter in seinem Mischmasch-Dialekt genau erinnern. Aber alles, was danach noch kam, nahm ich nur verschwommen und wie durch ein lautes Piepsen in meinem Ohr wahr. Er erzählte mir, dass sie am Vormittag wie immer den gemeinsamen Hund auf einer Wiese am Stadtrand spazieren geführt hatte und einfach nicht mehr zurückgekommen war. Zwei Stunden später waren Polizeibeamte in seinen Laden gekommen und hätten ihm Katharinas Schmuckstücke gezeigt und gefragt, ob er den Schmuck kenne. Als er die Uhr und die Ringe als Eigentum seiner Frau identifizierte, teilten ihm die Beamten mit, dass sie sich vor einen Zug geworfen hatte. Nach Angaben von Augenzeugen und der Polizei hatte sie ihr Auto am Ende der üblichen Hundewiese nahe des Bahnübergangs geparkt, neben den Gleisen eine Zigarette geraucht und ruhig auf den Zug gewartet. Als der schließlich kam, schmiss sie ihre Zigarette weg und sprang auf die Gleise. Den Hund, ihren Geldbeutel, ihren Ausweis und alle Schlüssel ließ sie im offenen Auto. So sehr ich es heute auch versuche, ich kann mich weder daran erinnern, was ich meinem Dad am Telefon geantwortet habe, noch daran, was ich an dem restlichen Tag gemacht habe. Es ist wie ausradiert. Nur diese ersten Minuten des Gesprächs haben sich unauslöschlich in mein Gedächtnis gebrannt. Nicht einmal mein Tagebuch hat für diesen Tag einen Eintrag. Die Tage danach waren seltsam, mein ganzes Körpergefühl hatte sich verändert. Am ehesten kann ich es wohl als pausenlose Tagträumerei beschreiben. Ich saß nur rum und dachte nach – hauptsächlich über Gott. Das erste Mal wollte ich über Gott nachdenken. Aufgewachsen bin ich ganz traditionell katholisch. Vor allem meiner Oma waren Beten vor dem Schlafengehen und Sonntage in der Kirche wichtig. Mir hätte also eine Art Glaube im Blut liegen müssen, aber zu meiner Überraschung war da nichts. Ich hatte nichts, woran ich mich wenden konnte. Die Geschichte vom Mann mit dem weißen Bart und Himmel und Hölle funktionierte für mich nicht. Aber sonst hatte ich auch nichts. Gerne hätte ich also für Katharina gebetet, aber ich wusste einfach nicht zu wem. Viel dringlicher war aber für mich die Frage, wo sie jetzt wohl sein mochte. Wo war sie hin? Wo würde ich hingehen? Plötzlich war die Präsenz ihres Todes gleichbedeutend mit meinem. Ich weinte die ersten Tage so viel, als hätte ich jeden Tag meines Lebens mit ihr verbracht. In meinem Tagebuch schrieb ich bis zu zehn Seiten am Tag, alles in dem stillen Versuch, meine Gedanken zu ordnen. An Tag 5 schließlich schrieb ich nur eine halbe Seite, die all die überschwappenden Gefühle und all die Gedanken in meinem Kopf ordneten und zusammenfassten. Dieser Eintrag am 22.06.2007 lautete: *Sie ist also tot. Warum hat sie sich überhaupt die Mühe gemacht, sich jahrelang durch Therapien zu kämpfen und sich besser zu fühlen, wenn sie dann doch vom Tod überwältigt wurde? Ist ja wohl 'ne klare Sache, dass es mir genauso gehen wird. Menschen wie sie und ich sind nicht für dieses Leben gemacht. Wir funktionieren hier nicht. Es ist zu anstrengend. Aber wo gehen wir stattdessen hin?* Und dann später an diesem Tag: *Wenn ich ihr gesagt hätte, wie wichtig sie mir ist, wäre sie vielleicht geblieben. Meine Ignoranz und mein Schweigen haben mit Schuld.*

Von da an verbrachte ich meine Tage mit intensiven Studien über Religion, Nahtoderfahrungen und der generellen Suche nach etwas, woran ich glauben konnte. Manchmal starrte ich auch nur stundenlang in den Himmel und kam mir angesichts des endlosen Himmels so klein vor, dass ich meine Existenz schon fast ganz hätte ignorieren können. Die Taubheit um meinen Körper hielt unterdessen weiter an, was mir irgendwie gefiel. Es gab mir ein Gefühl von »nicht wirklich hier sein«. Ganz so, als würde ich mein Leben nur von außen beobachten, wie einen Film. Außer dumpfer Traurigkeit und übergroßem Wissensdurst bezüglich dem, was nach dem Tod anstand, spürte ich nicht viel. Das war toll, denn ich entkam der ständigen Überflut an Emotionen, die mein Leben sonst sehr anstrengend machten. Es war, als hätte Katharina ein Stück von mir mitgenommen und nur mein Körper war noch hier unten. Das Leben interessierte mich nicht mehr so sehr. Nicht mal das Nachtleben sah mich in dieser Zeit, und auch meine engsten Freunde, die Supermarktverkäufer, müssen wohl gedacht haben, ich und meine drei erfundenen Familienmitglieder wären im Urlaub. Ich bestellte mein Essen und all die Bücher über Religion und Spiritualität online, so musste ich nicht raus.

Warum auch? In meiner Wohnung war ja alles, was ich zum Existieren brauchte. Ich hatte Essen in der einen Hand, ein Buch in der anderen und den PC vor mir. Das Leben interessierte mich nicht mehr. Ich war ja eh nie dafür gemacht gewesen. Mein Handy war seit Tagen aus und nur meiner Mama schrieb ich ab und zu eine Mail, um sie zu beruhigen. Ich erfand Geschichten von Ausflügen mit Freunden und erklärte, mein Handy wäre wegen eines Wasserschadens in Reparatur gewesen.

Ob auf diese Art und Weise viel Zeit verging oder wenig, ist schwer zu sagen, denn ich hatte weder ein Gefühl für Zeit noch interessierte es mich sonderlich. Alles war eine große graue Suppe. Mein Tagebuch aus diesen Tagen blieb wieder leer. Das war außergewöhnlich. Dennoch schrieb ich oben rechts immer nur das Datum und strich die Seite dann durch. Zu meiner Scham muss ich gestehen, dass ich nicht versuchte, mich aus meinem Loch zu ziehen, denn mir gefiel es da. Wo auch immer ich war, mein Kopf hatte aufgehört, mich dem rauen Leben auszusetzen. Alles erschien mir sehr klein und bedeutungslos. Und vor dem Tod hatte ich keine Angst. Warum auch? Ich war ja eh früher oder später dran. Irgendwann würde ich den Kampf gegen das Anderssein und gegen all die Gefühle verlieren. Und dann wäre ich einfach zu müde, um weiterzumachen, und würde mich freiwillig vorzeitig verabschieden. Ich konnte Katharina verstehen, schließlich wusste ich, wie sich ihre Erschöpfung und das Müdesein vom Leben anfühlten.

Sie und ich, wir waren gleich. Und unser Schicksal würde auch das gleiche sein. Klare Sache. Nur wollte ich, bevor ich ging, noch wissen, wo sie jetzt war, ob ich sie erreichen konnte und wo ich hingehen würde. Wenn wir uns irgendwo wiedersehen würden, dann würde ich ihr endlich sagen, wie wichtig sie mir war und wie viel mehr Liebe sie in ihrem Leben verdient gehabt hätte.

So vergingen viele Tage. Recherche, Essen und eine Blase um mich herum, um mich vor der Welt zu beschützen. Das Essen war zu einem Automatismus geworden. Manchmal aß ich eine ganze

Tüte Chips oder eine Pizza, ohne es zu merken. Die Freude am Akt des Essens war völlig abhandengekommen. Ich tat es, ohne darüber nachzudenken, und so selbstverständlich wie atmen. Eine Beschäftigung, eine Aufgabe, die ich mittlerweile auf den ganzen Tag ausgedehnt hatte. Mindestens dreimal täglich aß ich große Mengen und übergab mich anschließend wieder. Dieses Ritual beruhigte mich. Essen und Übergeben waren keine Abfolge mehr, sondern eine Spirale. Nach jedem Übergeben wartete ich nur so lange, bis die Magenschmerzen nachließen und ich lustlos weiteressen konnte. Ich fühlte mich bald getrieben. Es war nicht mehr Lust am Essen oder das Halten meines Gewichtes – ich tat es des Aktes wegen, ohne Freude zu empfinden. Es war seltsam, aber ich hatte nicht die Kraft oder auch nur die Motivation, meine Beweggründe zu hinterfragen. Es war mir schlicht egal.

Ich war sicher nie näher dran, meinen Verstand komplett zu verlieren und aufzugeben, als in diesen Tagen. Nie mehr blickte ich in eine tiefere Dunkelheit. Auch die Jahre dazwischen haben mich nicht vergessen lassen, wie tief die Dunkelheit des eigenen Kopfes sein kann.

Man kann ja über Religion, wie auch immer sie aussehen mag, denken, was man will. Unter ihrem Deckmantel passiert viel Schlimmes – Menschen führen sogar Kriege darüber. Aber ich brauchte etwas, was mir Sinn und Glaube zurückgab. Und über all die Recherche, die ich im Endeffekt nur betrieb, um mir den Tod und das »Danach« genauer anzusehen, begann ich, ohne es zunächst zu merken, mir auch das Leben wieder genauer anzuschauen. Und dann war da plötzlich ein klein wenig Sinn. Ein winziges Staubkorn an Hoffnung. Und genau an dieses Staubkorn begann ich mich zu klammern. Es dauerte neun Tage, bis ich mein Handy anschaltete und meine Mum anrief, 16, bevor ich mein Haus verließ, und mehrere Wochen, bis ich wieder einigermaßen funktionierte. Die Gleiche war ich seither aber nie wieder. Die Gleiche wollte ich aber auch nicht sein.

ZWANG

Meine Essstörung und ich waren ein gutes Team. Das kann ich nicht anders sagen. Wir hatten einen täglichen Ablauf und unsere eigenen Rituale. Wie ein Ehepaar, nur friedlicher. Meine Lebenspartnerin Bulimie hatte, im Gegensatz zu meinen männlichen realen Partnern, nur positive Seiten. Sie kümmerte sich um mich. Sie war meine bessere Hälfte, die mir auf ihre Art eine Pause von all dem Chaos in meinem Kopf gab, wann immer es nötig war. Und selbst wenn mal kein Notfall anlag, traf man sich, um sich die Zeit zu vertreiben und nicht einsam zu sein. Die Nachmittage gehörten uns. Manchmal auch die ganzen Tage, wenn sonst nichts zu tun war. Und ich hätte es nicht anders gewollt. Mein Leben war nicht gerade voller Sinn, zuverlässiger Menschen oder selbstloser Zuhörer – da würde ich die beste Freundin, die ich hatte, sicher nicht auch noch vom Hof jagen.

So lebten wir also Tag für Tag und komischerweise erwähnte ich meine wichtigste Stütze in den Tagebucheinträgen dieser Zeit kaum. Eigentlich gar nicht. Bis zu einem Sonntag im März. Ein sehr spezieller Tag, der die Beziehung meiner einzigen Freundin und mir neu definierte.

Ich wachte in meiner dunklen Wohnung auf und konnte nur blinzeln, denn meine Augen waren seltsam trocken. Halb blind tastete ich nach meinem Handy auf dem Nachttisch, aber es war nicht zu finden. Komisch. Allerdings spürte ich meine Armbanduhr schwer an meinem Handgelenk. Die kleinen leuchtenden Zeiger verrieten mir, dass der Tag schon halb vorbei war, es war bereits kurz vor 15 Uhr. Das machte mir generell nichts aus und ich blieb weiter im Bett liegen. An die Decke starren fühlte sich im Moment richtig an, denn es gab ein paar Gedanken zu ordnen. Was war letzte Nacht los gewesen? Die Erinnerung war leicht neblig, hatte ich doch, ganz entgegen meiner sonstigen Routine, getrunken. Zwar nicht viel, aber wenn man so aus dem Training war wie ich, verträgt man halt nichts. Im elitären Gruppenzwang einer High-Society-Geburtstagsparty ging es zunächst in ein schickes Restaurant, wo reichlich Wein zum Essen getrunken wurde. Ein Glas reicht schon, um mich leicht beschwipst zu machen. Im Anschluss dann das obligatorische P1 und der dazugehörige Champagner und gegen vier Uhr noch eine Runde Wodka. Obwohl ich von allem nur ein Glas getrunken hatte, reichte das bereits, um mich schwer angeschlagen zu fühlen. Aber mein Gott, man soll die Feste doch feiern, wie sie fallen.

Mit versöhnlicher Laune mir selbst gegenüber richtete ich mich im Bett auf. Großer Fehler. Es fühlte sich an, als würde heißes Blut von meinem Kopf in den Magen fließen, mir wurde gleichzeitig schwindelig und schlecht. Es war furchtbar! War das noch ein Kater oder schon eine ernste medizinische Sache? Oh Gott. Zumindest funktionierten meine Organe noch, denn ich musste dringend auf die Toilette. Unter überdramatischem Gejammer und mehrfacher

Gottesaufrufung schleppte ich mich langsam, sehr langsam, ins Bad. Obwohl ich diesen Zustand natürlich völlig selbst zu verantworten hatte, tat ich mir ein bisschen leid. Bei jedem Schritt schmerzten meine Füße. Ich hatte die ganze Nacht auf meinen wunderschönen, aber lächerlich unbequemen High Heels getanzt. Hohe Schuhe sind zwar eine Qual, aber wenn man gerade wieder mal etwas zu klein für sein Gewicht ist, eine wahre Wunderwaffe. Als ich also meinen Leidensweg zum Bad beendet hatte und das Licht anmachte, fiel mein Blick in den Spiegel und ich musste laut lachen – der böse Clown aus Stephen Kings *ES* grinste mir entgegen. Anscheinend hatte ich mich nicht mal mehr abgeschminkt, als ich letzte Nacht nach Hause gekommen war. Und nun war das total übertriebene Make-up der letzten Nacht überall im Gesicht verteilt. Schwarze Ringe um die Augen vom Mascara und bräunliche Balken, die ich mir schon damals nicht erklären konnte. Bei meinem haltbaren Lippenstift hatte ich aber anscheinend in Qualität investiert, denn der war knallrot und noch immer präsent. Allerdings nicht an seinem vorgesehenen Platz. Das Rot hatte sein Wirkungsfeld bis zum Kinn ausgedehnt. Ein, nun ja, recht eigener Look.

Meine Laune hellte sich schlagartig auf, und ich beschloss, anlässlich der Horrorshow in meinem Gesicht direkt unter die Dusche zu springen. Jeder, der schon mal einen schlimmen Kater hatte, weiß jedoch nur allzu gut, das dies ohne jeglichen Gleichgewichtssinn kein einfaches Unterfangen ist.

Ich wusch den ganzen Dreck dieser Nacht von meinem Gesicht und das leicht schwummerige Gefühl verabschiedete sich samt Make-up endlich in den Abfluss. Als ich mich vor dem Spiegel trocken rubbelte, betrachtete ich meinen Körper. Das tat ich jeden Tag, denn ich musste mich ohnehin täglich mit extrem fettiger Creme einreiben, weil meine Haut durch die Essstörung so trocken geworden war. Morgens wog ich mich und stand nackt vor dem Spiegel. Das Seltsame dabei war, dass ich mir zwar nie gefiel, aber die Ablehnung von einem Tag zum anderen für gewöhnlich extrem schwankte, obwohl es natürlich nicht möglich gewesen sein konnte, dass ich mich so sehr verändert hatte. An einem Tag fand ich mich gerade so annehmbar und am nächsten so fett und hässlich, dass ich das Haus kaum verlassen konnte.

An diesem Sonntagmorgen war der Spiegel gnädig und ich befand mich zwar für zu dick, aber ganz annehmbar. Mit noch immer schmerzenden Füßen tippelte ich in die Küche, wo ich eigentlich die Kaffeemaschine anwerfen wollte, dann aber doch zum Tee griff. Der Schwindel hatte zwar nachgelassen, aber mein Magen grummelte noch immer und mir war schrecklich übel. Während der Tee zog, fiel ich auf die Couch und machte den Fernseher an. Ich mochte TV-Sonntage und schaute am liebsten alte Heimatfilme mit Peter Alexander. Als ich so durch die Kanäle zappte, überfiel mich die Müdigkeit und ergab zusammen mit Gliederschmerzen ein grippeähnliches Gefühl. Besser als je zuvor wusste ich wieder, warum ich für gewöhnlich nicht trinke. Auf dem Sessel neben meinem Sofa erspähte ich meine Handtasche und griff nach ihr. Mein Handy war ja noch immer nicht aufgetaucht, und auch sonst konnte es nicht schaden, mal nach dem Verbleib von Geldbeutel und Kreditkarten zu forschen. Beruhigt fand ich alles, was ich mitgenommen hatte, in meiner Tasche. Man kann ja über das P1 sagen, was man will, aber in acht Jahren treuer Daueranwesenheit wurde mir nie etwas gestohlen.

Noch immer nur in ein Handtuch eingewickelt, checkte ich mein Handy und all die Fotos der letzten Nacht. Oh ja, wir hatten Spaß gehabt. Und diesmal war ich nicht nur Beobachter gewesen, sondern Teil des Spaßes. Das war schön, musste aber nicht so bald wieder passieren. All dieser aktive Spaß mit anderen Menschen war anstrengend, und ich war froh, nun alleine auf meiner Couch zu sein.

Der Tee war fertig und ich nippte kleine Schlückchen aus der Tasse, während mein Magen noch immer schwer rebellierte. Ich aß ein kleines Stückchen Brot und legte mich auf der Couch hin. Ich dachte, still liegen, Tee und trockenes Brot wären sicher der beste

Weg, um der Übelkeit ein Ende zu machen. Mein Magen machte ja sonst jeden Tag einen Marathon mit, da darf er sich bei Alkohol und Zigaretten ruhig mal beschweren.

Die Zeit verging schnell und die kitschigen Heimatfilme auf dem ersten Programm versetzten mich in eine friedliche Stimmung. Ich flüchtete gerne in diese perfekte Welt. Und so hätte ich auch den ganzen Tag verbracht, wenn sich nicht irgendwann eine seltsame Unruhe breitgemacht hätte. Immer wieder stand ich auf und lief durch die Wohnung, tigerte auf und ab. Meine Füße taten weh und mein Magen schmerzte, aber ich konnte einfach nicht mehr still sitzen.

Sobald ich wieder auf der Couch saß, wippten meine Füße und ich rieb meine Hände. Es war, als würde mein extrem müder Körper von einer unerklärlichen Nervosität erfasst werden. Aber ich konnte die Quelle nicht ausmachen. Irgendwann fing ich sogar an, leicht hin und her zu wippen, was ich beruhigend fand. Man kennt das aus den anschaulichen Filmen über Geisteskrankheit.

Meine Gedanken, die am Anfang des Tages noch sehr zäh, aber friedlich waren, wurden zunehmend schneller und stetig diffuser. Bald aber konzentrierten sie sich nur auf eines – Essen. Absolut nicht nachvollziehbar, denn ich hatte nicht nur keinen Hunger, sondern Übelkeit. Konnte ich nicht einfach mal auf meiner Couch sitzen und in Ruhe Fernsehen schauen? Ich hatte meine typischen Rationen nicht zu Hause, sondern hätte in den Supermarkt laufen müssen, und danach fühlte ich mich jetzt wirklich nicht. Der Weg ins Bad schien ja schon weit.

Ich machte mir erst einmal eine zweite Tasse Tee und aß noch etwas mehr Brot. Vielleicht hatte ich ja nur niedrigen Blutdruck und fühlte mich deswegen so rastlos.

Eine weitere Stunde verging und meine Symptome waren vergleichbar mit denen eines Kettenrauchers auf Entzug. Laut Google.

Gegen Abend gab ich dann auf. Wie ein Roboter zog ich mich an, lief zum Supermarkt und kaufte meine übliche Ration. Zu Hause angekommen, richtete ich alles wie immer auf dem Tisch her und fing an zu essen. In der gewohnten, stets gleichen Reihenfolge. Mein Körper machte das ganz von alleine. Ich selbst war nicht wirklich bei der Sache, sondern betrachtete das Geschehen wie ein Außenstehender. Wie im Wahn aß mein Körper das Essen und mein Magen tat weh. Mir war übel und heiß. Allerdings verging die panikartige Unruhe mit jeder Minute mehr, und als ich schließlich das Essen wieder loswurde, war sie ganz verschwunden. Ich war wieder normal, spürte weder Unruhe noch Bewegungsdrang. Ich fand mich auf meiner Couch wieder und die letzten Stunden wirkten surreal.

Was war denn hier los? Woher kam dieser Drang zu essen, obwohl der Körper klar nicht in der Verfassung war? Das Essen machte mir weder Spaß, noch begriff ich, warum ich das gerade gemacht hatte. Es schmeckte mir ja nicht mal! Und für meine Figur wäre es auch besser, nichts zu essen, als gute 10.000 Kalorien in mich reinzustopfen und es dann wieder auszuspucken. Ich war ratlos, konnte mir mein eigenes Handeln nicht erklären.

Letztlich setzte ich mich nachts vor den Computer und suchte Rat bei meinen Verbündeten im Internet. Das Chatforum war wie immer sehr aktiv und ich liebte die Mädels dort. Sie waren die Einzigen, die mich nie verurteilen würden. Offen schrieb ich einen Beitrag über die Geschehnisse des Tages und die Kommentare waren zahlreich. Vor allem die, die schon mehrere Jahre ihr Essen wieder hochgeholt hatten, berichteten von einem zwanghaften Verhalten, das meinem glich. Ich war überrascht. Irgendwie kam das bisher nie zur Sprache, da dieses Forum sich eher auf die guten Seiten unserer kleinen Tricks fokussierte. Eine meiner engeren Freundinnen im Chat versicherte mir aber, dass das ganz normal sei und dass man eben für all das Gute, das die Bulimie für einen täte, auch ein paar Unannehmlichkeiten akzeptieren musste.

Irgendwie rief dieser Satz ein Trotzgefühl in mir hervor. Ich hatte ohnehin schon die Müdigkeit, den Schwindel, den Hunger und die hohen Kosten für Lebensmittel zu akzeptieren. Das waren Dinge, die ich gerne in Kauf nahm für ein Leben mit meiner treusten Freundin und zuverlässigsten Vertrauten. Ich wollte die Bulimie ja nicht loswerden, aber meinen Körper wie eine Marionette tanzen zu sehen ging dann auch zu weit. Ich war mir sehr sicher, dass das heute eine Ausnahme gewesen war. Bockig klappte ich mein MacBook zu und ging ins Bett. Dort konnte ich allerdings die Besorgnis, dass die Mädels online recht haben könnten und ein Zwang zum Leben mit unseren speziellen Tricks gehöre, nicht abschütteln. Also beschloss ich, es am nächsten Tag darauf ankommen zu lassen und einfach keinen Essanfall zu haben. Dieser Plan beruhigte mich, denn ich war mir sicher, die Mädels lagen falsch. Oder ich war einfach anders. Weniger krank und kontrollierter.

Als ich am nächsten Tag aufwachte, galt mein erster Gedanke der Wette gegen das Essen. Ohne Zweifel würde ich mir und den Mädchen im Chat beweisen können, dass ich nicht der Gefangene meiner eigenen kleinen Gewohnheiten war. Ich hatte das ja bewusst angefangen und weitergeführt, weil ich das wollte. So startete ich also sehr gut gelaunt in meinen Tag und folgte meinem typischen Ablauf. Es ging mir gut. Da ich die Gewohnheit hatte, während meiner Essattacken nicht zu stoppen, bis meine kleine Küche wirklich leer war, hatte ich auch keinerlei Essen im Haus. Ich lief zum Supermarkt, und als ich meine gewohnten Gänge ablief, war es sehr schwer, nicht nach meinen üblichen Sünden zu greifen. Aber ich blieb stark und kaufte nur Salat und einen Apfel. Zu Hause bereitete ich den Salat zu und aß diesen vor dem Fernseher. Allerdings in einer unglaublichen Geschwindigkeit. Die Unruhe vom Tag zuvor kehrte zurück, als die Schüssel leer war. Ich spürte eine Art Aufregung, die sich nicht beschreiben lässt. Ich war in meinem bisherigen Leben nie abhängig von irgendetwas und wusste daher nicht, wie sich Sucht anfühlt. Deshalb googelte ich erneut »Entzugserscheinungen« und siehe da – sie passten alle auf mich. Rastlosigkeit, Nervosität, Bewegungsdrang, unruhige Füße und Hände. Und wenig später übernahm wieder der Autopilot. Als würde es mir einen Schalter im Kopf umlegen. Ich verlor den Kampf und lief zum Supermarkt.

Ich war überrascht. Nicht geschockt oder traurig, sondern nur überrascht. Irgendwas musste ich falsch gemacht haben, denn ich war keine Süchtige! Ich war der Boss, aber ich hatte irgendeinen Fehler gemacht. In Gedanken ging ich den ganzen Tag durch und war mir sicher, der Salat war schuld. Ich hätte überhaupt nicht anfangen sollen, zu essen, denn damit trat ich scheinbar alles los. Okay, das erklärte das Geschehene immerhin. Am nächsten Tag würde ich also noch mal anfangen und nur Flüssiges zu mir nehmen. Suppe, Säfte und Tee. Vielleicht einen meiner Eiweißshakes. Das würde dann sicher funktionieren.

Der nächste Tag kam, ich folgte meinem Plan und war hoch motiviert. Die ersten Stunden des Tages liefen super, aber schon nach knapp vier Stunden überrollten mich das Verlangen nach Essen und dieses komische Gefühl von unbegründeter Angst erneut. Aber ich kämpfte! Ich saß in meinem Bett und zählte die Minuten. Wenn ich gekonnt hätte, hätte ich mich festgekettet. Mein Herz pochte wie wild, und ich konnte mir nicht erklären, was los war. Bereits um vier Uhr nachmittags verlor ich erneut. Und diesmal gab es keine Erklärung.

So verging jeder Tag dieser Woche und am Wochenende war mir eines klar: Ich war der wohl schwächste und dümmste Mensch, den ich kannte.

Ich saß den ganzen Sonntag auf meinem Bett und schrieb Tagebuch. Es gab viel zu sagen, denn schließlich war ich ja ein ganz anderer Mensch, als ich dachte. Diese ganze Traumwelt, in der ich gedacht hatte, Kontrolle zu haben oder ein schlaues Mädchen zu sein, war nichts weiter als eine einzige Lüge. Wie arrogant war ich nur gewesen, zu denken, ich wäre vielleicht jemand Besonderes! Ich konnte ja nicht mal meine eigenen Gedanken oder meinen Körper im Griff haben – wie sollte ich da ein Leben draußen regeln? Ich war nicht sauer, sondern ernüchtert. Und leider auch nicht geschockt, sondern entwaffnet. Der Beweis, dass ich eine für das normale Leben ungenügende Person war, war mehr als erbracht. Die anderen wussten das wohl schon lange, aber ich hatte stets gedacht, ich würde eines Tages meine Bestimmung finden und dann würde ich endlich am Leben teilnehmen. Fakt war aber, dass ich nicht mal die Grundlagen des Lebens im Griff hatte.

Nun sollte ich die Bulimie sicher verteufeln und hassen, aber das tat ich nicht. Seien wir doch mal ehrlich, ich konnte froh sein, dass ich wenigstens diese eine Sache hatte. Jemand wie ich würde nie viel mehr im Leben haben, und ich hatte wenigstens diese eine verlässliche Konstante, die mich nicht verließ. So beendete ich den Tagebucheintrag ganz simpel mit *Beste Freunde geben und beste Freunde dürfen auch nehmen.*

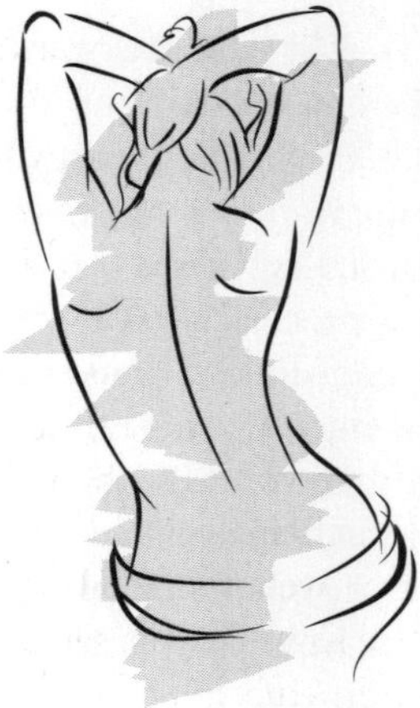

ZERSTÖRUNG

Wenn man Dinge heimlich tut, sind diese von spezieller Natur. Man muss sich nicht vor anderen rechtfertigen und das ist sehr komfortabel. Dabei erspart man sich aber nicht nur das Gemecker und das Drama seines Umfeldes, sondern auch die Dosis Realität, die ein normales soziales Netz bietet. Die Meinung unserer Familie und Freunde hilft uns, unsere Sicht zu korrigieren oder zumindest zu überdenken. Wenn man nun also entscheidet, etwas streng geheim zu halten, dann schaltet man diese Korrektur bewusst aus. Vielleicht, weil man ja eh weiß, dass man auf dem falschen Weg ist.

Fällt nun also die Kontrollinstanz in Form von anderen Meinungen weg, ist der Weg frei für die unglaublichsten Tricks der Psyche. Wenn der Mensch will, kann er sich so ziemlich alles in seinem kleinen Denkstübchen rechtfertigen. Und dieser Prozess liegt in der Natur jeder Sucht. Auch meiner.

Zu Beginn meines 21. Lebensjahres war ich mit einem wunderbaren Mann zusammen. Christian. Was Männer anging, hatte ich seit jeher ein zugegebenermaßen sehr fragwürdiges Händchen, aber bei diesem einen war es etwas anderes. Zum ersten Mal in meinem Leben hatte ich jemanden gefunden, für den ich die Priorität im Leben war. Er war gut aussehend, intelligent und wirklich sehr liebevoll. Er war mein bester Freund. Aus meiner Sicht ist er das bis heute. Viel zu schnell zogen wir zusammen in seine Heimatstadt, ungefähr 30 Fahrtminuten von München. Wir waren unzertrennlich und er passte auf mich auf – was zu dieser Zeit auch wirklich nötig war, denn ich war weder mental noch körperlich in guter Verfassung. Sieben Jahre Krankheit hatten ihre Spuren hinterlassen. Spuren, die sich langsam einschlichen, sodass ich kaum erklären kann, wie es so weit kommen konnte. Er hatte sich mit mir also einen echten Pflegefall angelacht, aber das machte ihm nichts aus. Er war von Natur aus ein guter Kerl. Und ich hatte natürlich nichts Besseres zu tun, als diesen herzensguten Menschen täglich zu betrügen, indem ich ihm nicht sagte, was ich da im Bad nach dem Essen eigentlich machte. Jeden Tag log ich ihn an. Er hätte wirklich so viel mehr verdient gehabt als mich.

Das größte Problem zu dieser Zeit waren sicher meine Panikattacken. Die undefinierbaren Gefühle von Angst hatten sich zu Anfällen blanker, unerklärlicher Panik ausgeweitet. Lange Zeit konnte ich nicht mal in ein Restaurant gehen, weil ich nicht in einem Raum mit vielen Leuten sitzen konnte. Es war mir unmöglich, den Lärm ihrer Unterhaltungen auszublenden. Wenn überhaupt, konnte ich das nur mit mir vertrauten Menschen. Und der vertrauteste von allen war Christian. Er kannte mich besser als irgendwer jemals zuvor oder danach – bis auf die Bulimie. Die behielt ich für mich. Sie konnte ich nicht teilen und sie gehörte nicht in sein Sichtfeld!

Er arbeitete in der Firma seines Vaters und hatte dort einen entscheidenden Posten, aber nie war ihm die Arbeit wichtiger als ich. Wenn ich eine Angstattacke hatte, reichte eine SMS und er war keine 15 Minuten später aus dem Büro zu Hause. Wo findet man heute noch solche Männer?

Es war nicht leicht, die anderen Auswirkungen meines Geheimnisses zu kaschieren oder zu erklären. Da war zum Beispiel die extrem trockene Haut, obwohl ich das mit geruchsneutraler Wund- und Heilsalbe aus der Apotheke gut im Griff hatte. Wöchentlich verbrauchte ich auf diese Weise zwei Tuben. Meine sehr dünnen Fingernägel wuchsen zu dieser Zeit überhaupt nicht mehr, aber Gott sei Dank schickte der amerikanische Modetrend der künstlichen Fingernägel genau zur rechten Zeit die Rettung. Alle drei Wochen saß ich von da an brav bei irgendeiner Nageldesignerin und ließ meine Nägel mit so viel Gel und Farbe überziehen, dass niemand auch nur erahnen konnte, dass unter all dem Zeug kaum eine Spur von Naturnagel zu finden war.

Schwieriger wurde es da schon, wenn es um meinen immer schlimmer werdenden Haarausfall ging. Glücklicherweise hatte ich schon immer Haare im Überfluss. Nicht nur viele, sondern auch dicke. Aber jetzt fielen sie mir immer zahlreicher aus und sogar meine Wimpern verabschiedeten sich allmählich. Anlässlich dieser unschönen Begleiterscheinung ergänzte ich dann Biotinkapseln zu meinem ohnehin schon beachtlichen Arsenal an Nahrungsergänzungsmitteln. Ich hatte ein eigenes Ankleidezimmer in unserer Wohnung und dort ließ sich Christian nie blicken. Es war ein richtiger Frauen-Traum – alles voller Schuhe und Kleidchen und in der Mitte stand ein weißer Schrank mit großen Schubfächern. In den obersten zwei fanden sich Unterwäsche und Schlafanzüge und in den unteren beiden alles, was mein Freund eben nicht sehen sollte. Tubenweise Salbe für die Haut und eine Anzahl an Tabletten, die jede Apotheke neidisch werden ließen. Ich hatte im Internet genau recherchiert, welche Mineralstoffe und Vitamine Bulimikern am meisten fehlen, und alles in Pillenform ersetzt. Damit fuhr ich zwar nicht perfekt, aber wohl immer noch besser als andere Betroffene.

Vor allem literweise Elektrolytlösung halfen gegen Schwindel und Müdigkeit. Funktionieren wie ein normaler Mensch war trotzdem nicht möglich. Ich schlief mindestens zehn Stunden jede Nacht und war trotzdem meist müde. Gefolgt von einem drei bis vier Stunden andauernden, geradezu euphorischen Energieschub und erneuter Müdigkeit. Christian erklärte sich das wohl mit meiner eh nicht zu leugnenden Depression. Ich war die meiste Zeit des Tages traurig und wütend auf mich selbst, weil ich so ein Stück Dreck war. Täglich betrog ich den loyalsten und liebsten Menschen, den ich je um mich gehabt hatte. Gleichzeitig war ich angewidert von meiner eigenen Schwäche. Diese ständige Traurigkeit war durchzogen von extrem fröhlichen Phasen und dann wieder Angstattacken. Das Zusammenleben mit mir muss furchtbar für Christian gewesen sein – und doch hätte er mich nie verlassen, denn er sah die guten Dinge in mir, von denen ich häufig selbst nicht wusste, ob es sie wirklich gab. Aber die Art, wie er mich ansah, erinnerte mich zumindest täglich daran, dass ich vielleicht unter all dem Müll doch gut sein konnte. Nach einem halben Jahr mit ihm fand ich sogar den Mut, wöchentlich in eine Gesprächstherapie zu gehen, aber dort redete ich nie über meine Essstörung. Thema waren meine Panikattacken, meine Kindheit, meine Stimmungsschwankungen und die Traurigkeit. Und natürlich fast jedes Mal Katharinas Tod.

Auch wenn eine Therapie, in der man das wichtigste Symptom seiner Gestörtheit nicht erwähnt, wohl weniger effektiv ist, als sie sein könnte – ich begann damals trotzdem, mich besser zu fühlen. Innerhalb eines Jahres lernte ich, zumindest mit meinen Angstattacken besser umzugehen, und machte einen großen Schritt zurück ins Leben, als ich mir ein Pferd zulegte. Da ich nun einmal den besten Mann der Welt hatte, kaufte er mir nicht nur das Pferd, sondern kümmerte sich auch um die Unterbringung in einem Gestüt nur fünf Minuten Fahrt von unserer Wohnung entfernt. Es war ewig her gewesen, dass ich mich wirklich lebendig und als Teil der Welt um mich herum empfunden hatte, aber das tägliche Ausreiten und die Konfrontation mit einem so übermächtigen Tier holten mich langsam zurück in die Wirklichkeit.

Mental ging es mir besser, aber körperlich kamen nach und nach immer mehr Folgen der Bulimie zum Tragen. Die schlimmsten für mich waren wohl mit Abstand die Schäden an meinen Zähnen. Die Magensäure griff meine Zähne beim Übergeben ja täglich an. Man darf sich jetzt den Mageninhalt einer Bulimikerin nicht so vorstellen, wie wenn ein normaler Mensch sich übergibt. Wir wissen ja genau, was und wie viel wir essen können, damit es ohne Probleme wieder rauskommt. Und unser Magen produziert, weil er ja schon weiß, was kommt, sowieso kaum noch Magensäure. Wenn ich mich übergeben habe, war das also nur gekautes Essen. Kein unangenehmer Geruch oder Brennen. Aber trotzdem war natürlich immer ein klein wenig Säure dabei und nach all den Jahren rächte sich das. Meine Zähne taten ständig weh. Der Zahnschmelz war angegriffen und aufgeraut. So gehörten bald mindestens zwei Schmerztabletten täglich zum normalen Bestandteil meiner Pillendosis und erhöhten die Anzahl so auf neun.

Es war zwar ein Kraftakt, die Bulimie vor meinem Freund zu verstecken, aber ich schaffte es irgendwie. In unseren gemeinsamen Jahren erwischte er mich nicht einmal, und ich sagte ihm natürlich auch nie, was los war. Er musste ja schon damit klarkommen, dass seine Freundin unter Angststörungen litt und das Schlafpensum eines Faultieres hatte. Mehr durfte dieser Liste auf gar keinen Fall hinzugefügt werden.

Es gab nur einen Tag, an dem ich ihm beinahe, aus reiner Angst, alles gebeichtet hätte. Es war im Sommer und ich war gerade von meinem täglichen Ausritt auf meinem Pferd zurück. Gegen Mittag kam Christian dann entweder nach Hause oder aß mit seinem Vater zu Mittag. Teil einer perfekten Deckung meiner Krankheit war es, immer zu wissen, wann er sich wo aufhielt. So fand ich das einstündige Fenster, das ich brauchte. Wir hatten einen Supermarkt direkt gegenüber unserer Wohnung und eine Eisdiele direkt darunter. Man könnte also sagen, die Lage war eins-a-bulimikerfreundlich.

Meine übliche Runde führte mich zum Supermarkt nahe dem Pferdestall und zu dem gegenüber. Mittlerweile hatte sich die Portion, die ich pro Anfall aß, jedoch fast verdoppelt und ich wollte in dieser kleinen Stadt kein Gerede anfeuern. Im ersten Markt kaufte ich meist eine Pizza, eine Tüte Chips, zwei Tafeln Schokolade und einen halben Liter Eis. Im Markt gegenüber meinem Zuhause dann Gummibärchen, Cola light und Gebäck.

Wieder zu Hause, brachte ich dann immer alles sofort in mein Ankleidezimmer, das direkt neben der Eingangstür lag. Und dann tat ich das, was ich immer tat.

Nur an diesem Tag im Sommer bemerkte ich plötzlich Blut in der Toilettenschüssel. Ich kotzte wirklich Blut. Mir wurde ganz heiß und ich bekam zum ersten Mal richtige Angst vor der Krankheit. All die anderen körperlichen Erscheinungen waren aus meiner Sicht nie so wild gewesen, allenfalls lästig. Aber Blut war eine andere Kategorie. Vor allem, wenn es von irgendwoher kam, wo ich nicht hinschauen konnte.

Sofort rannte ich zu meinem Laptop und öffnete den Online-Chat mit meinen Verbündeten. Während der Computer ewig lange lud, hatte ich mein Handy schon in der anderen Hand, denn ich dachte, ich würde jeden Moment das Bewusstsein verlieren. Die Website war endlich geladen und mit zitternden Fingern tippte ich »Blut« in die Schlagwortsuche.

Ich fand Massen an Treffern und sogar einen Blogeintrag, der schlicht »Ich kotze Blut« hieß. Ja, das hörte sich nach mir an. Ich klickte auf den Beitrag und las die Kommentare. Zu meiner Überraschung war das anscheinend keine Neuigkeit für viele Betroffene und die Faustregel schien zu sein: »Wenn es nach 20 Minuten nicht aufhört – Krankenhaus. Ansonsten flüssiges Anti-Sodbrennen-Mittel.« Aha. Der Umstand, dass viele Chatmitglieder dieses Problem schon mal gehabt hatten, und alle ganz offensichtlich noch lebten, beruhigte mich.

Mit dem Telefon in der Hand, bereit, Schatzis Nummer anzuwählen, saß ich anschließend auf der Couch und versuchte, meinen eigenen Zustand einzuschätzen. Wie fühlte ich mich? War mir schwindelig? War mir schlecht? Ja zu beidem, aber das war nach meinen kleinen Ausflügen ja normal. Nach 15 Minuten trank ich ein großes Glas Milch und übergab mich abermals. Besorgt checkte ich die Farbe. Orange, durchzogen von ein paar dunkelroten Fäden. Schwer zu sagen, ob es aufgehört hatte zu bluten.

Ich ging zurück auf die Couch und das erneute Übergeben schlug mir schwer auf den Gleichgewichtssinn. Vielleicht war es aber nicht das Übergeben, sondern eine innere Blutung oder eine Blutvergiftung oder was weiß ich. Ich sollte wirklich sofort Christian anrufen. Jetzt sofort, dachte ich. Allerdings hatten wir am Abend zuvor Streit gehabt, und ein Anruf, der mit »Hallo Schatz, ich kotz grad Blut und ich finde, wir sollten über mehr als ein Jahr Lügen meinerseits reden« beginnt, hätte ihm vielleicht die Steilvorlage geboten, mich zu verlassen. Wer hätte es ihm verdenken können. Also rief ich nicht an, sondern wartete wieder 15 Minuten und wiederholte das Milch-Prozedere. Der erneute Farben-Check ließ mich aufatmen. Fast weiß.

In meinem geheimen Allzweck-Schrank fand sich natürlich auch ein flüssiges Mittel gegen Sodbrennen und ich trank vorsichtshalber die halbe Flasche. Dann ging ich zurück ins Bad, um sicherzustellen, dass ich keine Spuren hinterlassen hatte. Die Abfälle das ganzen Essens packte ich immer in eine extra Tüte und trug diese sofort, wenn der Schwindel nachließ, in die Garage zu den Mülltonnen des Wohnhauses. Das konnte ich in diesem Zustand aber nicht, weshalb ich sie kurzerhand hinter der Tür meines Ankleidezimmers zwischenparkte.

Etwas ernüchtert fand ich mich dann schließlich auf der Couch unseres Wohnzimmers wieder und schaute aus dem Fenster. Es war ein richtig schöner Tag draußen. Ich war jung und hatte den besten Mann überhaupt an meiner Seite. Und trotzdem fand ich nichts in mir, was es wert gewesen wäre, beschützt zu werden vor den Folgen, die die Bulimie haben konnte.

Sicherlich hatte ich mich gerade zum ersten Mal richtig vor meiner Krankheit erschrocken, aber ich verspürte nicht den leisesten Impuls, nochmals einen Versuch zum Aufhören zu starten. Erstens, weil ich ja sowieso wusste, dass ich es nicht packen würde, und zweitens, weil mir das Leben ein wenig lang vorkam. Und wie sollte ich ohne mein Ritual weitermachen? Die Panikattacken waren gerade erst ein wenig besser geworden und ich konnte die Unruhe und die Angst, die ohne die Bulimie aufkamen, nicht bewältigen. Wenn ich mich zwischen Angstattacken und Blutkotzen entscheiden musste, war ich ganz klar gegen die Angst.

Ich wünschte, ich könnte irgendetwas anderes sagen, aber ich fühlte mich irgendwie zufrieden mit der Situation. Meine Krankheit bot mir Schutz vor der Welt und ich zahlte den Preis. Das kam mir durchaus fair vor.

So saß ich Stunden auf der Couch, bis ich schließlich den Schlüssel ins Schloss gleiten hörte. Christian kam endlich heim und wie immer sah er verdammt gut aus. Er trug jeden Tag einen Anzug und seine Haare lagen stets perfekt. Er sah mich an, als wäre ich das Tollste, was er je gesehen hatte. Jeden Tag. Er erzählte von seinem Tag, seiner Tante und seinem Vater. Und ich nickte und nickte, dachte innerlich aber immer das Gleiche: Das hier ist eine einzige Lüge. Ich liebte meinen Mann sehr und wusste, dass ich ihn nicht verdient hatte. Er liebte eine Vorstellung von mir, die es nicht gab. Es sah nie das verlogene, egoistische und lebensunfähige Miststück, das ich tatsächlich war. Nichts von uns war real. Und genau deswegen verloren wir einander ein Jahr später.

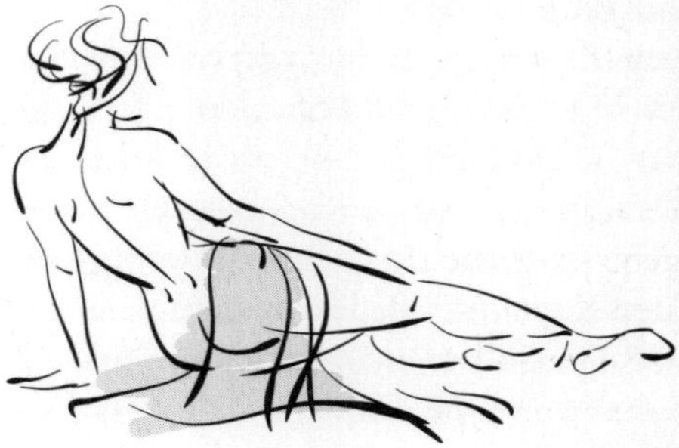

SCHWANGER

Es gibt Momente im Leben, die vergisst man nie. Schöne und traurige. Von den schönen haben wir meist schon vorher eine genaue Wunschvorstellung, wie sie einmal sein sollten. Vor allem wir Frauen neigen dazu, dem Schicksal ein Drehbuch zu schreiben und dann ganz schockiert und beleidigt zu sein, wenn es sich einfach nicht daran hält. Da ich aber bis jetzt ein wirklich sehr bewegtes Leben führen durfte, in dem nie etwas nach Plan gelaufen ist, habe ich gelernt, zumindest etwas nachsichtig mit dem guten alten Schicksal zu sein. Es hat es nun mal einfach nicht so mit der deutschen Genauigkeit und schon gar nicht mit der Pünktlichkeit. Auch an Pflichtbewusstsein mangelt es ihm oft und es arbeitet schludrig und oft lustlos. Kurzum, das Schicksal ist völlig unterqualifiziert für seinen Job und hat ihn wahrscheinlich nur, weil seine Eltern seit Jahrtausenden mit Gott Karten spielen. Vitamin B und Vetternwirtschaft eben – ein bekanntes Problem.

Auf so einen Stümper verlasse ich mich ungern. Deswegen versuche ich, mich selbst so gut wie möglich um mein Leben zu kümmern. Ich nehme keine Drogen, trinke selten, spare seit jeher eisern Teile meines Einkommens und sorge somit dafür, dass ich immer ein Dach über dem Kopf und etwas Geld auf der Bank habe. Damit wäre die Grundversorgung klar. Außerhalb dieser Grenzen, das gebe ich gerne zu, bin ich ein verrücktes Huhn, das regelmäßig mal den Kopf unter den Arm klemmt, um ohne diesen im Kreis zu rennen. Gern auch leicht bekleidet. Aber selbst dann rühre ich den Bausparvertrag nicht an.

Für die wichtigen Dinge habe ich also selbst gesorgt und gearbeitet, damit ich mich nicht nur auf das unzuverlässige Schicksal alleine verlassen muss. Das wäre ja auch irgendwie, als würde ich jetzt noch Aktien bei Lehman Brothers kaufen und denken, das wird schon wieder.

Eines der wichtigsten Dinge im Leben war für mich klar: Ich wollte Kinder. Am besten zwei. Und ich hatte das Szenario schon perfekt geplant und tausendmal in meinem Kopf durchgespielt. Den Vater meines Kindes sah ich im Alter um die 30 und er hatte einen ganz normalen, zuverlässigen Job. Ich selbst war so circa 25, denn ich wollte eine junge Mama sein. Und wir wären natürlich verheiratet und lebten in einem kleinen Haus mit Garten und einem selbst gebastelten Briefkasten, den unsere Freunde uns zur Hochzeit geschenkt hatten. In meinen Wunschträumen bin ich ein totaler Spießer. Während ich also verheiratet und glücklich mit meinem Mann in unserem Haus sitze, pinkele ich irgendwann auf einen Schwangerschaftstest, der dann zwei rosa Streifen anzeigt, und wir würden uns überglücklich in die Arme fallen und wären völlig aus dem Häuschen, weil wir Nachwuchs erwarteten. Das ist dann wohl einer der Momente, die man nie vergisst. Der Juhu-wir-sind-schwanger-Moment. Darauf freute ich mich schon seit Jahren so sehr. An sich ist diese Erwartungshaltung, wie ich finde, nicht so wahnsinnig überzogen, denn ich kenne unzählige Paare, die diesen

Moment bereits genau so erlebt hatten. Ist ja nicht so, dass ich den Ritter auf dem weißen Pferd erwarte, der mich dann in sein Schloss bringt, um mit seiner Kreditkarte ohne Limit über die Maximilianstraße zu herrschen.

Obwohl ich doch weiß, was das Schicksal für ein Trottel sein kann, und ich also ohnehin nicht viel von ihm erwartete, war ich am 2. November 2011 mächtig sauer auf es (sie /ihn?). Denn da erlaubte es sich den gröbsten Schnitzer seiner bisherigen Karriere. Zumindest für mich persönlich.

Es war ein Mittwoch und nach einem Promotion-Marathon zu meinem letzten Buch, das eben am 1. November 2011 erschienen war, der erste Tag zu Hause für mich. Auch ansonsten lag eine sehr harte Zeit hinter mir, denn mein Freund hatte sich vier Wochen zuvor von einem Tag auf den anderen von mir getrennt und war ausgezogen. Ich litt darunter wie ein Hund, aber die Zeit und auch die Arbeit machten vieles besser und ich hatte mich auf eine durchschnittliche Heul-Dauer von 15 Minuten am Tag, bevorzugt abends, heruntergekämpft. Es wurde langsam besser. Alleine aufzuwachen war mittlerweile fast normal geworden. So auch an diesem Tag. Ich saß aufrecht und neutraler Stimmung in meinem Bett und checkte meine Termine. Der erste des Tages war ein Radiointerview zum Buch um 16 Uhr. Aus Macht der Gewohnheit, und weil ich zur Zeit ohnehin nie großen Hunger verspürte (die einzig positive Folge des Liebeskummers), kochte ich mir erst mal nur Kaffee und setzte mich vor den Fernseher. Nach einer Weile beschlich mich dann aber doch der Drang, mal etwas Nützliches zu tun. Ich checkte meine To-do-Liste auf dem iPhone: Wäsche waschen – keine Lust. Neuen Schrank für das Badezimmer besorgen – ohne Hilfe völlig utopisch. Dr. Hassmann anrufen – ja, das war machbar.

Dr. Hassmann war mein Frauenarzt. Ich habe ihn mir per schlichter Umkreissuche auf dem Handy ausgesucht, als ich in meine jetzige Wohnung zog. Er war nur 540 Meter Luftlinie entfernt und bekam somit den Zuschlag, denn ich bin nicht wirklich die Art Frau, die eine Umfrage bei ihren Freundinnen durchführt, um den tollsten Arzt zu finden. Anschließend blieb ich Dr. Hassmann treu, denn er ist wahrlich eine Marke für sich. Sein Alter schätze ich auf gute 250 Jahre und genauso alt scheint seine Praxis zu sein. Seit Eintreten in den Berufsstand hat er es wohl auch nie für nötig gehalten, auch nur ein neues Untersuchungsgerät zu kaufen, und fährt gut damit. Er betreut, glaube ich, die gesamte türkische Gemeinde Münchens, was sicher auch am Stadtteil liegt. Aber vor allem ist Dr. Hassmann ein echter Hippie, was man nicht nur an seinen schulterlangen grauen Haaren und seinem Vollbart erkennen kann, sondern vor allem daran, dass er in seiner Praxis gerne mal einen raucht. Natürlich würde er das nie zugeben, aber man riecht es halt. Mir ist das allerdings ziemlich egal, denn er ist lustig und man braucht keinen Termin zu machen, sondern ruft einfach kurz an, ob es ihm passt. Und das tat ich an diesem Tag. Da er keine Sprechstundenhilfe hat, geht er entweder gar nicht oder höchstselbst ans Telefon. »Hassmann. Hallo?«, krächzte die liebenswerte Raucherlunge am anderen Ende der Leitung. »Hey, Dr. Hassmann. Hier ist Sara Schätzl. Ich müsste mal wieder vorbeikommen, denn ich habe meine Periode noch immer nicht. Und jetzt sind es ja schon acht Wochen.« Ja, jetzt fragt man sich wahrscheinlich, warum ich ganze acht Wochen wartete, bis das Ausbleiben meiner Periode mir komisch vorkam. Dazu möchte ich kurz anbringen, dass mein Doc und ich regelmäßig vor diesem Problem stehen, und zwar nicht, weil ich etwa ein Flittchen bin, das gern mal ungeschützt rumvögelt (man sollte nicht alles glauben, was das Fernsehen über mich sagt). Durch meine jahrelange Essstörung blieben meine Tage einfach oft aus und mussten dann durch Hormonpräparate herbeigeführt werden. »Ja gut, dann kommen Sie eben kurz vorbei. Bis gleich.« Tut tut tut – er hatte eilig aufgelegt. Im Hintergrund hörte ich ja auch schon wieder aufgeregtes türkisches Gackern. Bevor jetzt Klagen ins Haus fallen: Ich habe nichts gegen Türken, bin ich doch selbst biologisch halb dieser Abstammung.

Ich streifte mir eine Jogginghose und irgendeinen Pulli über und machte mich auf den Weg. Das war alles schon Routine für Hassi und mich. Er wusste von meiner Bulimie und auch von all den körperlichen Folgen. Wie immer parkte ich meinen Jeep dezent auf dem Gehsteig direkt vor der Praxis, denn es gab nirgends Parkplätze und ich würde ja eh nach zehn Minuten fertig sein. Im vierten Stock angekommen, betrat ich die Praxis und drei fröhliche Türkinnen stürmten raus. Dr. Hassmann stand im Gang und notierte sich irgendwas. Besser so, dachte ich grinsend bei mir, denn er machte den Eindruck, als würde ihm gerne mal etwas entfallen. Als er mich sah, wedelte er mit seinem Klemmbrett und nuschelte was von »noch kurz warten« in seinen Bart. Ich setzte mich in das verwaiste Wartezimmer und nahm mir eine der Esoterik-Zeitschriften, die er aus Überzeugung auf dem Tisch verteilte. Der Leitartikel hieß »Wie man negative Erfahrung in Licht bündelt«. Das war doch mal was. Die Trennung und das dazugehörige Hin-und-her-Gemaile waren so schmerzhaft, dass ich davon bestimmt 'ne Menge Licht erzeugen, ja sogar das Olympiastadion mit Strom versorgen konnte. Mit dem typischen Interesse einer Sitzengelassenen, die sich an jeden noch so kleinen Strohhalm klammert, schlug ich den Artikel auf und war bereit, mich von Licht durchströmen zu lassen. Und das morgens um neun Uhr!

Aber wie das eben so ist, kommt der Erleuchtung meist was in die Quere. In diesem Fall Hassi, der mich vom anderen Ende des Ganges in sein Sprechzimmer rief.

Ich setzte mich also in den gemütlichen Raum, der so ein wohnzimmerliches Flair hatte. Der Doc saß hinter seinem schweren, antiken Holzschreibtisch. Ich musste bei dem Gedanken schmunzeln, dass er den Schreibtisch wohl nicht für teures Geld in einem Antiquariat erstanden hatte, sondern er einfach zur Zeit der Praxiseröffnung topmodern war.

Er zuppelte meine Akte hervor und studierte sie eine ziemlich lange Zeit. »So, das letzte Mal waren Sie vor vier Wochen da und da war die Periode gerade mal zwei Tage überfällig. Deshalb wollten wir warten, ob sie von alleine kommt, aber das tut sie ja anscheinend nicht. Bluttest und Ultraschall waren das letzte Mal völlig normal. Tja, dann müssen wir wohl etwas verschreiben«, sagte er mehr zu sich als zu mir und ich nickte einfach. Das kannten wir doch beide schon zur Genüge. Als ich vier Wochen zuvor hier gewesen war, war die Welt noch eine andere. Ich war noch *in a relationship*, um es mit den Worten der Generation facebook zu sagen, und sehr glücklich. Deswegen hatte ich bei dem Termin vor vier Wochen auch die leise Hoffnung gehegt, vielleicht schwanger zu sein. Es hätte keinen besseren Zeitpunkt geben können. Aber den Zahn zog mir Hassi damals direkt. Und damit rechnete ich auch, da ich bei meinem Hormonhaushalt wohl nicht einfach so schwanger werden könnte, ohne nachzuhelfen. Das wusste ich von mehreren Ärzten.

Der Doc stand auf und bat mich, mich kurz auf die Liege für den Ultraschall zu legen, damit er nachsehen konnte, wie der Stand der Dinge da drin nun war. Ich bekam einen Anruf des Verlages rein und nahm diesen auch seelenruhig an. Es gab für mich in diesen Tagen kein anderes Thema als mein Buch und die Planung der nächsten Karriereschritte. Das kommende Jahr sah so vielversprechend aus, dass ich fast, aber nur fast, meinen Liebeskummer und die unbändige Wut auf meinen Ex vergaß. Die Pressebeauftragte des Verlages redete wie ein Wasserfall, was ich toll fand – effiziente Arbeitsweise. Ich erklärte ihr gerade die Vertragsbedingungen eines TV-Projektes in drei Monaten, als ein Räuspern von Hassi meine Konzentration störte. Er lehnte sich nach vorne und betrachtete den Monitor sehr genau. Und dann kam er, dieser Moment, der einfach alles veränderte. Dr. Hassmanns Gesicht starrte in meines und er sagte: »Haha, ja klar. Sie sind schwanger. Und zwar so was von!« Ich legte einfach auf, und dann müssen ein paar Sekunden vergangen sein, bevor mir klar wurde, dass das unmöglich war. Ich hatte mich nach der Trennung nämlich ganz klar gegen Rache-Sex mit irgendwelchen Männern entschieden. Damit wollte ich erst in ein paar Wochen anfangen, wenn überhaupt. Also antwortete ich folgerichtig ganz ruhig: »Nein, bin ich nicht. Ich hatte seit unserem letzten Termin hier keinen Sex mehr.« Da lachte er und flötete vergnügt: »Das muss in Ihrem Alter sehr ärgerlich sein, aber das Baby ist schon zuvor entstanden. Das konnten wir beim letzten Mal nur noch nicht sehen, aber die Eizelle war damals schon befruchtet. Toll!« Mir wurde schlecht. Sehr schlecht. Und mein Kopf war leer. Ich lag also bewegungslos da, während Hassi sich über mir aufbaute und tatsächlich sagte: »Inschallah, es ist ein Wunder.« Inschallah? Will der mich jetzt verarschen? Das kann nicht sein. Wir konnten doch beim letzten Mal nicht einfach ein Baby übersehen haben?! Mein Kopf schwirrte, aber er brachte keinen klaren Gedanken zustande. Hassi war völlig aus dem Häuschen, denn er dachte ja noch immer, ich hätte einen Lebenspartner und großen Kinderwunsch. Gerade hatte ich aber keines von beidem. Da platzte es einfach aus mir heraus und ich schrie ihn an: »Jetzt halten Sie mal die Klappe!! Wir haben ganz andere Probleme!« Zeitgleich begann ich, heftig zu weinen. Die Tränen rannen über mein Gesicht und ich hätte Hassi gern verprügelt, aber es gab kein bisschen Kraft in mir, um auch nur den Kopf zu heben. Er fasste mir mit versteinerter Miene an den Unterarm und flüsterte betroffen: »Oje, Sie wissen nicht, von wem es ist.« Ja spinne ich? Was denkt er denn, was ich für eine bin! Jetzt hatte ich plötzlich die Kraft, um mich ruckartig aufzurichten. »Natürlich weiß ich, von wem es ist! Was denken Sie denn von mir? Von meinem Freund! Aber der Arsch hat sich zwei Tage nach unserem letzten Termin aus dem Staub gemacht. Ohne Erklärung«, bellte ich ihn an. Ratlos musterte er mich und bemerkte dann scharfsinnig: »Das ist jetzt aber blöd.« Angesichts so viel Irrsinns der Situation musste ich dann trotzdem lachen. Und mit dem Lachen entwich auch die kurzfristige Energie sofort wieder. »Wann ist das denn passiert?«, fragte ich ganz leise, während ich in mir zusammensackte und nur noch wie ein nasser Klumpen auf der Liege hing. Er holte irgendeine Tabelle und schob sein Lineal darauf herum. »Zwischen dem 23. und dem 28. September«, sagte er recht überzeugend. »Sicher?«, fragte ich knapp. Und er daraufhin ganz trocken: »Wenn Sie nicht die Jungfrau Maria sind, hatten Sie da Sex und sind nun schwanger.« Ich musste abermals lachen, auch wenn es eigentlich rein gar nichts zu lachen gab. Gleichzeitig hörte ich aber trotzdem nicht auf, zu weinen. Sehr komische Mischung. Hassi lächelte und setzte sich zurück an seinen Schreibtisch. Ich raffte mich auf und setzte mich gegenüber. »Und jetzt?«, schluchzte ich. Noch nie meinte ich diese Frage so ernst und so allumfassend. Der Doc wirkte sehr gefasst und ging zur Routine über. »Wir nehmen jetzt erst einmal Blut ab, und wenn das Ergebnis da ist, stellen wir einen Mutterpass aus. Das wird eine spannende Zeit, Frau Schätzl«, erklärte er ganz sanft.

Und ich, ich nickte einfach nur. Normalerweise habe ich unglaubliche Angst vor Nadeln und Blutabnehmen, aber diesmal starrte ich in die Luft und spürte nichts. Null. Ich stand wohl unter Schock. Kein Wunder. Ich hätte noch eher auf »Sie sind eigentlich schwarz« als auf »Sie sind schwanger« gewettet. Wie in einer Wolke lief ich zurück zu meinem Auto und saß erst mal nur da. Ich weiß nicht wie lange, aber als ich auf die Uhr sah, war es schon fast elf. Entweder war ich sehr lange bei Hassi gewesen oder ich starrte schon lange hinter dem Lenkrad ins Leere. Egal. Was sollte ich jetzt tun? Ich versuchte, irgendwas in mir zu finden. Ein Gefühl oder eine Regung. Was hielt ich denn jetzt eigentlich davon? Was war meine Meinung dazu? Ich wusste es nicht. Ich fand nichts.

Vielleicht ein bisschen Wut auf das Schicksal. Warum hatten wir die Schwangerschaft nicht schon beim letzten Arztbesuch entdeckt? Dann hätte ich jetzt meinen Freund anrufen können und wir wären beide ausgeflippt. Zwar nicht verheiratet, aber über die Maßen verliebt und in einer gemeinsamen Wohnung. Das war ein grober, gemeiner und unverzeihlicher Schnitzer des Schicksals. Unfassbar. Traurig und schlapp hing ich in meinem Jeep und war gezwungen, diese Frechheit aber genau so hinzunehmen, wie sie war. Ich war 23, unglücklicher Single, überdurchschnittlich schwanger und konnte alle geplanten TV-Projekte und die dazugehörigen Gagen des nächsten Jahres streichen. Das ist einer der Tage im Leben, die man niemals vergisst. Die überhaupt nicht dem Drehbuch entsprechen und nie mehr wiederholt oder anders gemacht werden können. Sie sind in Stein gemeißelt. In dich und dein Leben.

Mein »Wir sind schwanger«-Wunschmoment war also für immer weg und ich konnte ihn nicht zurückholen. Und nun weinte ich wieder. Leise auf mein Lenkrad, während vorbeigehende Fußgänger mich anstarrten.

GLÜCKSWANDEL

Der große »Sie sind schwanger«-Juhu-Moment fand also nicht statt, aber das machte die Nachricht, dass ich schwanger war, trotzdem nicht weniger wahr. Ein paar Tage, nachdem mein Frauenarzt die Bombe hatte platzen lassen, saß ich alleine auf meiner weißen Couch in meinem Loft und starrte aus der komplett verglasten Südseite auf Bahngleise und Fußgänger. Jahre, nachdem ich es aus dem verhassten Glashaus in Sinzing herausgeschafft hatte, zahlte ich nun gerne den stolzen Mietpreis für dieses Terrarium. Die Aussicht half mir in meinen depressiven Phasen und vor allem nach meinen Essanfällen, nicht zu vergessen, dass da draußen ein Leben war. Meine Couch war mein Lieblingsort. Nicht nur, weil ich ein gemütlicher, man möchte fast sagen, fauler Typ bin, sondern weil sie weiß und in Wölkchenform war. Sicher auf meiner Wolke sitzend, beobachtete ich das Leben da draußen, und langsam verstand ich auch emotional, dass es nun auch Leben »da drinnen« gab.

Ich war nicht mehr alleine.

Es hatte ein paar Tage gedauert, bis mir das nicht nur im Konzept klar war, sondern auch entsprechende Gefühle durchkamen. Es war ein Mix aus Freude, Aufregung und großer Angst. Und je länger ich nachdachte und so offiziell schwanger in der Gegend rumlief, umso übermächtiger wurden die Ängste. Ich hatte erst im dritten Monat herausgefunden, dass ich schwanger war. In diesen drei Monaten hatte ich ab und zu ein Glas Wein getrunken, schätzungsweise zehn Zigaretten geraucht und mich mehrmals täglich nach dem Essen übergeben. Die Mangelerscheinungen waren an meinem Körper ja deutlich zu sehen. Was, wenn das Baby davon nun bereits Schaden genommen hätte?

Seit ich erfahren hatte, dass ein Untermieter an Bord war, hatte ich eisern nur gesund gegessen und alles drin behalten. Das fiel mir überraschend leicht, denn der schockartige Zustand der letzten Tage nahm mir den Drang zum Essen. Ich fühlte körperlich nichts – auch keinen Hunger.

Nun kamen die Emotionen aber wellenartig und übermächtig zurück, und das machte den Kampf gegen den Impuls zu essen sehr schwer. Die Essanfälle waren meine Art von Gefühlsbewältigung gewesen, und nun stand diese nicht mehr zur Verfügung. Im Gegenteil, ich musste zusehen, dass ich alle Nährstoffe in meinen Körper bekam. Eine Art ständige Nervosität wurde mein Begleiter. Mehrmals wöchentlich hatte ich Dr. Hassmann angerufen und wollte mit ihm die möglichen Folgen einer Mangelernährung in den ersten drei Schwangerschaftsmonaten durchgehen, aber er wollte mich immer nur beruhigen und sagte, das Baby wäre zu diesem Zeitpunkt noch nicht mit meinem Blutkreislauf verbunden und deswegen nicht so beeinflusst. Wichtig wäre seiner Meinung nach nur, dass ich jetzt auf mein Essen achtgäbe und genug Nährstoffe zu mir nähme. So könnte das Baby auch Dinge in der Entwicklung nachholen.

So gerne ich ewig mit ihm weiterdiskutiert hätte, eines war eben sicher: Ich konnte die Zeit nicht zurückdrehen, aber ich konnte jetzt die beste Schwangere überhaupt werden. Der Gedanke, dass mein Kind nicht gesund sein könnte, nur weil ich so ein kaputtes Stück war, versetzte mich jede Minute aufs Neue in Panik.

Getrieben von dieser Angst und zugleich beflügelt von der Tatsache, nicht mehr alleine zu sein, änderte ich mein Leben radikal. Ich kaufte stapelweise Schwangerschaftsbücher, Ernährungsratgeber und Selbsthilfebücher gegen die Essstörung.

Außer meiner Familie und, ja, auch dem Vater des Kindes, wusste keiner von meinem Geheimnis. Und meine Mitwisser hatten zwar geschockt, aber großartig reagiert. Selbst mein Exfreund freute sich auf Anhieb - womit ich nicht gerechnet hätte. Er war, für seine Verhältnisse, hilfsbereit und bemüht und wir kamen uns in den Wochen danach wieder näher.

Ich teilte zwar die Babynews, aber gewiss nicht meine Sorgen. Warum auch immer, ich konnte mit niemandem über meine Befürchtungen reden, außer mit meinen Ärzten. Ich behielt meine Sorgen also für mich und versteifte mich darauf, von nun an alles perfekt zu machen. Ein selbst auferlegter Tagesplan mit einer Checkliste half mir dabei. Es gab fünf feste Bestandteile, die die Versorgung des Babys perfekt unterstützen sollten: Eine Stunde schnelles Spazierengehen, denn ich hatte gelesen, dass das Ankurbeln der Blutzirkulation an frischer Luft die Sauerstoffversorgung für den Fötus verbesserte. Einmal täglich einen halben Liter frischen Gemüsesaft für alle nötigen Vitamine. Täglich einen großen gemischten Salat mit vielen Proteinen zum Mittag. Mittags war ohnehin die einzig mögliche richtige Mahlzeit, denn morgens und abends war mir durchweg flau im Magen und ich wollte keinesfalls riskieren, dass das Essen wieder hochkam und damit vielleicht die Krankheit wieder ein Schlupfloch zurück zu mir fand.

Mein Tagesplan, die Annäherung mit meinem Exfreund und der Gedanke, dass ich ja hier nicht für mich, sondern für mein Kind durchhielt, machten die Bulimie chancenlos. Die Erleichterung darüber und der Mix aus Nährstoffen und Hormonen in meinem Körper machten mich zu einer wirklich glücklichen Schwangeren.

Als dann endlich Monat fünf anstand, hatten wir einen Termin für pränatale Diagnostik – der übergenaue Ferrari der Ultraschallbehandlungen. Dort wird das Kind vermessen und gescannt und alle möglichen anderen Untersuchungen werden gemacht. Und »wir« waren in diesem Fall mein neuer alter Freund und ich. In den letzten Wochen hatten wir uns versöhnt und verstanden uns so fabelhaft wie nie zuvor. Wir freuten uns zusammen. Das Einzige, was wir nicht teilten, war meine Sorge, dass mit unserem Kind etwas nicht stimmen könnte. Das behielt ich lieber für mich, denn es war ja auch nur meine Schuld. So schritten wir am Tag des großen Ultraschalls mit unterschiedlichen Gefühlen in die Praxis. Er mit Freude, ich mit Angst. Was, wenn ich nicht gut genug war? Was, wenn mein Körper nicht gut genug für diese große Aufgabe war? Dann hätte ich das Leben meines Kindes schon ruiniert, bevor es auf der Welt war.

Verunsichert lag ich wenig später auf einer Liege und über mir leuchtete ein Flatscreen-Monitor. Hier war alles hightech und modern. Sprich, das genaue Gegenteil von Dr. Hassmanns Praxis. Und auch der Arzt, um die 45, energetisch und fit, hätte nicht unterschiedlicher zu Dr. Hassmann sein können. Allerdings fehlte Dr. Hightech der Charme und der Humor, den ich an meinem Hassi so schätzte. Nun ging es aber nicht um Humor, sondern um harte Fakten, und ich fühlte mein Herz sehr schnell schlagen, als ich auf den Beginn der Untersuchung wartete. Dr. Hightech begann, einen Klecks Ultraschallgel auf meinem noch wenig gewölbten Bauch zu verteilen. »Mensch, man würde ja kaum wissen, dass Sie schwanger sind, Sie Glückliche«, stellte er belustigt fest. »Ich achte auf meine Ernährung und bewege mich viel«, gab ich unsicher zurück. Anscheinend hatte er aber die Unruhe in meiner Stimme bemerkt und fragte: »Sind Sie aufgeregt? Wegen der Geschlechtsfeststellung vielleicht?« Bevor ich antworten musste, kam mir mein Freund lachend zuvor: »Ja, sie will auf Biegen und Brechen einen Jungen«. Ich nickte.

Nach einer gefühlten Ewigkeit begann der Arzt schließlich mit dem Vermessen und erklärte geduldig, welcher Knochen schon wie lang wäre und ob alles der Norm entspräche. Und siehe da – Knochen für Knochen und letztlich auch der Schädeldurchmesser waren perfekt. Und zwar angeblich ein perfektes Mädchen. Das war gar nicht so leicht festzustellen, denn das Baby drehte sich immer schamhaft weg, wenn wir uns den einen Teil genauer ansehen wollten.

Während die Männer sich über irgendwas unterhielten und ich mir den Glibber vom Bauch wischte, machte sich ein wenig Erleichterung in mir breit. Mein Kind war genau so groß, wie es nun mal sein sollte. Alle Werte stimmten. Gemeinsam nahmen wir wieder am Schreibtisch Platz und der Doktor füllte die Akte unserer Tochter aus. Ich fühlte mich besser, aber noch immer nicht gut. Was, wenn die Ergebnisse im Zusammenhang mit einer Bulimie in den ersten Monaten anders zu betrachten waren? Diese Unruhe kam zurück. Ich nahm die Hand meiner in diesem Fall besseren Hälfte und log eiskalt: »Schatzi, ich hätte da ein paar Frauenzeug-Fragen. Magst vielleicht kurz draußen warten?« Ich kannte meinen Kerl gut und mit »Frauenzeug« bekam ich ihn aus jedem Raum. Als die Tür hinter ihm zufiel, schaute mich der Doktor freundlich an und schoss gleich mit »Wo haben Sie denn Problemchen?« los. Ich wusste nicht, was ich jetzt sagen sollte. Ein paar Sekunden vergingen. »Sie können mir alles sagen«, ermunterte er mich.

»Mein Lebenswandel in den ersten drei Monaten meiner Schwangerschaft und davor war nicht gerade gesund. Ich habe erst in der neunten Woche überhaupt erfahren, dass ich schwanger bin, und dann sofort alles geändert, aber bis dahin war es nicht gut.« Sein Blick wurde ernster, aber nicht böse. »Wovon sprechen wir denn genau?«, hakte er nach. »Ich hatte ein paar Gläser Wein zum

Essen, zusammengefasst eine halbe Packung Zigaretten und die Angewohnheit, mich mehrfach täglich nach dem Essen zu übergeben«, presste ich schließlich in einem Atemzug heraus. Geradezu so, als würde der letzte Teil an Bedeutung verlieren, wenn ich es nur schnell genug sagte. »Sie sind also Bulimikerin«, fasste er zusammen, während er sich Notizen machte. Ich sagte weder Ja noch Nein. Es war wohl das erste Mal, dass jemand aussprach, ich sei tatsächlich eine Bulimikerin. Das hörte sich nicht richtig an. Irgendwie hart. Aber es fasste das Verhalten von Essen und dann Brechen nun einmal doch recht gut zusammen.

»Wie ist Ihr Essverhalten heute?«, fragte mich der Doktor. »Ich würde sagen vorbildlich. Ich esse 70 Prozent Rohkost, trinke literweise Wasser und Gemüsesaft, nehme jedes erhältliche Vitaminpräparat und bewege mich mindestens eine Stunde täglich an der frischen Luft«, erklärte ich hektisch und doch kleinlaut. Und dann legte ich die Frage nach, vor der ich am allermeisten Angst hatte und um die ich einfach nicht herumkam: »Denken Sie, ich habe durch mein Verhalten damals Schaden bei dem Baby angerichtet?« Er legte seinen Stift nieder und beugte sich nach vorne, um sich auf dem Schreibtisch abzustützen. Fast reflexartig wich ich ein bisschen zurück, ganz so, als würde Distanz die Antwort weniger gefährlich machen. »Unsere Tests hier sind sehr, sehr genau, Frau Schätzl. Und Ihr Kind ist vom Wachstum her genau so, wie es sein sollte. Auch Ihr Fruchtwasser ist genau richtig und das Baby hat sich während der Untersuchung ja extrem aufgeweckt und agil gezeigt. Man kann nie zu 100 Prozent sicher sein, aber ich halte es schon für sehr unwahrscheinlich, dass mit ihrem Nachwuchs irgendwas nicht stimmt. Die ersten drei Monate sind eine kritische Phase der Schwangerschaft und wenn Ihr Körper den Embryo nicht hätte versorgen können, hätte er die Schwangerschaft wohl abgebrochen. Das ist eine natürliche Funktion des Körpers. Ich denke, Sie machen sich zu viele Sorgen. So weit ist alles großartig. Achten Sie weiterhin so gut auf sich und Sie werden keine Probleme haben«, erklärte er ausführlich. Und ich hörte die Worte und war zwar ein wenig erleichtert, aber doch nicht so sehr, wie ich gehofft hatte. Ich verabschiedete mich mit einem leisen, aber beharrlichen Zweifel im Kopf. Was, wenn die Geräte nicht so gut waren, wie wir dachten?

Kurze Zeit später traten wir in die Sonne Münchens und riefen unsere Familien an, um direkt allen zu erzählen, dass es ein kerngesundes Mädchen sei. Wenigstens dieser Moment war so, wie man ihn sich vorstellen wollte: Ein Mann und eine Frau riefen ihre Familien nach dem Arztbesuch an, um ihnen das Geschlecht des Kindes mitzuteilen. Für ein paar Minuten war die Welt in Ordnung. Aber der Gedanke, dass etwas nicht stimmen könnte, schwirrte wie ein kleines Glühwürmchen durch meinen Kopf. Es machte keinen Lärm, es verhielt sich ruhig, aber es war dennoch nicht zu übersehen. Vor allem nachts, sobald alles um mich herum so still und dunkel war.

So sehr die Angst auch an mir nagte, so groß war sie aber auch als Hilfe, nicht wieder in alte Muster zu verfallen. Während meiner gesamten Schwangerschaft war die Bulimie nicht mehr meine Freundin. Sie war anwesend wie ein Stalker, der nicht einsehen wollte, dass man ihn nicht sehen wollte. Jeden Tag klopfte sie an die Tür und ich machte nicht auf. Und mit jedem Tag, der so verging, waren meine alten ungesunden Rituale weiter weg. So weit weg, dass ich dachte, sie würden mich nie mehr einholen.

Plötzlich hatte ich eine neue Perspektive und eine Aufgabe. Wozu brauchte ich denn jetzt noch meine Sicherheitszone, wenn ich eine Familie haben würde? Die Beziehung zwischen meinem Freund und mir war zwar schwierig, aber er war mir das wert. Und ich liebte ihn sehr, ehrlich und aufrichtig. Am wichtigsten aber war, dass ich an ihn glaubte. Entgegen der Meinung meines Umfelds und entgegen seiner Vergangenheit war ich mir sicher, er würde ein sehr guter Vater und Ehemann sein. Lieben heißt eben manchmal auch hoffen.

Am 11. Mai 2012 kam unser Sohn in München zur Welt. Entgegen der Prognosen also ein kleiner Mann. Er kam ganze sechs Wochen zu früh, weil ich mir eine üble Grippe mit Fieber eingefangen hatte und verfrüht Wehen bekam. Kurzzeitig dachte man sogar, dass ich mir in meinem vorhergegangenen Thailandurlaub Malaria eingefangen hätte. Sogar in Quarantäne musste ich. Leider kein Witz. Wie alles in meinem Leben war also auch die Geburt meines Sohnes ein wenig dramatisch, überraschend und holprig – aber letzten Endes gut. Er war das hübscheste kleine Bübchen, das ich je gesehen hatte. Und plötzlich war ich nicht mehr nur ich, sondern seine Mama. Das änderte alles.

Wenn mein Sohn so perfekt sein konnte, dann war ich vielleicht auch nicht so kaputt, wie ich dachte.

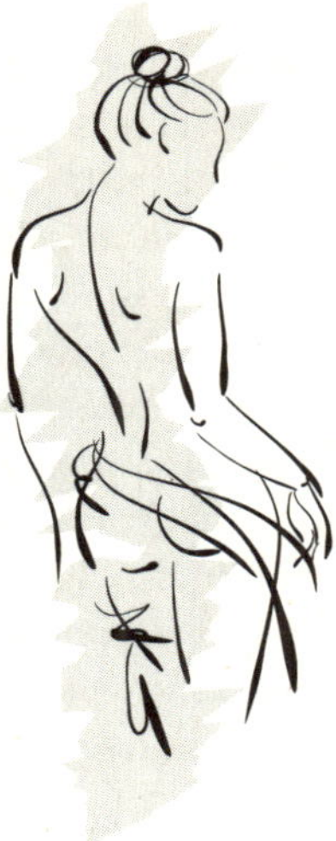

SEHNSUCHT

Manchmal gibt es Situationen im Leben, die passieren einfach. Egal wie sehr du es zu verhindern versuchst. Das Leben passiert manchmal einfach. Auch im negativen Sinne. Und dann erwarten alle, dass wir stark sind und weitermachen. Dass wir keine Schwäche zeigen und würdevoll und stolz handeln. Alles andere gilt als Versagen, man selbst als schwach und weich.

Ab und zu geht das aber eben nicht. Ab und zu brennt es.

Und bei mir brannte es schlimmer als je zuvor, kurz nachdem ich mit meinem Sohn in unser gemeinsames Zuhause zurückkam. Nur ein paar Tage, nachdem wir das Krankenhaus verlassen durften, packte sein Vater seine Koffer und ging. Das ging so unglaublich schnell, dass ich heute noch Mühe habe, es zu verstehen, aber er reiste eben schon immer mit leichtem Gepäck.

Ich werde nie in meinem Leben den ersten Morgen vergessen, an dem ich aufwachte und alleine mit meinem Sohn in unserer Wohnung war. Ich setzte mich an den Küchentisch und starrte sehr lange aus dem Fenster. Ich saß auf seinem Platz. Es müssen ungefähr drei Stunden gewesen sein, die ich dort schweigend und allein verbrachte, denn Louis schlief genau diese Zeit zwischen zwei Fläschchen.

Der vertraute Blick aus unserer Wohnung hatte sich für eine Sekunde so angefühlt, als hätte sich nichts verändert. Aber eben nur für eine Sekunde. Ich wartete die ganze Zeit darauf, dass ich panisch anfangen würde zu weinen, aber es tat sich nichts. Ich konnte nicht weinen und nicht reden. Auch mein Kopf, der sonst immer alles so schnell analysieren und lösen wollte, schien nicht zu funktionieren. Er hing wie eine kaputte Festplatte und kam nicht über die simple Frage hinaus, ob das letzte Nacht nun wirklich passiert war. Ob der Vater meines Sohnes wirklich weg war. Dieser Mix aus dumpfen Gefühlen und einer fast körperlichen Lähmung verwirrte mich. Klar war jedoch, dass ich überhaupt nicht darauf vorbereitet gewesen war, dass ich mit meinem Kind alleine dasitzen könnte – auch wenn mich viele darauf aufmerksam gemacht hatten. Ich hatte unsere Beziehung, trotz all ihrer komplexen Schwierigkeit, stets verteidigt. Was bleibt einem auch übrig, wenn man den anderen eben so sehr liebt, dass allein der Gedanke, er wäre nicht mehr da, jede Vernunft zum Teufel jagt? Man argumentiert dagegen. Gegen die eigenen Freunde, die Familie und vor allem gegen die Vernunft. Wie ein Mörder, der das bereits gegebene Geständnis zu widerrufen versucht. Eher schwierig.

Die folgenden Tage liefen einfach weiter. Es schien, als hätte ich jedes Zeitgefühl verloren. Der Tag bestand aus dem Füttern meines kleinen »Affis« und Spaziergängen. Wenn ich nicht grade gleichzeitig mit ihm Schlaf nachholte, saß ich wieder schweigend am Küchentisch. Ich wurde diesen Schockzustand tagelang nicht los, dabei wollte ich so gern klar denken können. Eine Lösung finden. Irgendwie erkennen, was richtig oder falsch ist, und alles wiedergutmachen. In meinem Kopf spulte sich jedoch eine ermüdende Endlosschleife ab: »Das darf so nicht passieren. Es sollte doch jetzt die schönste Zeit unseres Lebens sein. Wie lieben uns doch. Wir haben jetzt ein Kind!« Aber keine Erkenntnis. Keine Lösung. Nicht mal eine Meinung. Nur unglaubliche Angst und das übermächtige Gefühl des Verlassenseins. Vielleicht hatte ich es nicht besser verdient. Vielleicht habe ich nicht schnell genug erkannt, war nicht alt genug, nicht schön genug, nicht abgestumpft genug ... Ich weiß es nicht.

Die Zeit verging, und die mir so verhasste Lähmung löste sich allmählich, woraufhin ich sie mir sofort zurückwünschte. Als die emotionale Schockstarre nämlich verschwand, sah ich es quasi schwarz auf weiß, ganz groß über meinem Leben geschrieben: Meine kleine Familie war kaputt. Kaputt, bevor wir auch nur ein einziges Mal stolz mit unserem Sohn über den Viktualienmarkt haben laufen können. Alles, wovon wir geträumt hatten, war zerstört. Und wenn ich meinen kleinen Sohn ansah, konnte ich die Schuldgefühle kaum aushalten. Er war noch so winzig, gerade erst auf der Welt angekommen, und die heile Familie, die ich unbedingt für ihn gewollt hatte, war schon Geschichte. Wusste er das? Konnte er das spüren? Ich glaube schon.

Die nächsten sechs Wochen waren fürchterlich. Allein der Rhythmus meines Sohnes und die Tatsache, dass ich uns fest versprochen hatte, zweimal täglich spazieren zu gehen, gliederten meinen Tag. Meinen Platz hatte ich nun gewechselt. Ich konnte nicht mehr an »seinem« Platz am Küchentisch sitzen. Ich saß von nun an auf dem Boden vor der großen Fensterfront unserer Wohnung, die mittlerweile ja nur noch die von Louis und mir war. Da saß ich nun also und weinte. Wochenlang. Tatsächlich wochenlang. Ich gab ein erbärmliches Bild ab.

Und nein, da war kein Licht am Ende des Tunnels. Es war keines zu sehen, denn was hier lief, war so offensichtlich falsch und fatal, dass ich nicht aufhören konnte, dagegen zu rebellieren. Innerlich und auch überhaupt lief ich aber gegen Wände. Eine Kette, die er mir mal geschenkt hatte, trug ich Tag und Nacht. Den Anhänger daran, eine Feder, umklammerte ich stundenlang und wünschte mir wie ein kleines verzweifeltes Kind, es geschähe ein Wunder und er stände vor der Tür. Das passierte nie. Keinen Tag. Bis heute.

Aber ich klammerte mich an die Feder. Und an die Illusion von dem, was wir mal waren.

Und wie es mit der Verzweiflung so ist, trübt sie unsere Sicht. Draußen strahlte der Sommer, in unserer Wohnung war es der tiefste dunkle Winter, den man sich nur vorstellen konnte. Alles überzogen von einem Gefühl enormer Ohnmacht. Unfähig, sich mit der Tatsache abzufinden. Nie im Leben hätte ich eine starke Hand in meiner mehr gebraucht als nach der Geburt meines Kindes. Bisher war ich immer irgendwie alleine klargekommen und schlug mich als Einzelkämpferin durch, aber als ich schwanger wurde, wollte ich nicht mehr so sein. Schließlich waren wir doch jetzt eine Familie. Wahrscheinlich war es naiv von mir, so zu denken und wirklich zu glauben, es würde schon alles gut werden. Bei nachträglicher Betrachtung dachte das wohl keiner außer mir. Aber ich liebte den Vater meines Kindes wirklich über alles, und so kam der Gedanke, dass wir es nicht schaffen würden, für mich nie ernsthaft infrage. Das Herz ist ein tückisches Genie, es lässt uns oft nur sehen, was wir sehen wollen.

Wir waren doch wir. Nicht irgendwer für irgendwen. Wir waren doch diese besondere Sache im Leben. Das ließ ich nicht los. So wie die Feder an der Kette. Sie schien das Brennen etwas erträglicher zu machen.

Die Wochen vergingen, und noch immer verbrachte ich jeden Abend mit der Hoffnung, dass morgen der Tag sei, an dem alles wieder in Ordnung kommen würde. Irgendwie.

Aber es kam nicht wieder in Ordnung. Es wurde nur noch schlimmer. Die Fronten noch härter, der Ton immer rauer. Und irgendwann, als ich nachts wieder wach lag und an die Decke starrte, sprang ich plötzlich auf und rannte in unser Wohnzimmer. Ich starrte die wenigen Möbel an, die mein Exfreund damals beim Einzug mitgebracht hatte. Ohne groß darüber nachzudenken, fing ich an, alle Bilder, jede Erinnerung und schließlich selbst seine Möbel in das Gästezimmer zu räumen. Ich kann mir nicht erklären, woher ich die Kraft dafür nahm, denn ich schob massive Sideboards, Schränke und Tische durch die gesamte Wohnung. Dann warf ich eine große weiße Decke über alles. Anschließend verrückte ich meine restlichen Möbel. Am wichtigsten war der Esstisch.

Ich dekorierte um, stellte um und änderte alles, was sich ändern ließ. Es durfte sich nicht mehr so sehr nach »uns« anfühlen. Nach ein paar Stunden des Wütens durch die Wohnung sah sie völlig anders aus als zuvor. Ich schob das kleine Bettchen meines Sohnes ganz nah an meines und schlief total erschöpft ein.

Als ich wieder aufwachte, war völlig klar: Ich musste raus aus unserer Wohnung. Neu anfangen. Er wohnte nun woanders und hatte alles zurückgelassen. Aber ich saß jeden Tag in unserer gemeinsamen Wohnung, in der ich keinen Platz ansehen konnte, ohne an unsere gemeinsame Zeit dort zu denken. Alles Tolle und auch alles Schlechte. Mein Gott, ich vermisste ihn so sehr, dass es wehtat. Es brannte. Es verletzte und vernarbte. Jeder Zentimeter dieser Wohnung erinnerte mich an die besondere Art, wie wir einander umarmten. Niemand außer uns wird diese Art je kennen können.

Von einem enormen Fluchtreflex ergriffen, suchte ich sofort nach einer neuen Wohnung. Zuerst sogar in einer anderen Stadt. Schließlich wurde es dann doch eine mitten in Schwabing. An einem der belebtesten Plätze Münchens. Das ist eigentlich überhaupt nicht mein Stil. Hier wollte ich nie hin, hier waren mir zu viele Menschen.

Aber weil ich mich innerlich fühlte, als würde mein eigenes Leben nicht mehr weitergehen, sondern nur auf einem grauenhaften Standbild hängen bleiben, wollte ich mitten im Leben der anderen wohnen. Seit jeher drängte es mich eigentlich aus Gewohnheit bei Schmerz in die Isolation. Und vor allem drängte es mich normalerweise in mein sicheres Versteck, in dem es nur mich und Essen und Schlaf gab. Aber das würde ich nun bewusst nicht tun. Ein Baby und eine Trennung sind schon ermüdend genug. Ich konnte jetzt nicht zurück in die alten Muster. Wer hätte denn sonst unser Leben meistern sollen?

Das war nun das erste Mal in meinem Leben, ausgenommen der Schwangerschaft, dass ich ganz bewusst gegen mein eigenes Muster ankämpfte.

Denn wohin hatten mich meine festen und eingefahrenen Verhaltensmuster denn gebracht? An den verzweifeltsten Punkt meines Lebens. Also auch wenn da noch kein Licht am Ende des Tunnels zu sehen war, weitergehen musste ich ja doch, um das zu ändern.

Also zog ich um. So schnell wie nur möglich.

Das Verlassen unserer Wohnung besiegelte natürlich nochmals, was ich doch eh schon wusste. Er war weg und ich quasi über Nacht alleinerziehend geworden. Das hätte ich nie für möglich gehalten. Wie zu erwarten, ging es mir also wieder ein paar Tage richtig schlecht. Heulend richtete ich die neue Wohnung ein und stellte das, was von meinem Leben übrig war, irgendwo unmotiviert auf.

Nur Louis' Kinderzimmer gestaltete ich voller Elan. Ein Traum in Hellblau.

Bald stand alles an seinem Platz, aber wie ein Zuhause fühlte es sich dennoch nicht an. Es war nur eine fremde Wohnung mit meinen Sachen darin.

Die Zeit verging langsam. Sehr langsam. Sie schien so unendlich lang wie das Warten auf seine SMS, die nie kommen würde. Aber das tägliche Geheule war fast unbemerkt verschwunden. Das war doch ein Anfang. Es gab zwar immer wieder Rückschläge, Momente, in denen er mir so sehr fehlte, dass ich dachte, zerspringen zu müssen. Aber davor brauchte ich mich nicht zu fürchten, denn zersprungen und in Scherben war ich schon seit dem ersten Morgen ohne ihn. Gleichzeitig war ich aber auch so voller Angst und Wut, dass ich nicht wusste wohin damit. Diese Kombination bescherte dem guten Mann wohl einige SMS, die ihren Tenor innerhalb eines Tages drei Mal ändern konnten. Peinlich und schwach. Aber wahr und menschlich.

Die Lage der neuen Wohnung gefiel mir langsam. Hier war in der Tat immer was los.

Die Taktik, mich bewusst aus meinen alten, verkrampften Verhaltensweisen zu lösen, hatte wohl geklappt und es machte mich neugierig auf mehr. Ich raffte mich auf.

Einsteins Definition von Wahnsinn ist, immer wieder das Gleiche zu tun und ein anderes Ergebnis zu erwarten!

Das schrieb ich groß an meinen Kühlschrank und legte los. Ich lernte neue Leute kennen, besuchte neue Läden, sah mir all die Museen an, die ich nie sehen wollte. Ich war plötzlich fast nur noch draußen und umgeben von vielen, neuen, wunderbaren Menschen und Nachbarn, aber auch von meinen vertrauten Freunden. Skeptisch, aber entschlossen packte ich auch Dinge an, die ich vorher nie versuchen wollte, wie Yoga.

Nebenbei las ich geschätzte 48.502 Biografien inspirierender Menschen.

Ich veränderte mich. Hauptsächlich natürlich, weil ich durch meine neue Rolle als Mutter plötzlich gezwungen war, neue Wege des Durchstehens zu finden. Weglaufen ging nicht mehr. Bulimie ging nicht mehr. Und stehen bleiben durfte ich an diesem dunklen Ort auch nicht. Nicht mit meinem Kind.

Also lief es am Ende des Tages auf eine simple Erkenntnis heraus: Da muss man jetzt durch.

Man muss jeden Schmerz überwunden haben, jeden bohrenden Gedanken an den anderen einmal zugelassen haben, stundenlang darüber reden und noch mehr Stunden weinen – wenn es denn das ist, wonach einem gerade ist. Denn Verdrängen und sich selbst Stärke vorspielen, das bringt nichts. Und es macht einen kalt, krank und stumpf. Und schwach.

Und ganz langsam und still brannte dieses Thema nun aus. Mir gingen die Worte und die Tränen einfach aus.

Da war es. Ganz vage zwar und gewiss noch kaum zu erkennen, aber es war da: Das Licht am Ende des Tunnels.

An einem Freitagabend saß ich ohne meinen Sohn in meiner Wohnung. Zum ersten Mal war er über Nacht bei meiner Oma und ein Gefühl von »zu viel Luft« machte sich breit. Die Wohnung fühlte sich leer an, aber ich war voller Gedanken. Ich setzte mich mit Papier und Stift an den Küchentisch und versuchte, meine Gedanken einzufangen. Die letzten Monate hatten sich plötzlich zu ein paar klaren Zeilen reduziert. Mit Bleistift schrieb ich:

Es war uns eben passiert. Ich zersprang in tausend Stücke, wie eine Vase.

Danach krabbelte ich am Boden herum und suchte sie mühsam und lange wieder zusammen. Ich saß lange mit den Stücken meiner selbst da und starrte diese an.

Bis es mir reichte. Und nach einem kleinen Verschnaufen, klebte ich die Stücke wieder zusammen.

Mit dem, was ich eben gerade noch hatte, setzte ich sie zusammen

Kleine und ein paar große Splitter fehlten, aber ich war wieder zusammengesetzt.

Nur denen, die genau hinschauen, fallen die Risse und kleinen Löcher auf.

Ich war geflickt und hatte meine Form zurück. Aber das Gleiche war ich nicht mehr.

Nun war ich eine Antiquität. Ein vom Feuer gezeichnetes Designerstück.

Ich war eine geflickte Vase. Zwar fand ich solche Dinge eh viel faszinierender als die glänzende, vollkommene, aber schlichte Vase aus dem Kaufhaus nebenan, aber ich fühlte die harte Wahrheit. In einer weiteren Kategorie meines Lebens war ich nicht gut genug gewesen. Nur diesmal versagte ich für zwei. Und mein Sohn hätte Besseres verdient gehabt. Ich war an diesem Abend weder besonders frustriert noch übermäßig traurig. In den Monaten zuvor hatte ich so viel geweint, dass keine Traurigkeit mehr übrig war, bloß noch Leere. Viel Leere, und dieser Raum erschreckte mich.

Als ich so am Tisch saß, mein Blatt voller Erkenntnis vor mir, ließ ich die Fäuste runter. Meine Deckung sinken. Denn ich war es leid, zu kämpfen und zu rennen. Und da klopfte sie an die Tür, die alte Bekannte. Wann immer da zu viel Raum und zu wenig Liebe war, war sie da. Die Bulimie. Etliche Monate hatten wir uns nicht mehr gesehen, aber sie war am Schluss dann doch die Einzige, auf die ich mich verlassen konnte. Er war gegangen und sie kam zurück.

AUSZEIT

Schon mein ganzes Leben lang habe ich alles und jeden ständig hinterfragt. Nichts nehme ich als gegeben. Das hört sich jetzt erst mal spannend an, war aber meistens ein Problem. In der Schule zum Beispiel machte ich nie Hausaufgaben und lernte für keinen Test. Einfach, weil ich innerlich keinen wirklichen Nutzen für den Lehrstoff sah. Das resultierte in schlechten Noten, die ich jedoch meistens mit wirklich großartigen Referaten ausgleichen konnte. Der Schlüssel war dabei, dass die Referate über ein Thema meiner Wahl waren. Wenn es um Dinge ging, die mich interessierten und forderten, konnte ich tagelang recherchieren und mich regelrecht besessen mit etwas befassen, bis ich alles darüber wusste.

Dieses angeborene Hinterfragen von scheinbaren Tatsachen führte aber auch dazu, dass ich mir nie einen Traum ausreden ließ und den konventionellen Weg nicht einmal finden würde, wenn man ihn mit Flutlicht und Neonfarbe hervorheben würde. Man nennt das häufig gerne »außerhalb der Box denken«. Ein schönes Bild und sicher auch ein lobenswertes Ziel, aber was, wenn die Box nicht nur Fluch, sondern auch großer Segen ist? Diese Box steht sinnbildlich für sämtliche religiösen, gesellschaftlichen und moralischen Regeln, die uns beeinflussen. Jedermanns Box ist ein bisschen anders. Sie entsteht im Laufe unseres Lebens und ist gebaut aus unterbewusst und bewusst geglaubten Regeln und Tatsachen. Nun, das ist an sich doch gar nicht mal schlecht. Die Box hat einen sicheren Boden, damit wir nicht ins Leere fallen. Und Wände, die uns stützen und leiten. Mein Leben außerhalb meiner Box und innerhalb meiner Krankheit hatte nichts davon. Die Grenzen und Werte waren verschwunden, und es gab keinen Boden, der mich hätte auffangen können. Dachte ich zumindest. Bis der Tag kam, an dem ich auf dem Boden am Ende der 22 Treppen aufschlug.

Es war ein Tag unter der Woche, Louis und ich wohnten mittlerweile in Los Angeles und hatten uns ein gemütliches Nest nur für uns zwei geschaffen. Welcher Tag es war, kann ich nicht mehr sagen, denn sie sahen ohnehin immer gleich aus. Louis und ich standen auf, putzten zusammen Zähne und machten Frühstück. Frühstück hieß für ihn Tee und zuckerfreie Cornflakes, die wie Pappe schmeckten, dazu ein geschnittener Apfel. Für mich Kaffee mit fettfreier Milch. In meinem Kopf deklariert als Flüssigkeit, Koffein gegen die ständige Müdigkeit und 45 Kalorien in Form von Milch. Dazu eine Schmerztablette mit blutverdünnendem Effekt gegen die ständigen Zahnschmerzen und die Angst vor einem Schlaganfall. Ich hatte auf einer Internetseite für Bulimiker gelesen, dass durch den Druck, der beim Übergeben im Kopf auftritt, ein Gefäß platzen könnte. Und wenn du davon nicht draufgehst, dann, weil dein Herzmuskel einfach aufgibt. Die Blutverdünner waren also morgendliche Routine zur Beruhigung.

Wir machen jeden Morgen alles gleich, Louis und ich. Während meiner Schwangerschaft hatte ich unzählige Bücher über Kindererziehung, Kleinkinder und Kinderpsychologie gelesen. Und alle hoben hervor, wie wichtig feste Abläufe und Regeln für Kinder seien. Das leuchtete mir ein und erschien logisch, denn das waren die Wände seiner Box. Und ich war der Boden seiner Box. In meiner Vorstellung hat Louis' Box bunte Wände in seinen Lieblingsfarben. Der Boden ist fest und unbiegbar, aber bedeckt mit einem ganz flauschigen hellblauen Teppich. Die Temperatur ist stets warm genug, um nur in einer Windel rumzutollen.

Diese Box zu erhalten war meine tägliche Verantwortung und größtes Ziel. Diese Aufgabe hielt mich am Laufen. So lange, bis ich ihn morgens um neun Uhr dann an der Tür der Vorschule abgeben musste. Ehrlich gesagt, hätte ich ihn am liebsten zu Hause behalten, aber die Vorschule war natürlich wichtig für ihn und seine Entwicklung. Die anderen Kinder, die vielen Eindrücke, das Leben eben. Sobald er aber weg war, fühlte ich mich, als hätte man mir eine Krücke weggenommen. Innerlich humpelnd schlich ich täglich nach Hause und zählte die Stunden bis 15 Uhr, wenn ich ihn wieder abholen konnte.

Jetzt begann mein Tagesablauf ohne ihn. Auch der war immer gleich. Ich zog mir einen Kapuzenpulli über, fuhr zum Supermarkt um die Ecke und kaufte Essen. Billiges Zeug wie Weißbrot und Butter. Alles, woran man lange kaute. Der Geschmack war nicht so wichtig, denn während des Essens spürte ich eh nichts. Es ging nur um den Prozess und die Beschäftigung. Also kaufte ich immer das Billigste von allem. Wen interessierte es schon, es landete ja sowieso unverdaut im Klo. Mit drei Stangen Baguette, zwei Packungen Butter und zwei Tafeln Schokolade machte ich mich auf den Heimweg.

Sobald ich die Tür hinter mir verschlossen hatte, folgte ich einem festen Ablauf. Handy auf stumm schalten, Brot zum Aufwärmen in den Ofen, Fernseher einschalten, Butterblöcke auspacken und auf einem großen Holzbrettchen aufreihen. Dann zwei große Gläser mit Wasser auf den Couchtisch stellen, damit ich zwischendurch bloß nicht vergesse, genug zu trinken. Sonst verklumpt das Brot im

Magen und du hast große Probleme, es hochzuwürgen. Konsistenz ist ohnehin das Wichtigste bei diesem Spiel. Und die Mischung. Der Magen sortiert Nahrung nach Zuckergehalt und Konsistenz. Wenn man also Süßes oder Saures nach dem ganzen Brot und Wasser isst, dann geht das runter ans Ende des Magens. Das hat zwei Vorteile: Erstens, es mischt alles gut durch und die Klumpen sind nur minimal. Zweitens, du weißt, dass alles wieder raus ist, wenn du Schokolade in der Toilette siehst. Quasi ein Markierungs-Essen.

In letzter Zeit traute ich aber dieser Strategie nicht mehr ganz und hatte immer ein zusätzliches Glas neben der Toilette stehen. Wenn ich mich übergeben hatte, füllte ich es mit kaltem Wasser aus dem Waschbecken und trank es in einem Zug aus. Dann übergab ich mich wieder. Das wiederholte ich so oft, bis das Wasser klar wieder rauskam. Alltag.

Wenn ich damit fertig war, war es meist gegen zwölf Uhr mittags. Allerdings fühlte es sich an wie abends, so ermattet und zittrig war ich. Aber wer konnte das meinem Körper auch verübeln? Das störte mich nicht so sehr wie die Müdigkeit. Immer war ich müde. Mittags war eine gute Zeit für den zweiten Kaffee des Tages. Still saß ich auf der Couch und schaute die Nachrichten. Ich schaute auf meine Hände, die leicht zitterten. Ich musste hinschauen, denn ich verlor oft das Gefühl in Händen und Füßen. Laut Google ein Zeichen von Diabetes. Aber wer weiß das schon wirklich. Mein Herz klopfte schwer. Das tat es immer in der ersten halben Stunde, nachdem ich aus dem Bad zurückgekommen war. Mein Blutdruck fühlte sich niedrig an, also legte ich mich auf den Boden und die Füße hoch auf die Couch. Das half eigentlich jedes Mal. So auch an diesem Tag. Der Abspann der Nachrichten signalisierte mir, es war 12:30 Uhr. Zeit also, um vom Boden aufzustehen, denn ich wollte diesen wischen und alle Wäsche gewaschen haben, bevor Louis heimkam. Langsam quälte ich mich hoch. Das Gefühl ähnelt dem, betrunken zu sein. Halb so wild, das war jeden Tag so. Ich wankte in die Küche und mischte ein Getränk aus Wasser und Vitaminpulver an. Mit dem Gebräu schluckte ich eine Hand voll Vitaminpillen und Elektrolyttabletten. Der Zucker in der Mixtur half gegen den Schwindel und ich fühlte mich langsam besser. Ich kannte diesen Ablauf wie meine Westentasche und machte mir keine Sorgen. Jeder normale Mensch, der sich wegen eines verstimmten Magens oder einer Infektion übergeben musste, fühlte sich schließlich genauso. Das war normal.

Entschlossen begann ich im Schlafzimmer die Wäsche nach Farben zu sortieren. Entschlossen, aber doch vorsichtshalber auf dem Boden sitzend. Ich war immer wieder erstaunt, wie viel Wäsche ein Zweijähriger in nur drei Tagen verursachen konnte. Eine große Tüte voll bunter und eine kleine Tüte voller weißer Wäsche waren bereit, der Hausfrau in mir zu erliegen. Ich suchte Kleingeld und Waschmittel zusammen und trottete die Treppen runter zum Waschraum. Beide Hände voller Wäsche. Nachdem ich die Maschine beladen und angeworfen hatte, kehrte der Schwindel zurück. Es war ein extrem warmer Tag und mein Kreislauf hatte wohl Mühe, mitzuhalten. Das war kein Grund für Panik, sondern nur natürlich. Heute sollte ich wohl mal eine zweite Ration Vitaminpulver einplanen. Ich stützte mich kurz auf die Waschmaschine und bemerkte, dass ich schwitzte. Das war neu. Mit etwas wackligen Schritten schlich ich zurück Richtung meiner Wohnung. Ich griff nach dem Handlauf, als ich die Treppe hinauflief. Gott, mein Herz schlug mir bis zum Hals und mein Sehvermögen war durch das berühmte Schwarz vor Augen stark eingeschränkt. Genervt machte ich auf halber Strecke kurz Pause und atmete tief. Beunruhigt war ich nicht, denn ich wusste, sobald ich meine Füße hochlagere, käme wieder genug Blut in meinen Kopf und alles war gut. Ich musste also nur zu meiner Couch kommen. Und zwar jetzt. Entschlossen stapfte ich weiter, mit meiner Hand am Lauf. Und als ich schon meine Wohnungstür sehen konnte, spürte ich, wie meine Hand den Griff verlor. Und ich erinnere mich noch an ein gedankliches »Was ist denn jetzt los?«, bevor es mir radikal und komplett sämtliche Lichter ausschaltete.

Und dann wachte ich auf. Für eine Sekunde fühlte es sich an, als hätte ich geschlafen. Aber noch bevor ich meine Augen öffnen konnte, spürte ich einen stechenden Schmerz in meinem Rücken. Ich erschrak, riss die Augen auf und atmete tief ein. Ein Fehler. Das Einatmen verstärkte den Schmerz sofort. Das führte zu noch mehr Panik und das wiederum zu noch schnellerer Atmung. Ich versuchte schnell, aber flach zu atmen, schaute mich um. Ich lag in meinem Hausgang, auf dem Boden. Neben mir die Fußmatte meiner Nachbarn. Direkt neben meinem Gesicht Hundehaare ihres Boxermischlings. Der stechende Schmerz im Rücken ließ mir kaum Ruhe, nachzudenken. Aber ich erinnerte mich an das Erste-HilfeTraining, das ich vor meinem Motorradführerschein absolvieren musste. Da sagte man mir, dass Personen mit Verletzungen des Rückgrats keinesfalls bewegt und der Helm nicht abgezogen werden dürfte. Oh Gott, war ich etwa gelähmt? Ich bewegte vorsichtig Hände und Füße und glaubte, alles wäre okay. War aber schwer zu sagen, denn das übliche Taubheitsgefühl kehrte nicht nur schnell zurück, es war zudem stärker denn je. Sollte ich einfach aufstehen und mich auf die Couch legen? Oder war das hier jetzt ernst? Einen Notarzt zu rufen erschien mir allerdings übertrieben und zu dramatisch. Außerdem geben die einem ständig Spritzen ohne Grund und ich habe extrem Angst vor Nadeln. Ich hatte zwei Nachbarn in meinem Gebäude und vielleicht war ja einer zu Hause. »Hello?«, rief ich mehrfach, aber ich blieb ungehört. Erstens, weil ich nicht wirklich tief Luft holen konnte und mein Rufen daher eher mickerig ausfiel, und zweitens, weil es eben ein Nachmittag unter der Woche war und normale, gute Menschen zu dieser Zeit arbeiteten. Langsam fing ich an zu frieren. Sofort schoss mir eine Szene aus einem Actionfilm in den Kopf, den ich kürzlich gesehen hatte. Da sagte ein Sterbender immer wieder »Mir ist so kalt«. Und man sprach ja auch immer wieder von der »kalten Hand des Todes« und so. War ich am Sterben? War ich deswegen so emotionslos? Vielleicht war ein Arzt jetzt doch nicht so übertrieben.

Unerklärlich ruhig und ohne meinen Kopf oder die Wirbelsäule zu bewegen, tastete ich nach meinem iPhone in der hinteren Tasche meiner Jeans. Es war zum Glück nicht herausgefallen. Ich führte es vor mein Gesicht und wählte mit tauben Fingern 911. Am Ende der Leitung erklang sofort eine freundliche Stimme, die mich fragte, was mein Notfall wäre. Und erst während ich sprach, wurde mir klar, wie schwer mir das Sprechen fiel. Als hätte ich nicht genug Luft für die Wörter. Es war seltsam. »Ich bin die Treppe runtergefallen, war kurz weg vom Fenster und liege jetzt am Boden. Ich habe stechende Schmerzen beim Atmen«, hauchte ich in den Hörer. Meine Hand fühlte sich unendlich schwer an. Das Handy wog plötzlich mehrere Kilo. Glücklicherweise war die Frau auch nicht zum Quatschen aufgelegt und beschränkte sich auf das Wesentliche: »Bleiben Sie ganz ruhig liegen, atmen Sie bewusst und langsam. Wie ist Ihr Name und Ihre Adresse?« Angestrengt antwortete ich, und sobald sie meine Adresse wiederholt und bestätigt hatte, ließ ich das Telefon erleichtert auf den Boden neben mein Ohr fallen. Es war einfach zu schwer. Ich fror und mir war schlecht. Aber vor allem hatte mich eine extreme Müdigkeit ergriffen. Aus dem Telefon neben meinem Ohr hörte ich leise »Frau Schätzchen, wollen Sie, dass ich an der Leitung bleibe, bis die Rettungskräfte eintreffen?« Rettungskräfte. Das ist jetzt aber schon gut übertrieben, dachte ich bei mir. Und dann machte ich kurz die Augen zu. Nur, um meine Augen kurz auszuruhen. Das Ausruhen meiner Augen muss entweder sehr lang gedauert haben oder die Einsatzzentrale der Sanitäter war im Nachbarhaus. Jedenfalls schaute mir plötzlich ein Mann mittleren Alters direkt in meine Augen und wiederholte immer wieder: »Frau Schätzchen? Hören Sie mich?« Ich empfand seine Nähe als aufdringlich und hob die Hand vor mein Gesicht. »Ja, ja, ich höre alles. Mir gehts gut«, brabbelte ich. Diese Schwere und Müdigkeit meines Körpers machten das Reden anstrengend. Ein zweiter Mann tastete meine Gliedmaßen ab und fragte mich, ob ich alles spüren würde. Ich nickte, doch er verbot mir zu nicken, sondern forderte mich auf, lieber zu sprechen. Um der Situation ein bisschen die Spannung zu nehmen, baute ich einen kleinen Gag ein. »Tasten Sie ruhig weiter. Ich spüre alles und bin okay, aber schon verdammt lange Single.« Zumindest der Abtaster lachte ein wenig. Der andere reagierte nicht. Schwieriges Publikum, diese Rettungsleute. Wie aus dem Nichts kam der ältere Mann zurück, beugte sich knapp über mein Gesicht und sagte laut und langsam: »Frau Schätzchen, ich lege Ihnen jetzt eine Halskrause an und dann bringen wir Sie in die Notaufnahme.« Kurz dachte ich darüber nach, meinen Nachnamen zu korrigieren, aber ich ließ es bleiben. »Ich glaube, ich brauche nur ein wenig Ruhe auf der Couch. Wenn Sie mich einfach in die Wohnung legen, passt das schon. Ich muss meinen Sohn um drei aus der Vorschule holen«, erklärte ich. Unbeeindruckt schüttelte er den Kopf und widersprach durchaus plausibel: »Ihre Vitalfunktionen machen mir ein wenig Sorgen. Wir brauchen mehr Geräte, um zu sehen, was passiert ist. Das geht auch ganz schnell.« Ich nickte. Aber nicht, weil mir irgendwas einleuchtete, sondern weil mir klar wurde, dass ich keine Ahnung hatte, wann er denn meine Vitalfunktionen überprüft hatte. Mich beschlich der Verdacht, dass ich vielleicht doch nicht so ganz Herr der Lage war. Die beiden Männer schoben eine Art große Plastikplatte unter meinen Körper und mich von da dann auf eine Trage. Wir fuhren los und ich hatte noch immer keine Meinung zu allem. Und auch keine Angst. Das Einzige, was ich wollte, war die Vorschule anrufen und Louis' Babysitterin Emma. Wie viel Uhr war es überhaupt? Bisher hatte ich nicht gewusst, wie seekrank man in einem Krankenwagen werden konnte. Mir wurde noch übler und ich griff nach dem Arm eines der Sanitäter, stammelte: »Mir ist wirklich sehr schlecht. Ich muss mich hinsetzen.« Gerade als ich mich an seinem Arm hochziehen wollte, drückte er mich sofort zurück und sagte ernst: »Sie dürfen sich nicht bewegen, bis wir wissen, woher die Schmerzen im Rücken kommen.« Ich hatte gerade nicht das Lungenvolumen, um zu widersprechen. Und irgendwie war mir in dem Moment sowieso alles egal. Dann fiel mir auch ein, dass ich ja nichts gegessen hatte, was man noch erbrechen konnte. Neben mir tauchte wieder das Gesicht des Älteren auf und er erklärte mit angestrengt ruhiger Stimme: »Wir werden Ihnen jetzt eine Infusion legen. Damit stabilisieren wir Ihren Kreislauf und ich gebe Ihnen zusätzlich was gegen die Übelkeit.« Und was sagte ich dazu? Nichts. Jeder, der mich wirklich kennt, weiß, bei Nadeln hört der Spaß auf. Aber irgendwo zwischen der Müdigkeit in meinem Kopf, dem Stechen in meinem Rücken und der ohnehin tauben Hände und Arme gab ich einfach auf. Und ich spürte tatsächlich nicht mal den Einstich. Ich beschloss stattdessen, noch einmal meine Augen auszuruhen, bis wir ankamen. Ich glaube, kurz darauf schlief ich ein, was den Verdacht nahelegte, dass die Schmerzmittel mich auf einen mittelguten Drogentrip schickten. Alles, was die Stunden danach in der Notaufnahme passierte, weiß ich heute kaum noch. Ich erinnere mich an Tests und an viel Lärm, aber auch an eine generelle Ignoranz meinerseits. Eine wunderbare Schwester kam öfter mal an mein Bett und fragte, ob ich okay sei, und ich sagte ihr jedes Mal wieder, dass sie mein Handy benutzen sollte, um Emma anzurufen. Rückblickend muss sie das wohl auch getan haben, denn Emma holte Louis aus der Vorschule ab und nahm ihn mit zu sich nach Hause.

Ich lag in einem großen Zimmer und war lediglich durch einen Vorhang von der restlichen Notaufnahme und anderen Betten getrennt. Das würde mich normalerweise sehr nerven, aber dieses Mal war ich froh darüber. Ich ruhte die ganze Zeit meine Augen aus, war aber wach. Ich hörte alles, was sich so abspielte. Das war besser als jede Folge *Schwarzwaldklinik*.

Dann muss ich wohl doch kurz geschlafen haben, denn als ich aufwachte, blickte ich in ein neues Gesicht. Eine Ärztin. Sie stellte sich vor, aber ich vergaß den Namen sofort wieder. Ich war zu überrascht davon, meine Sinne plötzlich wiederzuhaben. Ich spürte Sorge, Unruhe und vor allem Schmerz im Rücken. Eigentlich überall am Körper. Es fühlte sich an wie ein Ganzkörper-Muskelkater. Sie redete und ich nickte. Ich tastete nach meinem Handy und konnte es nicht finden. Wie spät war es? Wo war Louis? Wer würde das alles hier bezahlen? Meine Gedanken wurden unterbrochen. »Frau Schätzchen, können wir zusammen über Ihre Testergebnisse sprechen?«, fragte Frau Doktor ernst. »Ja, natürlich. Entschuldigung«, antwortete ich brav und nickte.

Und dann legte sie los. Eine Aufzählung von allem, was in meinem Körper nicht stimmte, bräuchte ein eigenes Kapitel, und ehrlich gesagt schaltete ich auch zwischendurch mal ab, um nach meinem Telefon zu tasten. Aber die Worte »Zusammenfassend kann man sagen, Sie hatten großes Glück, dass Sie sich nur die Rippe angebrochen haben. Aber Ihr Herz macht das nicht mehr lange mit« hörte ich laut und deutlich. »Verstehen Sie das? Sie haben starke Herz-Rhythmus-Störungen und eine Entzündung der Magenschleimhaut. Das ist sehr ernst. Verstehen Sie das? Sie bringen sich auf Raten um. Warum wollen Sie das tun?«, fragte in eindringlichem Ton. Ich weiß nicht, ob ich verstand. Aber ich hörte sie. »Ja, okay. Was machen wir da jetzt? Kann ich nach Hause?«, fragte ich leise. Sie ging mit mir über eine ganze Liste von Medikamenten und stellte Rezepte aus. Da ich nur eine Auslandskrankenversicherung hatte und erst mal keine Leistungen sofort über eine Krankenkassenkarte abgerechnet werden konnten, wollte man mich anscheinend schnell wieder loswerden und erlaubte mir tatsächlich, heimzugehen, sobald die letzte Infusion durch war. Das Zittern war verschwunden und auch der Schwindel war weg. Ich saß auf meiner Liege und erspähte endlich mein Handy unter einer Serviette auf dem Tisch neben mir. Als ich auf das Display schaute, bekam ich einen ordentlichen Schreck – es war bereits neun Uhr abends. Wo war die Zeit nur geblieben? Keine Anrufe, sondern nur eine SMS auf dem Display. Emma. Sie versicherte mir, dass Louis viel Spaß hätte und sie ihn ohne Bezahlung so lange wie nötig bei sich behalten würde. Ich war erleichtert, aber alleine.

Eine Krankenschwester kam durch den weißen Vorhang in meine kleinen Sektion der Notaufnahme und entfernte ohne viele Worte meine Infusion. »Sind Sie bereit, das Krankenhaus zu verlassen?«, fragte sie, ohne mir auch nur einmal in die Augen zu sehen. »Ja, mir geht es gut. Ich geh dann mal«, gab ich leise zurück. Sie zog einen Rollstuhl heran, während ich meine Schuhe unter Schmerzen anzog. Ich lachte und sagte: »Also ich brauche wirklich keinen Rollstuhl. Mir gehts schon viel besser.«

Sie schaute mir zum ersten Mal direkt ins Gesicht, als sie erklärte: »Liebes, es ist egal, wie es Ihnen geht. Ich muss Sie mit dem Rollstuhl aus dem Gebäude bringen. Innerhalb des Gebäudes sind Sie rechtlich noch unter unserer Verantwortung. Da draußen sind Sie dann wieder ganz alleine für sich verantwortlich.«

Da war sie wieder, diese Box ohne Boden.

TAG 0

Es ist der 27. Januar 2014 und ich sitze vor meinem MacBook, mittlerweile ist es Nacht in Los Angeles. Vor mir leuchtet nur der Bildschirm und darauf die großen Worte »Bulimia Help Method«. Seit mindestens einer halben Stunde sitze ich nun hier und weine leise vor mich hin, weil ich einfach nicht »Sign up« drücken kann.

Warum nicht, ist schwer zu erklären. Aber lasst es mich doch nochmals deutlich wiederholen:

Meine Essstörung und ich sind beste Freunde. Sie ist für mich da, wenn ich nicht weiterweiß. Sie hilft mir, wenn ich zu viel fühle oder zu wenig. Vor allem aber nimmt sie mir die Einsamkeit. Die letzten zwölf Jahre haben wir miteinander geteilt. Ich musste nie lernen, als Erwachsene ohne sie zu existieren. Sie half mir so oft, wenn sonst niemand da war.

Und nun soll ich sie gehen lassen?

Bulimie ist die Hand, die mich auffängt und eines Tages umbringen wird. Das klang für mich nach einem fairen Deal. Bis ich schwanger wurde.

Heute bin ich eine Mutter. Ich verkleinerte das Fenster des Internetbrowsers und blickte in das strahlende Gesicht meines Sohnes – wie überall ist er auch hier Hintergrundbild und Screensaver. Bald würde er alt genug sein, um zu verstehen, was Mama da im Bad macht.

Dieser Gedanke hilft. Er ist meine einzige Motivation. Ich drücke also tatsächlich »Sign up«, und vor mir öffnet sich eine Seite, die mir gratuliert und mich zu einem Profilbogen führt. Aber ich fühle mich nicht nach Gratulation, sondern als hätte ich gerade meinen einzigen Freund von hinten erstochen.

Ich weine heftiger. Größtenteils aus Angst vor der kommenden Zeit, diesem Leben da draußen wirklich begegnen zu müssen. Bisher verbrachte ich jeden Tag Stunden mit meiner Essstörung. Ich und die Bulimie und Unmengen von immer gleichen Nahrungsmitteln. Verlässliche Komplizen.

Was soll ich mit dieser Zeit nun tun? Was, wenn ich all die Gedanken und Ängste, ja die blanke Panik, und all die Gefühle der letzten zwölf Jahre jetzt auf einmal fühlen muss? Meine beste Freundin gab mir immer einen Ausweg, nicht mehr fühlen, denken oder reden zu müssen.

Aber was, wenn das Leben sich nicht betrügen lässt? Was, wenn alles irgendwo, wie in einer billigen Kneipe, auf einem Bierdeckel festgehalten wurde und man nach all den Jahren die Zeche zahlen muss? Alles auf einmal.

Ich bekomme überwältigende Angst bei diesem Gedanken, denn ich glaube, so eine große Welle an Emotionen und gut versteckten Problemen würde mich einfach wegspülen und ich würde den Verstand verlieren. Dann sterbe ich doch lieber an der Essstörung.

Mir fallen auf Anhieb nicht viele Vorteile von hysterischem Weinen ein, aber einer ist sicher – dass es müde macht. Ich schließe das MacBook und rolle mich einfach zur Seite, um auf der Couch einzuschlafen. Ich nehme mir vor, morgen meinen Profilbogen auszufüllen. Es endlich anzugehen. Aber andererseits kann ich nicht mehr zählen, wie oft ich mich mit dem Leben schon auf »morgen« geeinigt habe und tief drin meist genau wusste, dass ich doch nur lüge.

TEIL 2

VERÄNDERUNG

Der Morgen danach – man erinnert sich für gewöhnlich an dieses erste Aufwachen im neuen Lebensabschnitt. Man erwacht zum Beispiel das erste Mal als Mann und Frau. Oder als Fußballweltmeister. Oder eben als offiziell essgestört. Es war jetzt quasi amtlich – am Abend zuvor hatte ich mich wirklich in einem Online-Hilfsprogramm eingeschrieben.

Mit meinem Kaffee saß ich am Esstisch und sah Louis beim Frühstück zu. Er lernte gerade erst, selbst seinen Brei zu löffeln, und ich hatte gelernt, ihn erst nach dem Frühstück für die Vorschule anzuziehen. Ja, wir beide entwickelten uns täglich gemeinsam weiter. Als der Brei dann gleichmäßig auf Tisch, Schlafanzug und Haare verteilt war, gingen wir ins Bad und die tägliche Grundreinigung begann. Während Lou mit dem Wasserhahn rumspielte, betrachtete ich mich im Spiegel. Ja, ich sah beschissen aus. Und das war diesmal nicht nur in meiner Vorstellung. Die Augenringe waren dunkelblau, die Haut blass und irgendwie fleckig, meine Backen und Speicheldrüsen stark geschwollen. Ich sah aus, als hätte ich Mumps und wäre damit trotzdem noch mal eben drei Tage feiern gewesen. Die Müdigkeit war wohl das Hässlichste an mir, denn sie hatte nicht nur meinen Körper sondern meinen Kopf erfasst. Sie ließ alles und jeden unfassbar anstrengend erscheinen. Bis auf Louis – er ließ mich automatisch funktionieren. Vielleicht mochte ich es deswegen nicht, wenn er mal nicht da war.

Wie immer war mein Sohn bester Laune. Er war die einzige bunte Blume in einem verrotteten Garten. Nur in seiner Windel lief er in sein Zimmer und setzte sich auf seinen Mini-Sessel, der neben dem Regal mit seinen Klamotten stand. Er war so ein schlauer Bub, er wusste schon immer ganz genau, was wir wann machen. Noch heute halte ich unser Leben sehr strukturiert, mit Ritualen, festen Abläufen und Gewohnheiten. Ob er oder ich diese Regeln dringender brauchen, ist schwer zu sagen, aber wir leben gerne so. Wie immer saß er auf seinem Stuhl und wir wählten das Outfit des Tages aus. Was auch immer ich aus dem Schrank ziehe, es ist in jedem Fall bequem und bunt. Entgegen vieler Erwartungen habe ich nie ein Modepüppchen aus meinem Sohn gemacht. Seine Klamotten sind niedlich, bequem und fröhlich, aber No-Name und günstig. Nie muss ich ihn anschnauzen, weil er ein Shirt mit Traubensaft endgültig ruiniert hat. Und nie ist er für mich ein Vorzeigeobjekt. Er soll gar nicht erst denken, dass er jemals schön für mich sein muss. Er soll nur fröhlich sein und auf eine Art und Weise existieren, die ihm guttut. Also fällt unsere Auswahl heute auf einen unserer liebsten Klassiker: eine dunkelblaue Jogginghose und das dazu passende quietschbunte »Spongebob-Schwammkopf«- Oberteil. Stolzer Setpreis: 9,95 im Schlussverkauf. Dazu dunkelblaue Turnschuhe.

Und so liefen wir dann also die sechs Häuser bis zur Vorschule die Straße runter. Der Fakt, dass ich seine Vorschule von meinem Küchenfenster aus sehen konnte, machte die Trennung jeden Morgen leichter für mich.

Keine fünf Minuten später saß ich dann mit dem Rest meines Kaffees wieder alleine am Küchentisch und das übliche Gefühl von Nutzlosigkeit war pünktlich zur Stelle. Heute aber nur, um mich daran zu erinnern, dass heute »der Morgen danach« war. Der erste Morgen als offizielle Bulimikerin. Ich war nun bei diesem Programm eingeschrieben. Mit echtem Namen und allem Drum und Dran. Ich hatte das Gefühl, dass mich mein zugeklappter Laptop vom anderen Ende des Raumes regelrecht anstarrte. »Mein Gott, ist ja gut jetzt, ich machs ja!«, schimpfte ich innerlich. Ein wenig trotzig stapfte ich los und holte den Laptop. Wunderwerk der Technik, der er nun einmal war, war die Internetseite noch genau dort geöffnet, wo ich sie den Abend zuvor verlassen hatte. *Schritt 1 – Legen Sie Ihr Profil an* stand da. An sich war mir das schon zu persönlich. Aber es war eben Schritt 1. Stand da und leuchtete ja auch irgendwie ein. Ich füllte also widerwillig, aber doch ehrlich alle Daten aus, von Name über Alter bis hin zu tatsächlichem Wohnort. Was war nur mit der guten alten Anonymität des Internets geschehen?

So weit, so gut, aber jetzt wurde es haarig. *Erzähl uns ein bisschen über dich.* Das war ja wohl mehr als schwammig formuliert. Was sollte ich denn da reinschreiben? Bevor man sein eigenes Profil nicht fertig hatte, konnte man die Seite noch nicht nutzen, also konnte ich auch nicht nachsehen, was andere Teilnehmer da geschrieben hatten. Soll ich über die Sache mit dem Essen reden oder nicht? Oder über den Rest meines Lebens? Die Schwierigkeit lag darin, das ich dieses Mal als Sara antworten musste, ohne all die Filter, die mein sonstiges Handeln und Denken so sehr bestimmten. Das war überraschend schwer. Ein paar Minuten versuchte ich, ein ehrliches Gefühl zu finden, und aus den paar Fetzen purer Gedanken, die ich fand, bastelte ich meine Antwort. *Mein Name ist Sara und ich komme aus Deutschland. Ich bin 26 Jahre alt und habe Bulimie, seit ich 14 bin. Heute lebe ich gemeinsam mit meinem kleinen Sohn, den ich alleine erziehe, in Los Angeles. Ich versuche gerade einfach nur, unseren Weg zu finden. Ehrlich gesagt, bin ich im Moment total verloren, aber ich habe Hoffnung. Nicht so sehr für mich, aber für meinen Sohn.* Tja. Mit so wenigen Worten konnte man mein Leben beschreiben.

Der nächste Punkt meines Profils lautete *»Ich bin am fröhlichsten, wenn …« Bitte ergänze diesen Satz.* Okay, das war jetzt aber schon sehr pseudo-psychologisch angehaucht. So ein Scheiß. Was kam als Nächstes? *Bitte stehen Sie nun auf, basteln eine Blumenkette aus wilden Gänseblümchen und singen Kumbaya. Danach gehen Sie natürlich zurück auf das Feld und pflanzen neue Gänseblümchen*? Ich stand kurz auf und lief etwas ziellos durch meine Küche. Dann holte ich mir einen weiteren Kaffee, denn das machen Menschen doch, wann immer sie nicht gerne an einem Schreibtisch sitzen, oder? Mit dampfender Tasse kehrte ich zurück zu meinem Platz, die Frage war (Überraschung!) noch immer da. Unbarmherzig und ungeduldig blinkte der kleine Strich im Eingabefeld. Nervig. Blink, blink, blink. Was sollte diese Frage denn? Was hatte das mit meinem Problem zu tun? Und überhaupt, warum musste es denn *am fröhlichsten* sein und nicht *Was macht dich glücklich?* Ich regte mich auf – aber wohl nur, weil ich die Antwort nicht wusste. Etwas resigniert stützte ich meinen Kopf auf meine Hände und dachte nach. Was war der fröhlichste Moment meines Lebens gewesen? Mir fiel keiner ein. Aber das Gefühl von Frieden kam dem, was man unter wirklich fröhlich versteht, für mich am nächsten. Und das fühlte ich am ehesten für ein paar Sekunden, wenn Louis mich umarmt. Wahrscheinlich weil er mich immer liebt, egal wie ich aussehe oder mich fühle. Er liebt mich einfach nur, weil ich seine Mama bin, und ich liebe ihn. Und für einen kleinen Moment kann ich diese unschuldige Freude, die durch nichts beeinflusst wird, teilen. Dann zählt nichts anderes, als zu existieren und zu atmen und einander zu lieben. Er ist meist mit Brei bekleckert und ich bin ein zerbrochener, schlechter Mensch, aber in solch einem Moment ist das egal und ich höre innerlich kurz auf zu rennen. Bis sich die Realität und das raue Leben wie übermächtig Feinde anschleichen, um mich daran zu erinnern, wie die Realität tatsächlich aussieht. Meine Antwort war also: *Ich bin* *am glücklichsten, wenn mich jemand liebt und ich mich traue dort still zu stehen.*

Das war hier ja alles ein wenig anspruchsvoller als gedacht. Grundlos nahm ich immer wieder kleine Schlückchen aus meiner übergroßen Tasse – einfach nur, damit meine Finger etwas zu tun hatten, während ich mich der nächsten Frage stellte. *Was war Ihr Kindheitstraum?* Das war wiederum leicht. Sofort flogen meine Finger über die Tastatur und ich schrieb: *Ich wollte von jedem geliebt und wahrgenommen werden. Ich wollte, dass Leute mich sehen.* Punkt. Laut der kleinen Anzeige am unteren Bildrand hätte ich noch 550 Zeichen mehr zur Verfügung gehabt, aber die brauchte ich nicht.

Ein wenig erleichtert klickte ich auf »Speichern« und wurde mit einer Seite, die groß *Gratulation! Dein Profil ist fast fertig* verkündete, belohnt. Fast. Fast? Was denn noch? Wollten sie den Todestag meines ersten Haustieres wissen?

Weiter unten ein kleines leeres Viereck und darunter die Anweisung *Lade dein Profilbild hoch.* Na gut, das war machbar. Bereitwillig drückte ich auf »Bild auswählen« und mein Ordner mit allen Bilddateien ploppte vor mir auf. Da fanden sich viele professionelle schöne Porträts aus unzähligen Fotoshoots, aber irgendwie fühlte sich das nicht stimmig an. Ich wollte das hier richtig machen oder gar nicht. Diese Fotos waren nicht die Art von Wahrheit, die ich hier brauchte. Sollte ich eines ohne Make-up und mit Brille nehmen? Denn so sah ich nun einmal aus. Jetzt gerade und meistens. Ironischerweise existierte so ein Bild nicht einmal unter den 2.492, die mir zur Auswahl standen. Also holte ich mein iPhone und machte das wohl unvorteilhafteste Selfie ever. Hässlich, aber definitiv ehrlich. Die Augenringe, die geschwollenen Backen, die blasse Haut. Alles war darauf zu sehen. Ich betrachtete es lange, aber irgendwas passte wieder nicht. Das war ich, klar, ich heute. Aber war das wirklich auch mein Ich? Um ehrlich zu sein, hatte ich doch keine Ahnung, wer ich war. Irgendwo in all dem Leben hatte ich völlig vergessen, was Ich und was Show war. Entmutigt legte ich das Telefon auf den Tisch und meinen Kopf zurück in meine Hände. Er fühlte sich schwer und müde an. Wann wusste ich das letzte Mal, wer ich bin und was das Leben ist? Mir fiel kein Moment ein, der wirklich ungetrübt von meinen Psycho-Filtern gewesen war. Aber mir fiel wieder der Mensch ein, der das Leben besser kannte als ich: Lou. Er war ein Kleinkind und sah das Leben, wie es sein sollte. Sicher war ich auch mal so gewesen, bevor mein Kopf so viele Regeln und Wahrheiten neu erfand.

Ich öffnete einen Ordner mit Kinderfotos. Viele gab es nicht von mir, aber ein paar wenige hatte meine Oma mal geschickt und ich hatte sie daraufhin digitalisiert. Eines zeigte mich mit ungefähr drei Jahren. Ich trug darauf einen roten Anorak und hatte kurze, ganz lockige Haare. Das gefiel mir. Das war das ehrlichste Foto von mir, das ich mir vorstellen konnte. Und ein paar Sekunden später war es mein Profilfoto.

Dein Profil ist nun vollständig und du kannst mit dem Programm beginnen! Viel Spaß!, leuchtete es in großen Buchstaben über den ganzen Bildschirm. Mensch, das muss ein wirklich fröhlicher Webdesigner gewesen sein. *Kursbuch herunterladen* stand in einem kleinen Feld darunter. Ich klickte es an, denn es war sowieso das einzig verfügbare Feld. Der Webdesigner war ganz offensichtlich nicht nur fröhlich, sondern auch kein Freund von Multiple-Choice gewesen.

Ein kleiner Balken zeigte den Ladestatus des besagten Kursbuches an, wo sich leider nicht viel tat. Die Prozentzahl kletterte nur langsam, obwohl meine Internetverbindung wirklich schnell war. Wie viele Seiten hatte dieses Kursbuch denn? Wie viel konnte über Essen und Kotzen denn schon gesagt werden? Die werden ja wohl kaum viele Bilder reingepackt haben, dachte ich bei mir und musste lachen. Innerlich riss ich noch ein paar Bulimiker-Witze und war plötzlich ganz gut aufgelegt, war ich mir selbst doch schon immer ein ganz gutes Publikum für meine eigenen Witze gewesen.

Nach ein paar Minuten war der Upload des Buches dann fertig und das Werk auf meinem MacBook-Schreibtisch gespeichert. Ich hatte ja ein Foto von Lou als Hintergrund und der Buch-Button war nun direkt auf dem süßen Gesicht meines Sohnes. Das nervte ja jetzt schon. Sofort verschob ich den Button an den letzten Winkel des Bildschirmes und öffnete ihn.

Willkommen beim Bulimie-Hilfsprogramm. So weit, so gut. Unten stand jedoch klein *Seite 1 von 194.* Was? 194 Seiten? Guter Gott, was gab es denn alles zu sagen? Auf Seite 1 wurde zunächst erklärt, dass es sich um ein Arbeitsbuch handle und man Schritt für Schritt die einzelnen Aufgaben im eigenen Tempo erfüllen solle. Gut, das würde ich hinbekommen. Die Sprache des Buches war sehr einfach und konstant auffällig fröhlich. Anscheinend war der Webdesigner auch der Autor des Textes. Mir gefiel der Gedanke eines Arbeitsbuches, denn es klang organisiert und einfach. Die würden mir genau sagen, was zu tun war, und ich würde folgen. Ein wenig Motivation stieg in mir auf. Gespannt scrollte ich zur nächsten Seite, um meine erste Aufgabe zu sehen. Die Überschrift lautete *Mach reinen Tisch. Befreie dich.* Aha. Das ließ mich ja schon erahnen, was anstand, und der Rest des Kapitels bestätigte meine Befürchtung. Ich musste meiner Familie und meinen Freunden von meinem Entschluss, dieses Programm anzugehen, erzählen. Das gefiel mir ganz und gar nicht, obwohl ich zuerst nicht klar sagen konnte, warum. Eigentlich war das keine große Sache, denn meine Familie – sie besteht ja ohnehin nur aus drei Leuten – wusste von meinem kleinen Essproblem. Was mich störte, war, dass ich wusste, sie würden mir nicht glauben, wenn ich ihnen erzählte, dass jetzt alles anders werden würde. Das war verständlich, glaubte ich zu dem Zeitpunkt ja noch selbst nicht so recht daran. Mein Gott – ich glaubte es selbst nicht. So ehrlich hatte ich mir das noch nie eingestanden.

Und wer konnte es ihnen oder mir auch verübeln? Keiner meiner Versuche, aufzuhören, war jemals erfolgreich gewesen. Ich erinnerte mich an kein Leben ohne die Bulimie als Stütze an meiner Seite. Ich verstand ja, warum das Programm dies jetzt für einen tollen ersten Schritt hielt. Die gingen davon aus, dass man ein großes Geheimnis loswurde und die Familie dann vor Freude, dass man nun den Weg heraussucht, im Dreieck springt und einen mit Unterstützung überschüttet. Verständlicher Gedanke, würde aber in meinem Fall nicht passieren. Einfach, weil ich diesen Anruf schon viermal gemacht hatte. Und auf jeden dieser Anrufe folgte ein tiefer Fall in die Verzweiflung und Depression, wenn ich es wieder einmal versaut hatte. Und das wusste nicht nur ich, sondern auch meine Mutter. Deswegen wollte ich den Anfang dieses Programms eigentlich für mich behalten, bis ich einen ersten, noch so kleinen Erfolg verzeichnen konnte. Es schien mir sicherer und besser, erst mal vorsichtig zu schauen, wie es läuft. Ich tippte mit meinen Fingernägeln gegen den Metallrahmen des Laptops. Was war jetzt zu tun? Ich wusste, der Anruf würde nicht so verlaufen, wie es sich das Programm vorgestellt hatte, aber ich wollte auch nicht direkt den ersten Programmpunkt auslassen. Das war ja jetzt eine Grundsatzentscheidung. Entweder man macht alles richtig mit oder nicht. Wenn ich jetzt schon anfing, die Regeln zu brechen, dann würde ich das wohl noch öfter tun. Vor allem würde ich mich, sollte es nicht klappen, immer fragen, ob es am Nichtbeachten der Regeln lag! Das überzeugte mich. Ich würde allen Regeln folgen, dann wäre es nicht meine Schuld, wenn es nicht klappte.

Gut, ich würde also meine Mama anrufen und ihr erzählen, dass ich nun an einem Programm teilnehme. Einem Programm für Gestörte. Essgestörte. Aber nicht heute, denn in Deutschland war es jetzt sicher schon viel zu spät. Ich schaute auf die Uhr und stellte fest, dass es hier in Los Angeles gerade mal 9:30 Uhr war. Das hieß, es war 18:30 Uhr in Regensburg. Hm. Das konnte selbst ich mir nicht als »zu spät zum Anrufen« auslegen. Mein Gott, ständig kam mir die Zeitverschiebung in die Quere, nur diesmal nicht! War ja klar.

Da meine Mutter ein echter Workaholic ist, wusste ich, wo ich sie abends um halb sieben fand – am Schreibtisch. Ich öffnete Skype und wählte sie an. Und zack – da war sie auch schon. »Hallo, mein Schatz!«, flötete sie in ihre Web-Kamera (meine Mutter denkt immer, ich höre sie besser, wenn sie mit dem Kopf sehr nah an die Kamera kommt. Irgendwann muss ich ihr sagen, dass Kamera und Mikrofon nichts miteinander zu tun haben). Sie sah, wie immer, nach einer Million Dollar aus. Perfekt geföhnte Haare, hervorragendes Make-up und wenig dezente Diamantohrringe. Das überraschte mich, denn sie hatte kürzlich mal verkündet, dass zu schwere Ohrringe ihre Ohren alt und latschig aussehen ließen und sie sowieso langsam zu alt dafür wäre. Wir quatschten eine Weile bloßen Small Talk, der meist aus dem Wetter, der Firma, Louis und meiner Oma bestand. Und dann ließ ich lustlos und wenig gespannt die Bombe platzen. »Also Mama, hör mal, ich wollte noch kurz sagen, dass ich mich in einem Bulimie-Hilfsprogramm eingeschrieben habe. Gestern«, teilte ich in neutralem Ton mit. Anscheinend nicht neutral genug, denn der Gesichtsausdruck meiner Mutter wurde ernst und sie kam mit ihrem Gesicht sehr nah an die Kamera. Meine Mutter ist, gut versteckt unter ihrem Charme und guten Benehmen, eine sehr direkte Frau und dementsprechend fiel ihre Reaktion aus: »In 'ner Klapse oder so? Oder was jetzt?« Ich musste lachen. Ich weiß nicht warum, aber ich fühlte mich kein bisschen angegriffen. Meine Mama allerdings bereute ihren Kommentar direkt und versuchte zurückzurudern. »Also ich meine in einer Einrichtung mit Therapeuten oder was für ein Programm? Jetzt erzähl halt mal bitte«, forderte sie hörbar nervös. Ich fragte mich, ob sie aufstehen wollte, um noch näher an diese Kamera zu kommen. Ich sah die Hälfte ihres Gesichtes überdimensional auf meinem Bildschirm. »Nein, Mama, nur online. Die Idee ist, dass man sich jeden Tag verschiedene Schritte vornimmt und in aufeinander aufbauenden Phasen langsam die ungesunden Verhaltensweisen ablegt. Man hat so ein Kursbuch und kann sich online mit anderen Betroffenen unterhalten. Man hat ein Profil und alles. Wenn man möchte, kann man dann vor Ort eben unterstützend in Gruppen gehen, aber das habe ich nicht vor«, erklärte ich. Das Gesicht meiner Mutter wurde kleiner. Sie hatte sich in ihrem Stuhl zurückgelehnt und faltete ihre

Hände ineinander. Für einen Moment musste ich innerlich grinsen, denn ich wunderte mich, wie das mit all den großen Ringen an ihren dünnen Fingerchen überhaupt möglich war. Da saß sie und sagte nichts. Sie tat mir leid, denn ich wusste genau, was gerade mit ihr passierte – sie suchte nach Worten und wollte das Richtige tun. Sie wusste, dass alle meine Versuche, gegen die Krankheit zu kämpfen, bisher gescheitert waren und mich in ein umso tieferes Loch gestürzt hatten. Sie wusste ebenfalls, dass ich sie sofort beim Lügen durchschauen würde, also war gespielte Freude auch keine Möglichkeit. Schließlich sagte sie: »Okay, Schatz. Vielleicht ist das ja diesmal was. Versuchen kann man es ja mal.« Sie ruderte nach Worten wie eine ertrinkende Fliege in einem Glas Limonade. Arme Mama. Ich nahm ihr den Rest dieses sinnlosen Gespräches ab, indem ich schnell »Mama, tut mir leid, ich muss los und Windeln für Louis besorgen« einwarf. Eilig verabschiedete ich mich und klappte den Computer zu.

Und dann saß ich da. Irgendwie war es ein wirklich beschissener Moment, weil er so dermaßen unbeschissen war. Da waren kein großes Drama, keine Emotionen, kein Glück und auch keine Hoffnung. Da war nix. Auf keiner Seite, denn wir waren ja schon oft an diesem Punkt gewesen. Ich spürte nichts außer einer schweren Müdigkeit. Und ich schäme mich, es zu sagen, aber alles, was ich denken konnte, war: Okay, du hast den Anfang gemacht und kannst dir jetzt ruhig einen kleinen Essanfall gönnen. Man kann ja nicht alles auf einmal lösen und bessern, aber für heute war das genug.

Ich war zu müde zum Kämpfen.

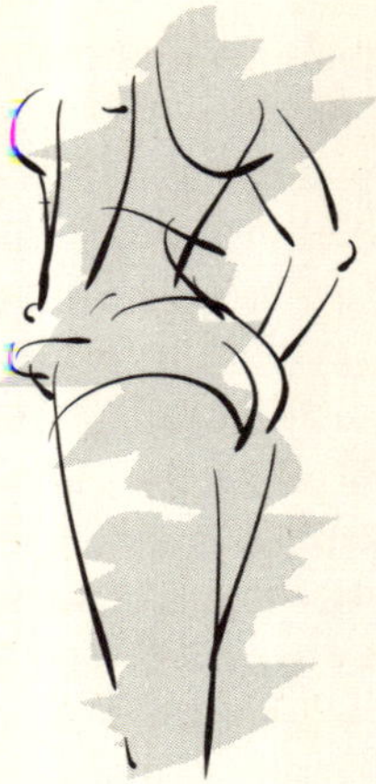

WAGNIS

Es gibt sehr viele Methoden, Bulimie zu heilen. Ich denke, ich habe in den letzten Monaten über jede einzelne von ihnen gelesen, aber ich entschied mich letztlich für die »Bulimia Help Method«, weil sie hauptsächlich auf Wissen beruht. Und, um ehrlich zu sein, weil Online weniger bedrohlich wirkt als eine Klinik. Nach einer so langen Krankheitsgeschichte gelte ich laut Lehrbuch quasi als Härtefall. Und mit bis zu sechs Anfällen am Tag sicher auch als Kranke im Endstadium. Machen wir uns nichts vor, hätte ich Hilfe bei Ärzten gesucht, hätten sie mich irgendwo eingeliefert – und wer weiß, wie lange ich da hätte bleiben müssen. Eine Woche war erst vergangen, seit ich mich in das Kursbuch der Therapie gestürzt hatte, und ich hatte schon so viel gelernt! Ich wusste nun bereits mehr als je zuvor über Bulimie, und alles, wirklich alles, was in dem Buch stand, traf auf mich zu. Das war eine Erleichterung, denn man sollte ja meinen, dass sie einen auch heilen können, wenn man schon deren Bilderbuch-Psycho ist.

Nach meiner ersten großen Welle der Euphorie und erstmals dem Gefühl, es wirklich schaffen zu können, habe ich es gerade mal 23 Stunden hinbekommen. 23 lausige Stunden. Jeden Tag danach versuchte ich es wieder und scheiterte spätestens am Abend, nachdem ich Louis ins Bett gebracht hatte. Nur eine Woche, nachdem ich begonnen hatte, verzeichnete ich bereits fünf Fehlschläge.

Es ist der Morgen von Tag 8 und ich sitze alleine am Küchentisch und schaue aus dem Fenster. Louis ist schon in der Vorschule, und ich bin froh, ihn nicht mit meiner schmutzigen Aura belasten zu müssen. Manchmal glaube ich, dass eine Wolke aus schlechter Energie um mich herumschwebt, die sich mit jedem Versagen mit mehr Scham und Ohnmacht füllt. Ich sehe diese Wolke um mich herum und andere spüren sie. Was, wenn meine schwarze Wolke auf meinen Sohn abfärbt?

Ich drehe den hellblauen Kaffeebecher in meiner Hand, darauf steht *Life is good.* Ist es das? Für alle? Nein, sicher nicht. Aber da gibt es die, deren Leben durch gewisse Umstände wie Hunger, Krieg und Schicksalsschläge ruiniert wird, und dann gibt es solche wie mich. Die, die zu schwach und arrogant sind, aus all dem Guten, das ihnen das Leben geschenkt hat, etwas zu machen. Ein Gedanke, den ich immer habe, wenn ich mich übergebe, ist *Kinder in Afrika sterben gerade an Hunger.* Da draußen starben Menschen, und ich saß hier, in Los Angeles, schaute auf Palmen vor meinem Haus und in einen immer blauen Himmel. Und ich aß, um das Essen anschließend wieder auszuspucken, während zur gleichen Zeit Menschen starben. Diese Wahrheit ist jedes Mal wieder so schrecklich, dass ich innerlich vor ihr davonlaufe und sie irgendwann abschüttele. Nur an diesem Tag nicht. Den Morgen von Tag 8 verbrachte ich mit Weinen – nicht laut oder hysterisch, einfach so, als würde eine geflickte Vase tröpfchenweise Wasser durch einen alten Riss lassen. Es fühlte sich nicht an wie ein Morgen, sondern wie ein Nachmittag, weil das Verlangen nach Essen jetzt schon so präsent war wie sonst nur nachmittags. Und nach einiger Zeit wurde ich extrem müde. Das machte zwar keinen Sinn, denn ich hatte neun Stunden geschlafen, aber die Zeiten, in denen ich mich über meine andauernde Müdigkeit wunderte, waren ja schon Jahre her. Also ging ich einfach zurück in mein Bett und schlief weiter.

Als ich aufwachte, war es bereits elf Uhr, und das erleichterte mich. Der Kampf gegen die Krankheit war für mich keiner, den ich Tag für Tag führte, sondern Stunde für Stunde. Okay, ich hatte die letzten Stunden verschlafen und deswegen durchgehalten, aber trotzdem war es fast Mittag und der Tag war noch nicht verloren. Ein klein wenig Motivation brach durch und ich lief Richtung Küche. Die Küche war kein so gefährlicher Ort mehr, denn ich hatte nun die Regel eingeführt, kein böses Essen mehr im Haus zu haben. Die Schränke, die früher randvoll mit meinem unverderblichen Anfall-Essen, wie Cornflakes und Müsli, gefüllt waren, hatte ich alle geleert. Stattdessen hatte ich im Biosupermarkt Shakes gekauft. Im Buch wurde ja in einer genauen Liste aufgeführt, was meinem Körper durch die Krankheit fehlte und welche Nährstoffe meine Hungerattacken zumindest körperlich eindämmen könnten. Eine Mischung aus Eiweiß, Vitaminen und Mineralstoffen, die man am ausgewogensten in speziellen Shakes finden konnte und die nun auf meinem Kühlschrank standen. Ich hatte mich für Erdbeer-, Vanille- und Schokogeschmack entschieden. Die Klassiker. Und bis heute waren ebendiese unberührt. Ich spürte Hunger, jedoch keinen Drang zu einem Anfall, und ich wollte zumindest den Versuch unternehmen, die Gefahr eines solchen schon im Voraus einzudämmen. Entschlossen holte ich den Vanille-Becher aus dem Kühlschrank. In der letzten Ecke meines Schrankes fand ich meinen Mixer – kurz fragte ich mich, seit wann und warum ich den eigentlich hatte. Ernsthaft interessiert studierte ich also den Beipackzettel der Shakes und war begeistert. Die Liste von Zeug, das da angeblich drin war, war endlos und die Hälfte hatte ich noch nie gehört. Zudem alles Bio. Bei aller Begeisterung checkte ich trotzdem die Kalorien – der fertig gemixte Shake kam nur auf 230 Kilokalorien. Das war okay. Erträglich. Ich wollte alles richtig machen und holte einen Messbecher, um genau die richtige Menge Milch zu nehmen. Dann schüttete ich Milch und Pulver in den Mixer und drückte auf »Milkshake«. Warum und wann auch immer ich diesen Mixer gekauft hatte, ich hatte offenbar in Qualität investiert, denn es standen noch vier andere Optionen zur Auswahl. Eine davon war »Creamy Smoothie«. Ein sehr feiner Mixer also in der Küche einer Frau mit denkbar niedriger Esskultur. Nach weniger als einer Minute hörte das Gerät von alleine auf und ich goss den zugegeben sehr cremigen Shake in ein Glas. Gespannt nahm ich einen Schluck und sofort verabschiedete sich ein kleiner Teil der Euphorie. Ich warf einen Blick auf die Verpackung des Shakes und ja, da stand »Vanillegeschmack«. Wollte nur sichergehen, denn meine Geschmacksnerven meldeten eher »Recyceltes Papier«. Es war ein bizarrer Geschmack, der aber dezent genug war, um den Drink runterzuwürgen. Schließlich ging es ja nicht um Genuss, sondern die Wirkung. Schnell kippte ich den Rest runter und spülte den Mixer aus. Zwar hatte ich keinerlei persönliche Bindung zu dem Ding, aber ich wollte nicht riskieren, dass sich dieses Geschmackserlebnis in den Wänden meines Mixers festfraß.

Zu meiner Freude stellte ich fest, dass das Hungergefühl ganz verschwunden war. Und kalorientechnisch zählte der Shake als Mahlzeit. Laut dem im Kursbuch erklärtem Plan des »strukturierten Essens« hatte ich also genau drei Stunden, bis ich den nächsten gesunden Snack essen sollte. Ich stellte den Alarm meines Handys ein.

Dann setzte ich mich auf die Couch und saß für eine Weile einfach nur da. Das Problem war, dass ich nicht wusste, was ich jetzt tun sollte. Mein Leben in den letzten zwei Jahren war zu 80 Prozent Louis und die restliche Zeit der Essstörung gewidmet. Jetzt hatte ich beide auf einmal verloren. Man könnte nun meinen, dass die Vorbereitung des Medien-Zeugs, dass ich ja regelmäßig großzügig als Beruf bezeichne, viel Zeit in Anspruch nähme, aber das stimmt so nicht. Schreiben, Schauspiel und Entertainment fallen mir leicht. Das alles mache ich mit einem Teil meines Herzens, der mühelos und von alleine funktioniert und Funken sprüht. Es mag das Einzige sein, was mir leichtfällt. Und die Hunderte Seiten Papierkram für die Einwanderung in die USA und auch die vielen Behördengänge waren vorbei. Ich hatte es geschafft. Ich hatte eine Greencard erworben, eine Wohnung, einen gesunden Sohn und war in der besten Schauspielschule der Stadt eingeschrieben. Aber ich hatte kein Leben, sobald ich mich hinsetzte. Was sollte ich jetzt mit mir machen?

Ich wollte gerne rausgehen, aber ich traute mich nicht. Dort waren all diese Geschäfte, all die Gerüche und überall Essen. Da war es hier drinnen, nachdem ich alle Versuchungen verbannt hatte, schon sicherer. Mir fielen ein paar DVDs ein, die meine Schauspiellehrerin mir gegeben hatte. Ich sollte sie mir ansehen und dann eine Szene zum Nachspielen auswählen, um sie anschließend vor der Klasse zu performen. Na also, das war doch eine sinnvolle Aufgabe. Erleichtert stand ich auf und kramte in einer Schublade nach den Filmen. Wahllos zog ich einen heraus und schob die DVD in den Player. Die Laufzeit betrug 93 Minuten, und weil es bereits kurz vor Mittag war, wäre es also schon halb zwei, wenn der Film zu Ende war. Das machte mir Mut.

Ich legte mich auf die Couch und zog eine Decke über mich. Es war wieder einer dieser Tage, an denen ich trotz hoher Temperaturen ständig fror. Ich schaute den Film, aber ich sah ihn nicht wirklich. Ich tat ehrlich mein Bestes, mich zu konzentrieren, aber es wollte einfach nicht klappen. Ständig checkte ich mein Telefon, obwohl ich keinen Anruf und keine Nachricht erwartete, nicht einmal wollte. Dann veränderte ich alle paar Minuten meine Position ohne Grund. Der Film lieferte also im Grunde lediglich die Hintergrundmusik zu meinen Gedanken und meine Gedanken waren ein

Kreuzfeuer an Unsinn. Sie schossen in alle möglichen Richtungen, von meinen alten Klassenkameraden aus der Grundschule bis hin zu meinem halben Hund aus meiner Ex-Beziehung (der kleine Kerl war natürlich ein ganzer Hund, aber er gehörte eben zur Hälfte auch mir, ehe ihn mein Ex nach der Trennung dann behielt). Meine Gedanken glichen einem Haufen verrottetem Müll und das machte mich nervös. Vor allem, weil mir schon immer die Gabe gefehlt hatte, mich aus eigener Kraft wieder auf einen positiven oder zumindest sinnvollen Gedankenfluss zu bringen. Mehr aus Notwehr als aus Überzeugung beschloss ich schließlich, doch aus dem Haus zu gehen. Mittlerweile war ich wieder in diesen komischen Zustand geraten, in dem ich mich nicht wirklich lebendig fühlte, eher wie in einer Blase. Ich funktionierte, aber ich sah mir von außen dabei zu.

Als ich aus der Tür trat, sah ich die Sonne zwar, aber fühlte sie nicht. Das war egal. In meinem Kursbuch wurde mehrfach die positive Wirkung von Sonnenlicht auf die Psyche erwähnt. Also – hier war ich nun. Sonne haben wir in Los Angeles ja genug. Ich lief ohne Ziel los, aber ich brauchte auch keines. Meine Nachbarschaft war sehr belebt. Überall war etwas los, schließlich wohnte ich am Sunset Boulevard, einem der beliebtesten Plätze in L.A. und einem wahren Mekka für Touristen. Immer wenn ich hier entlanglief, dachte ich an Donauwörth zurück. Nicht an München und auch nicht an Regensburg, immer nur an Donauwörth. Es war der letzte Platz, den ich als Zuhause empfunden hatte. Alles danach waren immer nur temporäre Aufenthaltsorte, deren Sicherheit und Beständigkeit ich nicht traute. In Donauwörth war ich zu Hause und ich war noch ich. Das war schon damals nicht genug – ich hatte keine Freunde und war ein ziemlich einsames und isoliertes Kind, aber ich hatte schon immer große Träume. Träume von Hollywood. Wie jedes andere Mädchen schaute ich mir all die tollen Hollywoodfilme an, und irgendwie dachte ich, in Amerika würden tatsächlich Träume wahr werden und hier gäbe es eine zweite Chance für jeden. Alle meine inneren Tagträume spielten hier. Und wenn ich so den

Sunset Boulevard hinunterlief, musste ich sagen, die Kulisse enttäuschte nicht: Der Himmel war so blau, wie ich ihn mir vorgestellt hatte, den Straßenrand säumten Palmen. Viele der Autos fuhren ohne Verdeck und die Menschen kamen aus allen Teilen der Welt. Die Einwohner dieser Stadt waren der Beweis dafür, dass es viele Träumer wie mich gab. Das einzige Problem in dieser wunderbaren Kulisse eines Lebens war jedoch ich. Ich hätte doch öfter zum Strand fahren können. Ich hätte mich täglich hübsch anziehen können, um in einem Café neue Leute zu treffen und interessante Gespräche zu führen. Aber ich tat es nicht. Ich trug eine Jogginghose, ein Tanktop und keinerlei Make-up. So lief ich durch die Stadt wie durch eine Szene, die ich damals zu Hause im kleinen Donauwörth im Fernsehen gesehen hatte. Ich war genauso wenig dabei wie damals. Die Straßen waren voller Menschen, die froh waren, hier zu sein, und einigen wenigen, versteckt in den Ecken, die bettelten und nach Essen fragten. Die Touristengebiete waren fast immer eine gute Idee für die Obdachlosen, denn viele Touris gaben ihnen all ihr Wechselgeld und die Jungs machten bis zu 100 Dollar am Tag. Das wusste ich, weil ich die meisten von ihnen kannte. Wir unterhielten uns oft, wenn ich in meinem Stammsupermarkt am Sunset einkaufen ging – bedingt durch meine Umstände war das ja schließlich jeden Tag der Fall. Für gewöhnlich brachte ich ihnen dann ein Stück Kuchen oder ein Sandwich mit. Als ich wieder langsam nach Hause schlenderte, führten mich meine Schritte ganz von alleine Richtung meines Stammsupermarktes. Je näher ich kam, umso mehr bekannte Gesichter saßen an der Straße. »Hey German girl, can you hook me up with some apples?«, rief einer. »Sure«, rief ich zurück und steuerte den Supermarkt an. Ich musste sowieso irgendetwas Gesundes kaufen, denn es war fast ein Uhr mittags, und ich sah mich gezwungen, bald wieder etwas zu essen. Im Supermarkt fühlte ich mich sehr unwohl, es war ein Mienenfeld. Durch die eigene Bäckerei im Haus roch der Laden immer nach frischen Keksen, und der Geruch war schon so vertraut und so verlockend. Ich wurde zunehmend nervös. Im Kursbuch stand, jede Mahlzeit sollte ausgewogen sein. Also ging ich zuerst in die Obstabteilung, um die versprochenen Äpfel zu holen, und packte gleich noch einen für mich ein. Äpfel waren gut und okay. Ich fühlte mich nicht schuldig, nachdem ich einen Apfel gegessen hatte. Aber gemäß der Kursphilosophie musste ich das Stück Obst mit Eiweiß und ein paar Kohlenhydraten mischen. Ich schaute kaum vom Boden hoch, als ich mich zu den Milchprodukten rüberschob, wo ich mir immerhin einen kleinen Becher fettfreien Joghurt schnappte. Kurz vor den Kassen kam dann die Bäckerei. Das war hart, denn dort standen in großen Vitrinen frisch gebackene Kuchen. Ich konnte kaum hinsehen, merkte, wie erneut Panik in mir hochstieg, dieses komische Gefühl von Unruhe und Gehetztsein. Schnell stopfte ich eine Vollkornsemmel in eine Tüte und ging zur Kasse. Als ich aus dem Supermarkt kam, war ich ein wenig erleichtert, aber weit entfernt von wirklich stolz oder glücklich. So, als würde ich Regeln befolgen, an die ich selbst nicht glaubte.

Der Typ, der mich um Äpfel gebeten hatte, erwartete mich draußen schon. Er war immer gut gelaunt und freundlich, so wie die meisten, die ich hier häufig um Essen betteln sah. Ich bewunderte das und war jeden Tag froh, sie zu sehen. In meinem Kopf waren wir längst gute Bekannte. Ich reichte ihm die Äpfel und er fragte: »Want to hang out a bit?« Und ohne groß nachzudenken, stimmte ich zu und wir setzten uns auf eine kleine Bank gleich neben dem Supermarkt. Wir unterhielten uns, lachten und redeten über einen Faustkampf zwischen zwei Betrunkenen, den er nachts gesehen hatte. Laut seiner Erzählung waren beide so betrunken gewesen, dass sie sich die Hälfte der Zeit verfehlt hatten und dann einfach am Boden liegen geblieben waren, bis schließlich die Polizei kam. Ja, das war Hollywood. Die Sonne und die Konversation holten mich aus meiner Blase ein wenig in die Realität zurück und ich fühlte mich gut. Brav aß ich meinen Apfel und danach mein Vollkornbrötchen. Meine Begleitung schaute auf das Brötchen voller Körner und fragte: »Esst ihr in Deutschland nur so Brot? Wir essen lieber weißes Brot.« Ich schmunzelte ein wenig und erklärte: »Nein, nicht nur, aber das hier ist gesünder.« – »Warum?«, fragte er mich daraufhin kurz und knapp. Ich hatte zwar eine ungefähre Ahnung, warum Vollkornbrot besser war, aber so genau konnte ich das jetzt nicht beantworten. »Gute Frage, lass mich das kurz googeln«, schlug ich deshalb vor. Ehrlich interessiert zog ich mein iPhone aus der Tasche und googelte den Nährwert von Vollkornbrötchen mit Sonnenblumenkernen. Noch bevor ich auch nur anfangen konnte, über den Nährwert zu lesen, sprang mich die Kalorienzahl regelrecht an. 230 Kalorien und 78 Prozent Kohlenhydrate! Konnte das sein?

Ich war entsetzt. Ach du lieber Gott. Das musste wieder raus, und zwar am besten auf der Stelle. Ich überlegte kurz. Wenn es denn ohnehin wieder raus müsste, dann könnte ich auch vorher noch den Kuchen essen, der in der Auslage so wunderbar ausgesehen hatte, und dann beides zusammen wieder ausspucken. Das war ja das Gleiche. Und das mit dem Brötchen war ein ehrlicher Fehler und irgendwie nicht meine Schuld. In Lichtgeschwindigkeit rauschte ich also zurück in den Markt, kaufte den Kuchen und noch drei der Schokoriegel, die man neben der Kasse kriegt, und eilte heim.

Als ich keine fünf Minuten später zu Hause auf der Couch mit meinem Kuchen saß, fühlte ich mich einfach nur gut. Ich freute mich und es gab nicht einen Hauch von Schuldgefühl. Ich war alleine, der Fernseher lief, der Kuchen schmeckte einfach wundervoll und hier kannte ich mich aus. Hier gab es keine Angst und auch kein Kämpfen.

Für ein paar Minuten war die Welt in Ordnung. Und nur der Gedanke, dass dieser Kampf morgen früh wieder von Neuem anfangen würde, trübte mein Glück.

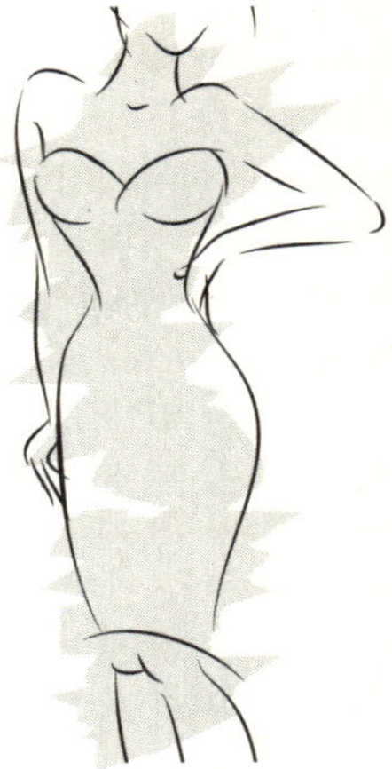

FREUNDSCHAFT

Wenn man sich einer langjährigen wichtigen Beziehung entledigt, wie meiner zur Bulimie, dann hat jeder seine eigene Art, mit der Trennung umzugehen. Manche ziehen gerne klare Schlussstriche – ich hingegen bin eher der Typ Lassen-wir-es-langsam-ausbluten-und-ein-großes-Drama-draus-machen. Nachdem ich dem Hilfsprogramm beigetreten war, war mein Kalender sehr berechenbar. Montags und dienstags war ich sehr stolz auf mich und sehr motiviert. Mittwochs dann schon etwas einsam und rastlos und donnerstags und freitags fehlte meine Essstörung mir extrem und ich dachte an all unsere guten Zeiten zurück. Schließlich war sie zwölf Jahre meine Lebensgefährtin gewesen, da darf man unter einer Trennung schon mal leiden. Weswegen ich meine Ex dann auch jeden Samstag und Sonntag zum Kuscheln auf die Couch einlud. Ja, die Wochenenden gehörten noch immer uns. Darauf bin ich gewiss nicht stolz, aber so war es nun einmal. Für mich waren aber die fünf Tage Durchhalten immer wieder ein Erfolg.

Die Therapiestunden brachten mich intensiv zum Nachdenken. Ich verlor gerade meinen wichtigsten Bewältigungsmechanismus und meine treuste Gefährtin, mein ganzes Leben fühlte sich wie im Umbruch an. Man könnte meinen, dass die neun Umzüge während meiner Jugend oder das Verlassen meines Heimatlandes die großen Kreuzungen im Weg meines Lebens waren. Aber nein, nichts fühlte sich jemals so sehr nach Veränderung an wie die letzten Wochen. In mir stand alles auf wackeligen Füßen. Oft war ich mir nicht sicher, was bleiben und was gehen musste. Und wer bleiben oder gehen sollte. Gut, an Menschen gab es weit weniger auszumisten als an ungesunden Verhaltensmustern, denn besonders viele Menschen hatte ich nie um mich herum. Das mag seltsam klingen, denn ich kenne mittlerweile jeden, habe ein Stammlokal, kenne meine Nachbarn und sogar die Frau, die den Hund im Apartment unter mir Gassi führt. So gesehen kenne ich also recht viele Menschen. Und alle glauben, mich zu kennen. Aber das stimmt natürlich nicht, denn ich muss so viel vor ihnen geheim halten, denn sonst würden sie mich sicher nicht mehr kennen wollen. Die mögen die Fassade und das ist in Ordnung, schließlich habe ich diese ja geschaffen, um gemocht zu werden. Mission erfüllt. Erfolgreich seit 20 Jahren.

Das Problem ist nur, dass es hinter der Fassade sehr einsam macht. Selbst die zwei Freunde, die von meiner Krankheit wissen, wissen nie alles. Damit schütze ich sie und mich. Gleiches gilt für meine Mama: Obwohl wir fast täglich skypen und sie mich auch immer nach meinen Fortschritten fragt und sich ehrlich sorgt, lüge ich sie zwar nie an, aber ich schwäche die Wahrheit um einiges ab. So stark, dass man es fast Lügen nennen könnte. Meist beschränke ich mich auf Floskeln wie »Geht in die richtige Richtung« oder »Läuft, läuft«. Großartig ausholen und besonders kreativ rumlügen traue ich mich nicht, da meine Mutter das merken würde. Je mehr Wörter ich gebrauche, umso größer ist auch die Gefahr, ertappt zu werden. Fluch und Segen bei Skype: Man sieht einander. Problem mit dem Übergeben: Man sieht es einem an. Manchmal merkt sie also schon am aufgedunsenen Gesicht, den roten Augen und den Schwellungen am Hals, dass es gerade richtig schlecht lief. Dann belasse ich es bei »Ah, war kein so guter Tag heute«. Wahrscheinlich sollte ich mich schlecht fühlen, dass ich ihr nicht die komplette Wahrheit sage, aber warum sollte ich. Was soll das uns beiden schon bringen? Ernsthaft, was macht es besser, wenn sie weiß, dass ich mich nicht gut schlage? Das soll mir mal einer erklären.

Generell bin ich eben niemand, der gerne teilt. Es gibt viele Menschen, die in schlimmen Situationen zum Hörer greifen und weinend jemanden anrufen. Das weiß ich aus Filmen, Büchern und weil dieser Jemand oft ich bin. Ich bin die Nummer eins, die meine Bekannten anrufen, wenn sie Hilfe oder Rat brauchen. Und ich liebe das! Ich finde es großartig, Leuten zu helfen, ihre Probleme zu analysieren, Ratschläge zu geben oder sie nachts um drei aus dem Gefängnis abzuholen. Alles schon erlebt und alles gerne gemacht. Schon seit jeher konnte ich anderen Menschen wunderbar helfen und das gibt mir ein Gefühl von Nützlichsein. Eine Art Daseinsberechtigung. Aber andersherum – nein. Wenn ich auf dem Bett liege und weine und alles dunkel ist, innen und außen, ist mein Verlangen nach Isolation am stärksten. Ich schalte als Erstes mein Handy aus und käme im Traum nicht darauf, jemanden anzurufen. Wenn ich sauer bin vielleicht mal, denn dann schimpfe ich gerne ins Telefon und will, dass mein Gegenüber in meine Empörung einstimmt. Aber warum soll man Trauer teilen? Mir bringt das nichts. Ich könnte mir kein Szenario ausmalen, in dem die Handlungen meiner Freunde etwas ändern würden. Keine Wortwahl, die mich berühren würde. Also mache ich Dinge am liebsten mit mir selbst aus.

Nun muss ich mir aber ja eingestehen, dass meine Bilanz der letzten 26 Jahre nicht gerade das Bilderbuchbeispiel von »normalem Sozialverhalten« war. Erst die Therapie veranlasste mich dazu, Grundsätzlichkeiten in mir zu überprüfen – meine selbst erschaffene Einsamkeit beispielsweise. Eine, bei der ich mir nicht sicher war, ob ich sie ändern wollte. Aber wenn das Modell Richtige-Freunde-mit-offenen-Gesprächen für den Rest der Menschheit so gut funktionierte, wollte ich es zumindest mal ausprobieren. Nicht an meinen bestehenden Bekannten, das war zu riskant. Aber an jemand Neuem, der notfalls wieder aus meinem Leben entfernt werden konnte. Außerdem durfte diese Person keinen meiner anderen Bekannten kennen. Denn sonst weiß beim nächsten »offenen Gespräch unter Freunden« ja der Nächste Bescheid. Zu viel Streuung.

Allerdings gab es jemanden, der mir perfekt schien: Ein alleinerziehender Vater aus Louis' Vorschulgruppe, der beinahe täglich, wenn ich meinen Sohn abholte, mit ihm in der Ecke saß und spielte. Louis liebte den Kerl abgöttisch und seiner Menschenkenntnis ist ohnehin mehr zu trauen als meiner. Bisher war ich beim Abholen stets wortkarg und fix, aber diesmal nahm ich mir vor, alles anders zu machen. Ich würde mich sozial verhalten, aber – hier kam die Herausforderung – trotzdem noch ich bleiben. Ich hatte ein solches Programm an künstlichen Verhaltensweisen aufgebaut, die darauf ausgerichtet waren, ein Ziel zu erreichen, dass ich mich kaum erinnern konnte, wie ich mich verhalten würde. Aber Louis' reine Anwesenheit schaltete meine Schutzschilder ohnehin fast gänzlich aus, er reduzierte mich automatisch auf mich. Und deshalb war dieses Umfeld perfekt für mein Ernsthafte-Freundschaft-Projekt. Entschlossen wartete ich mit der Umsetzung bis Freitag, denn ich wollte Dad plus Kind zum Kaffee und Spieltreffen mit den Kids für Sonntag einladen. So hatte ich also einen Tag, um mich darauf vorzubereiten, aber keinen zweiten, um es mir noch mal anders zu überlegen.

Mit bewusst leerem Kopf ging ich also am Freitag in die Vorschule, um Louis abzuholen. Ein paar Minuten früher als sonst, um ihn ja nicht zu verpassen. Ich saß also bereits auf dem bunten Teppich des Spielzimmers, als er kam, um seinen Sohn Nicholas abzuholen. Nicholas war dunkelhäutig, während sein Dad kreideweiß war. Das bewies schon mal sehr gut, dass ich nicht der Typ Frau von Nicholas' Dad war. Ich suchte ja nicht nach einer Patchworkfamilie, sondern nach einem guten Freund. Als Nicks Vater reinkam, sprang mein Sohn erfreut auf, um ihn zu umarmen. Beide kamen zu mir rüber. Er verkündete: »Dein Sohn liebt mich. Er ist das freundlichste Kind, das ich je getroffen habe.« Und ohne meine Antwort durch meine üblichen Filter zu spulen, lachte ich einfach und sagte: »Und ich habe wirklich keine Ahnung, von wem er das haben könnte.« Das war die Wahrheit, allerdings mit der reellen Chance, dass die Gegenseite es als Ironie verstand. Es folgte ein wenig Small Talk und dann lud ich die beiden einfach für Sonntag ein. Sie sagten tatsächlich zu. Ha! Ich war nun offiziell Gastgeberin einer Kaffee-und-Spiel-Gruppe. Beide Parteien würden mit anderthalb Mitgliedern aufwarten und ich war ehrlich gespannt, spürte Vorfreude. Den ganzen Samstag räumte ich die Wohnung auf. Das dauerte leider nicht deswegen so lange, weil wir in einem herrschaftlichen Anwesen mit acht Zimmern wohnten, sondern einfach nur, weil ich nicht gut im Putzen bin. Meistens schob ich den Dreck nur irgendwie von A nach B. Nun aber tat ich mein Bestes und am Ende des Tages sah auch alles annehmbar aus. Louis und ich wollten alles richtig machen und fanden uns schon um 7:30 Uhr am Morgen beim Bäcker um die Ecke wieder. Wir kauften alles, was gut aussah und auch von Kleinkindern gegessen werden durfte. Und ja, ich gebe es zu, auf dem Rückweg stoppten wir beim Supermarkt und ich kaufte mein böses Essen, denn es war schließlich Wochenende und nach meinen Bemühungen, ein Sozialleben zu etablieren, durfte ich mir einen kleinen Anfall zum Stressabbau doch wohl gönnen.

Zu Hause räumten Lou und ich unsere Einkäufe in den Kühlschrank und kochten uns ein frühes Mittagessen. Es war kaum zehn Uhr, aber um elf machte Louis seinen Mittagsschlaf und davor muss eben etwas gegessen werden. Danach übrigens auch. Generell isst er viel und oft. Als er schließlich schlief, begann die heiße Phase. Es waren jetzt noch drei Stunden, bis unser Besuch ankommen würde. Genug Zeit also, sich dem bösen Essen zu widmen und es anschließend wieder loszuwerden. Meine Hände kneteten sich gegenseitig, während ich innerlich mit mir selbst diskutierte. Einerseits wäre ich danach mit Sicherheit deutlich entspannter und ruhiger, was sich natürlich gut auf die allgemeine Stimmung auswirken würde, während wir Kaffee tranken und Kuchen aßen. Andererseits wäre ich bestimmt wieder müde und geistig abwesend – ein absolutes No-Go, denn ich brauchte meine volle Konzentration dafür, einfach mal nur ich zu sein. Außerdem würde ich nach dem Treffen die beruhigende Wirkung des Essens eh dringender brauchen als zuvor. Zwei Anfälle zu haben war einfach nicht mehr drin. Die Anzahl war limitiert auf einen und das auch nur am Wochenende. Nervös und unruhig saß ich nun also zwei Stunden auf der Couch und schaute einen Film im Fernsehen, von dessen Handlung ich nichts, aber auch wirklich null mitbekam, weil sich meine Gedanken unruhig ums Essen drehten. Ich kannte das ja jetzt schon und wusste, dass man das einen *Mindurge* nannte. Man unterteilt dabei den Drang zum Essen in großen Massen in ein körperliches und ein psychisches Verlangen. Dieses war ganz klar psychisch. Machte es aber auch nicht besser. Ich würde es nun einfach aussitzen müssen, aber der Gedanke, dass das Essen gleich nebenan im Kühlschrank war, machte es einerseits schlimmer, andererseits seltsamerweise aber auch besser, denn rein theoretisch ich konnte es ja haben – nur eben später. Mehrfach ging ich zum Kühlschrank, starrte auf den großen Käsekuchen und sagte laut: »Alles okay. Das ist mein Kuchen und wir essen ihn einfach später. Er läuft ja nicht davon.« Käsekuchen ist im Übrigen eine ganz ausgezeichnete Wahl für einen Fressanfall. Er ist billig, hat eine cremige Konsistenz und keine festen Stückchen, weshalb er meistens ganz ohne Probleme wieder hochkam. Eigentlich bin ich ein großer Fan von Apfelkuchen, habe aber festgestellt, dass er die Schmerzen beim Übergeben einfach nicht wert ist. Und da ich ja während eines Anfalls nichts schmeckte – ohnehin egal.

Louis wachte pünktlich auf und ich zog ihn schön an. Allerdings nicht zu schön, denn wir wollten weder wie Snobs noch zu bemüht wirken. Also verwarf ich die Idee, ihn sein orangenes Poloshirt tragen zu lassen. Es war natürlich ein Geschenk meiner Mutter und stand ihm auch wirklich super, aber gleichzeitig hätte man auch denken können, er sei auf dem Weg in den nächstbesten Country Club, um seine Freunde zum Golf zu treffen. Wenn man den Kragen hochstellte, hätte ihm der Golfplatz sogar gehören können. Stattdessen setzten wir auf den Charme eines hellblauen Krümelmonster-Shirts und einer Jeans dazu. Wie ich selbst trug auch Louis am liebsten Jogginghosen, aber weil wir ja Gäste erwarteten, trugen wir diesmal Hosen, die auch der Rest der Welt zweifelsfrei als solche erkennen würde. Keinesfalls wollten wir nach Schlafanzug aussehen. Und da saßen wir dann auf der Couch, in unseren steifen Jeanshosen, und warteten. Mehrfach sprang ich auf und sammelte Keksbrösel oder Fusseln vom Fußboden und Teppich auf, die ich wohl beim Putzen (oder wie man das auch nennen wollte) übersehen hatte. Seit Louis gelernt hatte zu laufen, verging kein Tag, an dem ich mich nicht fragte, wo all die Krümel und Fusseln überhaupt herkamen. Wir haben weder Kleidung, die überdurchschnittlich fusselt, noch erlaube ich ihm oder mir, Kekse am Boden zu essen. Wenn unter unserer Couch keine Fusseltiere leben, die eine erfolgreiche Keksfabrik betreiben, gibt es dafür absolut keine Erklärung.

Die Türklingel! Sie waren da. Louis sprang sofort von der Couch auf und öffnete alleine die Tür. Ich hätte gerne noch ein paar Sekunden gewartet, aber gemessen an seinen kurzen Beinen ist mein Sohn wirklich sehr schnell. Michael und Nicholas standen vor der Tür und winkten. Die Kids freuten sich, einander zu sehen, und ich war, na ja, ich war eben anwesend. Ein wenig nervös, aber gleichzeitig auch erfreut. Ach, ich wusste nicht so recht, was ich war. Also brachte ich den Kindern erst einmal eine Truhe voller Spielzeug und leerte diese auf den Teppichboden. Die Zwerge – ein dankbares

Publikum. Michael und ich standen nebeneinander und schauten einen Moment auf das bunte Treiben vor unseren Füßen. Er war sichtlich besorgt, dass Nick alleine nicht klarkäme. Aber was sollte ihm denn am Boden mit übergroßen Legos und ein paar Stofftieren passieren? Seine Unsicherheit war mir sympathisch. Wahrscheinlich hatte er Nicholas ja nicht immer bei sich und wollte alles richtig machen. »Also, wie oft ist Nick denn bei dir und wann ist er bei seiner Mutter? Arbeitet ihr beide?«, fragte ich ihn ernsthaft interessiert. »Nick ist immer bei mir und ich arbeite an der Universität von acht bis 15 Uhr jeden Wochentag.« Ganz ehrlich, jede hätte jetzt wissen wollen, wo die Mutter ist. Aber war es womöglich unhöflich, danach zu fragen? Andererseits hatte ich ja auch keinen Vater zum Kind im Haushalt vorzuweisen, wir operierten also quasi auf dem gleichen Level. So beschloss ich im Namen des Ehrlichkeitsprojekts, doch zu fragen: »Und was ist mit seiner Mutter?« – »Ach, die hatte ein Drogenproblem und schon zuvor drei Kinder in die Welt gesetzt, da hat sie beschlossen, Nicholas abzugeben«, erklärte er, als sprächen wir übers Wetter. Okay, der Mann gefiel mir, ihm war nichts zu privat. Allerdings machte sich eine gewisse Verwirrung breit, denn Michael war sicher kein Drogi. Ich sah ihn mehrfach die Woche, immer im Anzug, immer fröhlich und pünktlich. Nicht gerade Warnzeichen für ein Drogenproblem, und ich glaube, ich kann das anhand meiner Ex-Bekanntschaften einschätzen. Noch bevor ich mich sortiert hatte, ergänzte er: »Nick ist adoptiert.« Aha, also das machte jetzt schon mehr Sinn. »Warum hast du dich denn entschieden, zu adoptieren? Ich finde das toll, aber es ist ein ungewöhnlicher Schritt für einen alleinstehenden Mann. Warst du es einfach leid, auf die richtige Frau zu warten?«, fragte ich. Jetzt war ich wirklich in Fahrt, denn das Gespräch war interessant, auch ohne irgendwas zu filtern oder künstlich zu pushen. »Da hätte ich lange warten können, denn ich bin schwul. Das weißt du, oder Sara?«, konterte er. Hoppla, damit hatte ich nicht gerechnet. Ich war wohl noch viel weniger sein Typ, als ich gedacht hatte. In seiner Stimme war keinerlei Emotion zu hören, aber ich fühlte mich, als hätte ich ihn mit meiner blöden Fragerei zum Outing gezwungen. Ich traute mich kaum, ihn anzusehen, aber wollte dann doch seinen Gesichtsausdruck prüfen. Er starrte mich an und lächelte. Dann wurde das Lächeln breiter und er sagte verschmitzt: »Du hattest keine Ahnung, dass ich schwul bin? Ich bin Mitte 30, alleinstehend, sehr weiß und habe ein dunkelhäutiges Baby. Das kam dir nie komisch vor?« Ich lachte und sagte: »Nein, und das sagt mehr über mich als über dich.« Das Eis war gebrochen. Da standen wir nun also – alleinerziehend in Los Angeles mit zwei Babys. Es war das Drehbuch zu einer Sitcom.

Wie beide waren nun offizielle Gewinner im Moderne-Familie-ohne-Familie-Rennen. Das gefiel mir gut. Es war nun fast eine halbe Stunde vergangen und langsam schien Michael den Mega-Legos zu vertrauen. Sein Sohn war sicher auf dem Teppich und ich hatte den Jungs eine Platte mit Gemüse vorbereitet. Also dachte ich, wir gehen langsam zum Kaffeetrinken über. »Kann ich dir etwas anbieten? Kaffee, Tee, Torte oder Brötchen mit Butter. Ich habe alles Mögliche«, prahlte ich stolz. Wenn jetzt nicht das Fusseltier unter der Couch vorkam und überall Krümel verstreute, konnte nichts meine Gastgeberqualitäten schmälern. Ich stand in der Küche und öffnete wie zum Beweis meine Kühlschranktür. Michael wollte sich aber selbst versichern und stellte sich hinter mich, um den Kühlschrank zu erkunden. »Wie viele Leute erwartest du denn?«, spaßte er und stupste mich in die Seite. Ein paar weibliche Züge im Verhalten waren durchaus erkennbar. »Ich war nicht sicher, was du und Nick gerne esst, deswegen haben wir einfach alles gekauft«, erklärte ich ehrlich. Und in meinem Kopf ergänzte ich: Außerdem esse ich für drei und spucke es danach wieder aus, also egal, wie viel übrig bleibt. Er beugte sich zum letzten Fach des Kühlschranks hinunter, kam wieder hoch und schaute mich an. »Käsekuchen mit Sahne. Ist das der deutsche Stoffwechsel, Sara? Was ist dein Geheimnis? Bist du auch eine, die es dann einfach wieder rauskotzt?«, fragte er mit verschränkten Armen und breitem Grinsen. Eindeutig scherzte er. Nun stand ich wieder an dieser innerlichen Kreuzung, an der ich mich bisher immer zum Lügen entschieden hatte. Und es wäre auch diesmal so einfach gewesen, aber ich war es leid. Und nur einmal wollte ich wissen, wie es auf dem anderen Weg nach dieser Kreuzung weitergeht. Außerdem stand es outingtechnisch bisher 1:0 für ihn. Ohne also eine weitere Sekunde vergehen zu lassen, platzte ich hervor: »Ja. Ja, genau das mache ich.« So. Ein kurzer Moment Stille und dann lachte er so laut, dass selbst die Kinder in die Küche kamen. Was gab es jetzt da zu lachen? War das so eine Art Überreaktion, weil er nicht wusste, was er sagen sollte? Er schaute mich mit einer Mischung aus ungläubiger Überraschung, Lachen und einem Hauch Verunsicherung an. »Echt jetzt? Warum erzählst du mir das denn einfach so?«, hakte er nach. Die Antwort darauf hätte einen einstündigen Monolog provoziert, deshalb beschränkte ich mich auf den wesentlichen Kern: »Weil du gefragt hast und ich dich nicht anlügen will.« Er schaute mich an, ein paar Sekunden lang. Dann sagte er: »Okay, ich nehme nur Wasser und Nick hätte gerne ein bisschen Banane.« Daraufhin drehte er sich um und setzte sich an den Esstisch. Also entweder hatte der Mann in seinem bisherigen Leben schon alles gehört, oder er suchte innerlich gerade nach einer Ausrede, die Wohnung schnell verlassen zu können, ohne mich zu kränken. Er wollte sicher nicht essen, weil ihn der Gedanke an meine Bulimie anekelte. Es ist Essen und Kotzen – wahrlich schwer, darin die Schönheit zu finden.

Verunsichert, aber erleichtert schenkte ich ihm sein Wasser ein und schnitt für die Kinder eine Banane in kleine Stückchen. Die fanden mein Outing ebenfalls wenig spektakulär und waren zu den Legos zurückgekehrt. So saßen wir also beide wenig später am Tisch, bis Michael aufschaute und sagte: »Dir ist aber klar, dass das nicht okay ist, oder?« Es war nicht als Frage, sondern als Feststellung betont. »Ja, absolut. Ich arbeite daran«, antwortete ich ehrlich und knapp. »Gut«, sagte er und atmete tief durch. Es war ein ernster Moment. Und als hätten wir beide die Schwere des Augenblicks gespürt und loswerden wollen, machte er einen Witz, bevor ich es ohnehin getan hätte, und das Gespräch verlief einfach weiter. Ohne noch einmal auf das Thema zurückzukommen. Wir unterhielten uns gute zwei Stunden über unser Leben alleine mit Kind, unsere ehemaligen Beziehungen und unsere Familien. Es war ehrlich, ungeschminkt und großartig. Wir beide hatten in der Vergangenheit Menschen mit Drogenproblemen an unserer Seite gehabt, waren nicht in Los Angeles geboren und waren beide neu im Kindererziehungs-Game. Es war ein toller Nachmittag. Vor allem deswegen, weil wir einander, egal was wir sagten, nie verurteilten. Es war ein bisschen wie ein Spiel – zeig du mir den Dreck unter deinem Teppich und ich zeig dir meinen. Und das war in Ordnung, denn das meiste hatten wir ja hinter uns gelassen und heute waren wir Eltern. Wie hatten uns geändert und waren nun Erwachsene mit einem unschlagbaren Beweis für Charakter: zwei wirklich glücklichen Kindern. Böse und schlechte Menschen haben keine unbeschwert glücklichen Kinder. Das habe ich mittlerweile verinnerlicht.

Als die beiden sich verabschiedeten, sagte Michael: »Das war wirklich toll. Du bist wirklich toll.« Wir umarmten uns und weg waren sie. Louis und ich setzten uns auf die Couch, und während er sein Fläschchen mit Tee trank, war ich einfach nur okay. Es war alles okay. Ich hatte kein einziges Wort gesagt, das gelogen oder beschönigend gewesen wäre, und es war okay. Ich wusste, dass ich das nicht mit jedem machen konnte und auch gar nicht wollte. So ist die Welt nicht und so sind die meisten Menschen nicht. Aber Michael war der Beweis, dass es eben Ausnahmen gab. Vielleicht mehr als ich bisher gedacht hatte. Und gerade, als die ersten leisen Zweifel wieder anfingen, sich anzuschleichen, und ich dachte, was, wenn er nur durchgehalten hat, um mich nicht zu kränken, und mich eigentlich wirklich furchtbar findet, kam eine SMS. Auf dem Display leuchtete *Michael & Nick Vorschule*. Ich bin schlecht mit

Namen und muss mir immer ein Foto oder ein Bezugswort dazu schreiben. Verunsichert öffnete ich die Nachricht und rechnete mit dem Schlimmsten. *Deine Ausfahrt ist schrecklich, ich brauchte eine Viertelstunde, um es rauszuschaffen. Und trotzdem kommen wir jederzeit wieder* las ich still. Mein Blick fiel auf eine kleine Holztafel gegenüber meinem Sofa. Ich hatte sie gekauft, um mich an etwas Wichtiges zu erinnern. In hellblauer Schrift auf weißem Grund stand da: *Nicht alles, was du denkst, ist wahr.* Stimmt.

Michael erzählt

Es gibt wohl kaum einen härteren Job, als ein Kind zu erziehen. Außer natürlich alleinerziehend zu sein. Ich sollte es wissen, denn ich bin alleinerziehender Vater eines 18 Monate alten Jungen namens Nicholas.

Ich habe Nick noch vor seiner Geburt adoptiert und war sogar dabei, als er das Licht der Welt erblickte. Ihn in meinem Leben zu haben war und ist eine unglaubliche Erfahrung und mit nichts zu vergleichen. Ich muss sagen, Vater sein ist das Erfüllendste, was ich mir vorstellen kann. Allerdings kann das Leben als Alleinerziehender auch sehr einsam und unendlich anstrengend sein. Ehrlich gesagt, kann ich es meistens kaum erwarten, bis Nicholas abends endlich einschläft. Schließlich ist ein Kleinkind ein Fulltime-Job an sich, und seine Hauptaufgabe ist es, dich jede Sekunde auf die Probe zu stellen. Du musst dein Bestes geben, jeden Tag, oder das Ganze bringt euch buchstäblich beide um – dich und das Baby. Was hilft, ist vor allem Humor. Hätte ich nicht viele Lacher gehabt, um den langwierigen Adoptionsprozess und die schlaflosen Nächte zu überstehen, hätte ich das Thema Vaterschaft wohl ganz ausgelassen und wäre einer dieser einsamen Sonderlinge mit 30 Katzen geworden.

Aber irgendwie habe ich alle Hürden überwunden und Nicholas und ich sind noch am Leben. Was mich zu dem Punkt bringt, an dem Sara in mein Leben trat. Oder genauer gesagt, erst mal ihr Sohn Louis Tiger. Mein Sohn und Louis besuchen nämlich dieselbe Kindertagesstätte.

Alles begann an einem Abend im Sommer 2014. Wie immer klingelte ich an der Tür der Tagesstätte und eine der russischen Betreuerinnen öffnete die Tür. Ein kurzer Blick auf mich, um zu sehen, welches der zwölf Kinder denn jetzt abgeholt wurde, da drehte sie sich um und rief: »Nicholas, Papa ist da!« Mein Sohn reagierte mit dem üblichen Desinteresse. Es kümmerte ihn null, dass ich ihn jetzt abholen und von seinen Freunden wegzerren wollte. Er schaute gelangweilt zu mir herüber, als wolle er sagen: »Oh, du schon wieder.« Doch plötzlich rannte ein anderer Junge quer durch den Raum auf mich zu. Instinktiv ging ich in die Knie und öffnete meine Arme, und der Kleine warf sich mir um den Hals, als wäre es das Selbstverständlichste der Welt. Das war gleichermaßen überraschend und wunderbar. So ein Kind hatte ich noch nie erlebt. Wir waren sofort Herzensfreunde und wiederholten dieses Ritual täglich. Wann immer er mich sah, bekam ich eine Umarmung und manchmal sogar ein Küsschen.

So ging das ein paar Wochen, bis eines Tages seine Mutter genau zur gleichen Zeit auftauchte. Da war ich nun, der Fremde, der gerade am Boden kniete und ihren Sohn umarmte, als wäre es meiner. Die Situation war mir sehr unangenehm und fast schon peinlich. Ich wusste nicht so recht, was ich sagen sollte, und noch bevor ich ein Wort rausbrachte, grinste sie und beruhigte mich: »Keine Sorge, du bist der einzige Mann in seinem Leben.« Erleichtert lachte ich und erklärte ihr, wie Louis und ich über die letzten Wochen eine unerklärliche Verbundenheit entwickelt hatten. Von nun an wechselten wir immer ein paar Worte, wenn wir uns beim Abholen der Kids begegneten. Ich wusste nichts über Sara. Sie war nicht gerade offen mit der Welt und hatte, soviel ich wusste, keinen Kontakt zu den anderen Eltern. Das Gleiche galt aber auch für mich. Manchmal schleuderte ich ein paar deutsche Worte in ihre Richtung. Hauptsächlich das, was ich bei dem Film *The Sound of Music* aufgeschnappt hatte. Bis heute weiß ich nicht, was ich sagte, aber sie lachte immer nur. Über die Zeit stellte ich fest, dass ich fast alles zu ihr sagen konnte, ohne dass sie sich je angegriffen fühlte. Stattdessen gab sie mir stets eine schlagfertige, von schwarzem Humor strotzende Antwort zurück. Selbst meine Hitler-Witze konnten sie nicht erschüttern. Dieses Mädchen gefiel mir, aber sie hielt ihren

Abstand. Umso überraschter und erfreuter war ich, als sie mich eines Tages zum Kaffee einlud. Sofort sagte ich begeistert zu, und der Gedanke, Freundschaft mit einer anderen Alleinerziehenden zu schließen, machte mich geradezu euphorisch. Endlich jemand, der in denselben Schuhen steckte. Außerdem konnte mein Sohn dann zur Abwechslung mal eine andere Wohnung zerlegen. Ich freute mich sehr auf unser anstehendes Treffen, bis mir plötzlich ein wilder Gedanke durch den Kopf schoss. War dieses Treffen vielleicht eher für die Eltern gedacht als für die Kinder? Hatte Sara sich vielleicht in mich verguckt? Auf einmal wurde ich nervös, denn ich hatte Sara gegenüber bisher nicht erwähnt, dass ich schwul war. Was, wenn sie auf einmal versuchen würde, mich zu küssen? Schließlich ist sie Deutsche, die sind nicht gerade für ihre zurückhaltende Art bekannt. Besorgt teilte ich meine Bedenken mit meinem Partner Dante: »Dante, du weißt, wie diese europäischen Männer sind. Die wirken immer ein bisschen schwul. Vielleicht hat Sara einfach keinen Gay-Radar und denkt, ich bin auf dem Markt!« Meine bessere Hälfte bezweifelte stark, dass ich so begehrenswert sei.

Je näher das Treffen rückte, desto unwohler fühlte ich mich. Ich plante also, mich zu outen, sobald ich ihre Wohnung betrat. Sofort und auf der Stelle, so konnte ich noch schnell wieder hinauslaufen, wenn sie mich spontan zu hassen begann. Und ich hätte dann noch genug Zeit vor Morgengrauen, um einen neuen Kindergarten für Nick zu finden.

So stand ich also an diesem Nachmittag mit Nicholas und Schmetterlingen im Bauch vor Saras Tür. Und als die Tür sich öffnete, stand da – Sara. Aber nicht die Sara von der Kinderkrippe. Nein, Kinderkrippen-Sara gab ihren Sohn jeden Morgen ungeschminkt im Schlafanzug an der Tür ab. Die Sara an der Tür sah jedoch einfach umwerfend aus. Ich wusste es – die will mich!, dachte ich bei mir.

Ich ließ Nick von der Leine und er fing sofort an, nach allem zu greifen, was er kaputt machen konnte. Ich folgte ihm wie ein

Schatten und nahm ihm reihenweise Bilderrahmen und Fernbedienungen ab. Louis saß währenddessen ruhig auf der Couch und betrachtete das Spektakel in seinem Wohnzimmer eher gelassen bis amüsiert.

Sara hielt die Konversation leicht, während sie mir Getränke anbot. Wir redeten über ihr erstes Buch und wie es zu ihrem Umzug nach L.A. gekommen war. Doch dann kam das Thema natürlich bald auf Nicholas' Mutter. Also erklärte ich ihr zunächst, dass Nick adoptiert sei, wie ich mein Leben als alleinerziehender Papa so manage oder dass meine engen Freundinnen oft auf Nicki aufpassen. Sie war sehr interessiert und fragte mich offen heraus, ob eine von ihnen meine feste Partnerin sei.

Da war er – der Moment der Wahrheit. Jetzt oder nie. »Oh nein. Sara, ich bin schwul! Das ist dir klar, oder?«

Sie verzog keine Miene und erklärte, dass sie anfangs gedacht hatte, ich sei wohl schwul, aber dass ich aufgrund der Tatsache, dass ich ein Baby hatte, doch eher hetero wirkte. Recht hatte sie. »Und außerdem habe ich nie wirklich drüber nachgedacht«, ergänzte sie. Sie nahm es mehr als locker. Ich war erleichtert, aber nichtsdestotrotz ein wenig gekränkt.

»Also fühlst du dich kein Stück zu mir hingezogen? Also, wenn ich hetero wäre, würdest du dich nicht an mich ranmachen?« fragte ich, leicht empört.

»Ha! Nein, kein bisschen«, prustete sie los. Dann sah sie wohl mein Gesicht und erklärte einfühlsam: »Du bist ein sehr gut aussehender Mann, keine Frage. Aber trotzdem – nein.«

Und das wars. Der schwule Elefant war aus dem Raum und wir konnten uns von da an ganz entspannt dem Kennenlernen widmen. Später habe ich übrigens mal ihr facebook-Profil durchsucht und mir ihre ehemaligen Männer angesehen. Und da ich weder aussehe wie der Stürmer einer Fußballmannschaft noch wie Attila, der Hunne, bin ich sicher, ihre Gleichgültigkeit war nicht gespielt – ich bin einfach nicht ihr Typ.

Nicholas und Louis hatten nun endlich angefangen, friedlich auf dem Teppich zu spielen, und Sara rief mich in die Küche. »Was darf ich dir denn zu essen anbieten?«, fragte sie, sichtlich bemüht, eine gute Gastgeberin abzugeben. Gleichzeitig erspähte ich auf der Anrichte geschnittenes Obst und Gemüse, eine richtige Platte für die Kids. Kein Wunder, dass Louis so groß für sein Alter war, er lebte anscheinend in der Rohkost-Abteilung, während sich mein Sohn hauptsächlich von Keksen ernährte. Auf Nachfrage erklärte sie mir mit einer Engelsgeduld, was man Kindern zu essen geben sollte und was nicht und auch warum. Jeder Kinderarzt wäre wohl blass vor Neid geworden. Diese Frau wusste einfach alles über Essen und kannte sämtliche Nährwerte aus dem Kopf. Sofort bot sie mir an, mir verschiedene Websites zu dem Thema aufzuschreiben. Ich nickte erfreut und fragte mich, wann wir endlich zu den Snacks für die Erwachsenen kommen würden.

Sie öffnete den Kühlschrank und fragte mich erneut, wonach mir denn wäre. Sofort schob ich mich neben sie, um mal zu schauen, was sie denn im Angebot hatte. Ich rechnete mit Äpfeln und Karotten, aber meine Augen richteten sich sofort auf einen glorreichen Käsekuchen. Ich liebe Käsekuchen, auch wenn der Konsum eines solchen natürlich unweigerlich den Tod jeder Diät bedeutete. Dass Sara nun solch eine Kalorienbombe im Kühlschrank hatte, wunderte mich schwer. Sie war viel zu dünn und gesundheitsbewusst, um so etwas auch nur anzufassen.

»Sara, Käsekuchen?«, fragte ich deshalb, während ich auf das wunderbare Gebäck aus Fett und Zucker starrte. Ich ließ meinen Humor sprühen: »Du bist so gut in Form. Also entweder ist der deutsche Stoffwechsel ein Hammer oder du würgst das nach dem Essen wieder raus.« Schwuler Humor ist manchmal etwas mutig und meiner überdies häufig sehr schwarz. Ich selbst fand mich zum Brüllen, bis ich mich umdrehte und einer sehr ernst dreinblickenden Sara ins Gesicht sah. Sie lachte nicht, obwohl wir doch sonst humortechnisch immer auf einer Welle lagen.

Verunsichert zog ich meinen Kopf aus dem Kühlschrank und hakte nach: »Das sollte witzig sein mit dem Hochwürgen und so.«

Sie nahm sich eine Sekunde Zeit, um zu überlegen, und dann sagte sie, beinahe als spräche sie übers Wetter, in neutralem Tonfall: »Ja. Ja, genau das mache ich.«

Das zu hören war natürlich schockierend. Ich hätte doch nie gedacht, dass mein lahmer Versuch, witzig zu sein, das Thema in ein so ernstes Feld ziehen würde. Ehrlich gesagt, wusste ich nicht, wie ich auf ihr Geständnis reagieren, geschweige denn, was ich jetzt sagen sollte. Ich lachte laut und wusste nicht warum. Sara machte es mir jedoch leicht, indem sie mir einfach ein Stück Torte auf einen Teller legte, ganz so, als wäre nichts gewesen. Ich wollte für den Moment aber nur ein Glas Wasser. Währenddessen begann sie, zu erzählen, sah mir dabei jedoch nicht in die Augen. Geradezu faktisch zählte sie auf, wie lange sie schon an ihrer Bulimie litt und was sie nun alles unternahm, um wieder gesund zu werden.

Wir setzten uns an den Tisch und nach einiger Zeit fiel langsam die Last von ihr ab, ihr Verhalten wurde weniger steif. Sie entspannte sich und war, so glaube ich, froh, dass auch ihr Elefant endlich den Raum verlassen hatte. Ihre Wohnung war zwar groß, aber mit zwei Elefanten zwischen uns wäre eine richtige Unterhaltung wohl sehr distanziert geblieben.

Als ich ihr so zuhörte, dachte ich bei mir: Wahnsinn, wie das Leben doch manchmal spielt. Da saßen wir also und aus einer unverfänglichen Einladung zu Kaffee und Kuchen war plötzlich ein Quid-pro-quo-Nachmittag der ungeschminkten Wahrheiten geworden. Bevor wir uns versahen, tauschten wir die privatesten Dinge aus. Keiner hatte mehr etwas zu verstecken. Es war etwas Besonderes und es war extrem befreiend.

Irgendwann wurde unsere Unterhaltung durch ein lautes Geräusch aus dem Kinderzimmer unterbrochen. Wir beide kannten diesen Lärm – es waren unsere Kinder, eifrig bei der Arbeit, sämtliches Mobiliar und sonstige Einrichtung zu zerstören. Unsere Unterhaltung war also fürs Erste beendet, denn nun hatten wir genug damit zu tun, unsere Kinder zu bändigen und ihre Wohnung vor dem Untergang zu bewahren.

Unser Playdate endete dann bald darauf, die Kinder waren müde. Als ich in meinem Auto saß und Nick auf der Rückbank hinter mir schlief, ließ ich den Nachmittag noch einmal Revue passieren. Ich war so dankbar. Dankbar für diese ehrliche menschliche Begegnung und für das Gefühl, auf einem speziellen Level mit einer anderen Person gemeinsam alleinerziehend sein zu können.

Bis heute treffen wir uns jeden Samstag um acht Uhr morgens an einem Kinderspielplatz in Hollywood. Sie ist immer pünktlich, ich immer ein bisschen zu spät. Sie ruft mir schamlos und laut die Minuten, die ich zu spät ankomme, über den ganzen Spielplatz entgegen. Und ich entschuldige mich mit einer Tasse Kaffee. Und manchmal, wenn ich sie ärgern will, sage ich: »Vielleicht habe ich Sahne statt Milch in deinen Kaffee getan und du bist deswegen morgen eine Kleidergröße fetter, Schatz.« Unbeschreiblich der Moment, als sie vor einer Weile zum ersten Mal erwiderte: »Es gibt Schlimmeres.«

GLEICHGESINNTE

Nach den ersten zwei Wochen als Einzelkämpfer gegen die Sucht konnte ich als Bilanz ganz klar »Ungeeignet« verzeichnen. Das ist jetzt doch sehr überraschend, denn die letzten 26 Jahre habe ich ja schließlich hauptsächlich alleine verbracht. Zwar nicht immer mit Erfolg, aber ich fühlte mich alleine eben einfach am sichersten.

Doch wie so oft im Leben bringen einen Verzweiflung und Stillstand dazu, die eigenen Regeln und Vorlieben zu überdenken. So geschehen am Montag von Woche 3.

Die letzten 14 Tage hatten gezeigt, dass ich allein mit dem Online-Programm nicht wirklich gut fahre. Ich brauchte andere Menschen, die mich ermutigten, und mehr Motivation. Die Tage zuvor hatte ich das Internet schon mal rein theoretisch nach Hilfsgruppen und Treffen für Essgestörte durchforstet. Nun ist ja L.A., Gott sei Dank, die Hochburg des gestörten Körperbildes und es gibt mehr

Anlaufstellen für Essstörungen als Bankfilialen. Macht Sinn, wenn man bedenkt, dass hier jedes zweite Mädchen zwar dünn, aber dafür auch pleite ist.

In mir stritten sich Trotz und Vernunft. Ich hatte einfach so lange damit verbracht, mein Geheimnis zu vertuschen und zu beschützen, dass ich jetzt nicht wusste, wie ich es mit anderen teilen sollte. Die Vernunft auf der anderen Seite hatte ein einfaches, aber bestechendes Gegenargument: »Okay, Sara, bleib daheim und kratz ab.« 1:0 also für die Vernunft.

Meine Wahl fiel auf ein anonymes Treffen Betroffener in einem Gemeindezentrum in Santa Monica. Santa Monica lag am anderen Ende von L.A. und war damit weit genug weg von meinem Zuhause, um nicht zu bedrohlich auf meine perfekte Kulisse zu wirken. Irgendwie wollte ich auch, dass es weit weg von Louis' Kinderhort war. Der Gewinner war also ausgewählt und dieser Montag sollte mein Startschuss sein. Eine Anmeldung war nicht nötig, es herrschte »offene Tür« für alle Gestörten. Sehr sozial. Wenig motiviert stand ich in meinem Schlafzimmer vor offenen Kleiderschranktüren und starrte auf meine durchaus nicht kleine Sammlung von Klamotten. Da war für jeden Anlass etwas dabei, aber auf den Stammtisch der Essgestörten war ich nicht vorbereitet. Was trägt man da? In einigen Filmen hatte ich ja Treffen der Anonymen Alkoholiker gesehen und da war der Dresscode eher leger bis obdachlos. Tendenziell waren aber Alkoholiker vielleicht weniger auf ihr Äußeres fixiert als Bulimiker – das liegt ja in der Natur der Dinge. Letztlich griff ich zu einer blauen Jeans, nicht ausgewaschen und ohne modische Löcher. Ein Klassiker, den man mir weder als zu leger noch als zu overdressed auslegen konnte. Dazu kombinierte ich ein weißes enges Shirt ohne Ausschnitt. Dies war eine der seltenen Gelegenheiten, in denen selbst ich meine Brüste nicht zum Mittelpunkt der Party machen wollte. Prüfend schaute ich in den Spiegel. Ich befand das Ergebnis als in Ordnung, aber das Shirt störte mich. Im Moment war ich durch die Saftkur der letzten zwei Wochen ziemlich dünn, und das fand ich persönlich zwar super, aber auch irgendwie unangebracht. Was, wenn mein Dünn-Sein eine andere Betroffene zu einem Rückfall triggerte? Das war mir ja hundertfach passiert, dass ein dünneres Mädchen bei mir sofort wieder den Selbsthass-Schalter umlegte. Das wollte ich auf keinen Fall! Schnell wechselte ich das enge Shirt gegen eine weite, hellblaue Bluse. Das funktionierte. Gewohnheitsmäßig trat ich den Gang ins Bad an, um meine Kriegsbemalung aufzulegen und meine dicke Brille gegen Kontaktlinsen zu tauschen. Am Ende meiner Prozedur fühlte ich mich sicher genug, um das Treffen anzugehen. Die Autofahrt war lang. Die Hälfte der Zeit stand ich im Stau, aber das war in der Rushhour an einem gewöhnlichen Montagmorgen nicht anders zu erwarten. Normalerweise machte mir das nicht so viel aus, aber die Zeit im Auto gab zu viel Raum für Gedanken. Ich wusste, es war sinnlos, aber ich malte mir alle möglichen Szenarien aus, was mich dort wohl erwarten könnte. Und keines davon gefiel mir. Wenn das kein von Chanel gesponsertes Treffen mit Zac Efron als Gruppenleiter war, wollte ich da nicht hin. Aber hier ging es ja nicht um Wollen.

Das Navigationssystem verkündete gewohnt desinteressiert *Ihr Ziel befindet sich in 250 Metern auf der rechten Seite.* Da war es also, das Gemeindezentrum. Es war nicht so hässlich wie erwartet. Santa Monica war ja einer der reicheren Stadtteile und auch die Touristenhochburg von L.A. Offensichtlich hatte man sich hier nicht lumpen lassen. Vor mir stand ein relativ neues, modernes Gebäude mit gepflegtem Vorgarten und genügend Parkplätzen – der eigentliche Luxus dieser Stadt. Trotzdem fühlte ich mich nicht motiviert genug, auszusteigen. Ich fühlte mich fehl am Platz. Vielleicht war mein Entschluss, einer Selbsthilfegruppe beizutreten, doch etwas überdramatisch. Schließlich hatte ich es doch erst zwei Wochen alleine versucht. Meine Hände glitten am Lenkrad auf und ab, und ich war drauf und dran, einfach wieder heimzufahren. Das war ja nicht schlimm, denn die Gruppe war ja nächste Woche immer noch hier.

Und solange es Modelagenturen, Werbekampagnen, junge Mädels und die Kleidergröße 32 gab, würde sie da auch bleiben. Gut, ein anderes Mal also. Schnell startete ich das Auto, und ich spürte den deutlichen Impuls, sofort zum nächsten Supermarkt zu fahren und mein übliches Anfall-Essen zu besorgen. Die Fahrerei und all die Entscheidungen hatten mich so gestresst, dass ich nur heim und essen wollte. Mein Kopf fiel erschöpft auf das Lenkrad und ich sagte laut zu mir selbst: »Echt jetzt?« Ich schaltete die Zündung wieder aus, warf meine Sachen in meine Tasche und stieg aus, bevor ich noch einmal Zeit zum Nachdenken hatte. Mit großen Schritten lief ich Richtung Zentrum, die Hände fest um meine Tasche geklammert. In der Eingangshalle fand sich ein handgeschriebenes Schild:

Essen ist Leben – Raum 2.1. AA-Treffen Raum 3.2. Führerscheinstelle heute geschlossen. »Essen ist Leben« missfiel mir wirklich sofort – was für ein pathetischer Scheißtitel. Blöder Hippie-Quatsch-Weltverbesserungs-Mist. Wahrscheinlich warteten in Raum 2.1 eine Blumenkette und Bongos auf mich. »Und nun, liebe Kinder der Sonne, trommeln wir den Schmerz ganz weit weg …« Gott, das war ja jetzt schon alles nichts. Obwohl ich alles innerlich fanatisch schlechtredete, zog sich doch ein Hauch Humor durch meinen Kopf. So dachte ich grinsend: Aber keine schlechte Idee, die Führerscheinstelle am Tag des Anonyme-Alkoholiker-Treffens zu schließen. Politisch unkorrekt, klar, aber witzig. Mit einem kleinen Lächeln kämpfte ich mich die Treppen in den zweiten Stock hoch. Mein Herz pochte wie verrückt, als ich bei Raum 2.1 ankam. Die Tür war offen. Misstrauisch schaute ich aus sicherer Entfernung erst mal in den Raum und versuchte, die Lage zu erkunden. Allerdings war die sichere Entfernung nicht sicher genug, denn sofort fuchtelte ein Mädchen hinter einem Schreibtisch, gleich neben der Tür, motiviert mit ihren Armen. Es war eine unkoordinierte Mischung zwischen Winken und Wedeln, und ich wollte um alles auf der Welt glauben, das galt nicht mir, aber ich war der einzige Mensch auf dem Flur. »Hallo! Einschreiben ist hier! Komm rein!«, rief sie ein wenig zu nett und zu fröhlich in meine Richtung. Bestimmt hatte sie so einen Kurs gemacht, und jemand hatte ihr erklärt, man müsse den Verrückten immer mit freundlicher Euphorie begegnen. Ich atmete tief durch und nahm mir vor, das jetzt durchzuziehen. Ich würde mich einfach, wie in guten alten Schulzeiten, alleine in die ganz hinterste Reihe setzen und mir alles erst einmal zurückhaltend ansehen. Nach einem letzten tiefen Durchatmen schritt ich in Raum 2.1. Dann ging alles ziemlich schnell. Das Mädchen hinter dem Schreibtisch strahlte mich an und bat mich, mich einzuschreiben. Innerlich suchte ich nach einem glaubwürdigen falschen Namen, denn meinen richtigen Namen würden die sicher nicht bekommen. Noch bevor mir etwas einfiel, unterbrach sie meine Gedanken. »Nur Vorname, Datum und Ankunftszeit«, flötete sie. Ich trug »Sara« ein und ergänzte dann schnell noch ein »h« am Ende des Namens. Warum, war mir nicht so ganz klar. »Danke dir! Toll. Mein Name ist Chrissy und ich bin eine der Organisatorinnen«, erklärte sie, noch immer erschreckend freundlich. Ich nickte. »Setz dich einfach und nimm dir Kaffee und ein Stück Kuchen vom Tisch da drüben, wenn du magst«, bot sie strahlend an. Wortlos ging ich in den Raum und schaute mich um. Sofort war ich eingeschüchtert, denn mein Plan, mir alles erst mal aus der letzten Reihe anzusehen, war soeben zum Teufel gegangen. Es gab nur ungefähr zehn Stühle und die standen im Kreis! Ein Kreis hieß, keine Möglichkeit zum Verstecken. Ich stand am Ende des Raumes und wollte am liebsten gehen. Das war nichts für mich hier. Meine Atmung wurde ein wenig schneller und das Angstgefühl kam zurück. Der Kreis füllte sich rasch mit Mädchen und Frauen verschiedenen Alters und ganz verschiedenen Aussehens. Zwei waren sehr dünn, die meisten normal und eine übergewichtig. Dann setzten sich zwei Männer in den Kreis, was mich überraschte. Es schien, als würden sich alle schon kennen und auch tatsächlich mögen. Bestimmt war es eine nette Gruppe, aber ich wollte da nicht hin, wollte nicht in diesem Kreis sitzen. Hinter mir hörte ich die Tür ins Schloss fallen. Ich drehte mich um und sah Chrissy auf mich zukommen. Sie fasste an meinen Oberarm und rieb ihre Hand dort auf und ab. Ja, gehts noch?! Ich hasse es, wenn Leute mich einfach anfassen, es ist mir unangenehm. »Du bist ja heute das erste Mal hier und kannst einfach nur zuhören, wenn du willst. Du musst nichts sagen. Wenn du erst mal nur zuhören willst, ist das okay«, erklärte sie mir geduldig und langsam. Sie dachte entweder, ich bin bescheuert oder verstehe kaum Englisch. »Ich sitze nicht in Kreisen«, platzte ich heraus. Diese Antwort hatte ich nicht geplant, aber sie war alles, was ich herausbekam. Meine Rhetorik hatte das sinkende Schiff scheinbar schon verlassen. Das konnte die gute Chrissy aber nicht erschüttern, denn sie antwortete einfach: »Okay, du kannst außerhalb des Kreises sitzen und zuhören. Anfang ist in fünf Minuten.« Dann rauschte sie in den Kreis und nahm ihren Platz ein. Links von mir standen Stühle neben einem Tisch mit Kaffee und Kuchen. Mit einer Hand zerrte ich einen der Stühle näher an den Kreis. Nicht zu nahe. Ich rückte ihn ein paar Mal hin und her, bis der Platz sich richtig anfühlte. Dann platzierte ich meine Handtasche darauf, als hätte sonst jemand meinen Platz außerhalb des Kreises wegschnappen können, und holte mir eine Tasse Kaffee. Als ich einen Pappbecher vom Stapel nahm und ihn füllte, fielen mir zwei Dinge auf. Erstens, die Tatsache, dass der Kuchen selbst gebacken war. Das gefiel mir, denn es fühlte sich nach meiner Oma und zu Hause an. Und zweitens das Schild vor dem Kuchen, auf dem *Ein Stück ist eine normale Portion* stand. Ich musste lachen.

Zurück auf meinem Platz, verhielt ich mich so ruhig wie möglich. Geradezu als würde mich so keiner bemerken. Alle hatten kleine Hefte oder einen Block dabei. Warum hatte ich nichts mitgebracht? Ein Mann Mitte 40 eröffnete die Sitzung, indem er einfach mit »Hallo, schön, dass alle da sind. Dann legen wir mal los« begann. Lächelnd ergänzte er: »Maya fängt heute an.« Seine Stimme war tief und ruhig. Bestimmend. Eine Frau im Alter meiner Mutter öffnete ihr kleines Buch und tippte mit dem Stift auf die aufgeschlagenen Seiten. Dann begann sie sehr entspannt, einfach zu erzählen. Von ihrer Woche, ihren Gedanken und, überraschenderweise, auch von ihren Problemen. Ihr Mann hätte noch immer Probleme im neuen Job, einige der anderen nickten. Anscheinend redeten die hier auch über ihr normales Leben. Das war befremdlich. Der einzige männliche Betroffene war mir sympathisch, denn seine Aufzeichnungen waren so, wie meine wohl ausgefallen wären. Knapp und in neutralem Ton las er aus seinen Aufzeichnungen *Vier sehr gute Tag ohne Rückfall. Ein sehr trauriger Tag, aber ohne Rückfall. Danach zwei Tage ohne Struktur und mit viel Isolation und großen Anfällen* vor. Dann klappte er sein Buch zu und schaute auf den Boden. »Das ist ja schon viel besser als die Wochen zuvor und wird auch noch besser werden – versuch nur rauszufiltern, wann du den Drang zum Essen verspürst, und schreib das dann immer genau auf, bitte«, entgegnete der Kursleiter sachlich. Dann machte er sich, wie zu jedem Beitrag der Gruppe, Notizen. Das gefiel mir. Offensichtlich hörte er wirklich zu und behielt so den Verlauf eines jeden Einzelnen gut im Auge.

Als jeder seine Wochenbilanz und persönlichen Problemchen wie beim Kaffeeklatsch auf den Tisch gebracht hatte, erklärte Chrissy das »Open Forum« für eröffnet. Was war ein Open Forum? Anhand des Gesprächs wurde bald klar, dass es eine Art offene Diskussion über die täglichen Probleme mit der Krankheit war. Verschiedenes, vor allem gesundheitliche Erscheinungen wurden eifrig diskutiert. Hierbei zeigte sich eine ganz neue Kompetenz von Chrissy, die über Winken, Wedeln und ihr aufgedrehtes Lächeln hinausging. Ich überlegte, ob sie wohl als Krankenschwester arbeiten würde, denn mit Engelsgeduld erklärte sie, welche medizinischen Hintergründe hinter welchen Schmerzen steckten und was dagegen getan werden konnte. Dieser Teil gefiel mir gut, und zum ersten Mal hatte ich sogar kurz den Impuls, etwas zum Gespräch beizutragen. Letztlich tat ich es aber doch nicht und zum Glück fragte mich auch keiner was. Die ganze Zeit war ich in Alarmbereitschaft, denn ich befürchtete, dass einer der Teilnehmer sich umdrehen und versuchen würde, mich im Selbsthilfegruppen-Style zu motivieren. Das ganze »Teile deine Sorgen mit uns, Schwester«-Bla-Bla, das man sich so vorstellt. Aber es geschah nichts dergleichen. Trotzdem rannte ich, sobald die Sitzung beendet war, als Erste aus dem Raum. Als ich den Gang eilig herunterlief, blieb ich kurz stehen, denn mir fiel ein, dass ich meinen Stuhl nicht zurückgestellt hatte. Ich hatte ihn einfach mitten im Raum stehen lassen. Was würden denn jetzt die anderen von mir denken? Obwohl ich mein Verhalten als unerzogen und asozial empfand und mir die Stuhl-Situation sehr unangenehm war, konnte ich nicht zurück. Schnell lief ich weiter Richtung Auto. Dort angekommen, stieg ich ein, zog die Tür zu und ließ mich von der Stille einfangen. Ich machte die Zündung nicht an, ich saß nur still da und beobachtete die Tür des Gemeindezentrums. Keiner der anderen war bisher rausgekommen. Vielleicht gab es ja noch so etwas wie ein Programm nach der Sitzung oder alle unterhielten sich einfach noch eine Weile. In dem Fall war ich froh, geflüchtet zu sein, denn für ein Gespräch mit meinen neuen Klapsen-Kumpels war ich noch nicht bereit. Ich versuchte, die letzten anderthalb Stunden zu reflektieren. Rein emotional fühlte ich mich nicht wohl in dieser Gruppe; es war alles zu offen und zu nah, und ich hatte das Gefühl, dort nicht atmen zu können. Auch hatte ich keine sofortige Verbundenheit gefühlt, auf die ich doch gehofft hatte. Und trotzdem – Interesse war da, meine Neugierde geweckt. Der zweite Teil der Sitzung, die offene Diskussion über verschiedene Begleiterscheinungen der Krankheit, war so lehrreich gewesen. Es war beinahe, als hätte ich meine Chats aus dem Bulimie-Forum zum Leben erweckt – wir hatten alle mit den gleichen Schmerzen zu kämpfen und jeder hatte seine ganz eigenen Tipps und Tricks, mit der Krankheit umzugehen. Die anderen Teilnehmer wussten über viele Dinge eindeutig besser Bescheid als ich und das imponierte mir. Wissen gibt mir Sicherheit und ein Gefühl von Kontrolle.

Dann der Horror. Es klopfte plötzlich an meiner Autotür und ich erschrak mich extrem. Der Mann, der die Gruppe geführt hatte, stand neben meiner Tür und starrte durch die Scheibe herein. Der kennt ja gar kein Tabu. Was sollte ich jetzt tun? Wegfahren ging nicht, Tür aufmachen wollte ich aber auch nicht. Für eine Sekunde dachte ich daran, einfach »Tu hablas español? Me no habla inglés« durch das Fenster zu brüllen. Aber das war auch keine Lösung, denn die Chance, dass er tatsächlich spanisch sprach, war groß in L.A. Vorsichtig ließ ich meine Fensterscheibe runter und fragte: »Ja, was kann ich für Sie tun?« Er lachte und entgegnete: »Die Frage ist, was können wir für dich tun?« Da war es also, das Selbsthilfegruppen-Gelaber. Sofort spürte ich Wut in mir hochkochen und irgendwie fühlte ich mich angegriffen. »Wer sagt denn, dass Sie etwas für mich tun können?«, verteidigte ich mich patzig. Sein freches Gesicht lächelte noch immer, und geradezu arrogant ruhig antwortete er: »Die Tatsache, dass Sie hier sind, legt nahe, dass Sie etwas suchen. Vermutlich Hilfe.« Klugscheißer. »Ein wirklich wunderbares Gemeindezentrum haben Sie hier, toller Garten. Wirklich sehr schöne kleine Bäumchen. So was sieht man nicht oft …«, fing ich an, das Thema zu wechseln, als er mir plötzlich einfach ins Wort fiel. »Dann kommen Sie doch einfach nächsten Montag für die schönen Bäumchen zurück«, sagte er, lachte, klopfte tatsächlich zweimal gegen meine Autotür und ging. Unerhört!

Sauer fuhr ich nach Hause. Dank des Kaffees im Gemeindezentrum musste ich aber nach nicht mal der Hälfte des Weges dringend auf die Toilette, weshalb ich an einem Supermarkt entlang der Straße hielt. Supermärkte waren ein schwieriger Fall und ich mied sie eigentlich um jeden Preis. Allerdings ist mit der weiblichen Blase und einer Menge Kaffee nicht zu spaßen. Ich würde nur kurz reinrennen, auf Toilette gehen und kein Essen kaufen. Ich konnte das. Entschlossen stieg ich aus und steuerte direkt auf eine Mitarbeiterin vor der Tür zu. »Wo sind denn Ihre Kunden-WCs?«, fragte ich deutlich angespannt. »Am Ende von Gang 13. Am ganz anderen Ende des Marktes«, entgegnete Sie im typisch kalifornischen Singsang. Ja klar, am Ende des Marktes. Wie mit Scheuklappen vor den Augen rannte ich durch den Markt, den Blick, wann immer möglich, starr auf den Boden gerichtet. Körperhaltung wie ein Vampir im Sonnenlicht. Ich fand die Toilette, aber mir stand noch der Rückweg bevor. Ich fühlte mich von Feinden umzingelt. Überall hier war Essen. Mein Essen. Und irgendwie hatte ich doch einen Ausrutscher verdient, um mich für mein erstes Gruppentreffen zu belohnen. Ich konnte ja nicht erwarten, dass ich von heute auf morgen gesund wäre, aber das Treffen war ein großer Schritt und ich könnte mir doch dafür jetzt einen Ausrutscher gönnen. Schließlich würde mir das helfen, die Eindrücke von diesem Tag zu verarbeiten. Okay, wenn ich also diesen Ausrutscher nun zuließ, dann würde ich aber auch mit den Sitzungen weitermachen müssen. So war es ein kleiner Ausrutscher auf der einen, aber auch ein großer Sieg auf der anderen Seite. Ja, das machte Sinn, das war schon in Ordnung so.

Ich rannte durch sämtliche Reihen des Supermarktes und schmiss alle möglichen Nahrungsmittel, die mir gefielen, in einen Korb. Ich schaffte es in meinem Wahn aber trotzdem, kurz innezuhalten, und stoppte an der Haushaltswarenabteilung. Eine Produktpalette, die für mich bisher nicht existiert hatte. Aber heute war das anders. Ich kaufte einen Block mit kariertem Papier, zwei Bleistifte und eine Packung mit bunten Stiften. Das würde ab heute für meine Notizen sein. Und nur dafür.

Zu Hause angekommen, legte ich den Block und die Stifte auf meinen Küchentisch. Wie ein Mahnmal meines eigenen Versprechens, mit der Therapie weiterzumachen. Danach hatte ich einen großen Rückfall und verbrachte den ganzen Tag in meiner Blase aus Essen und Kotzen. Alltag. Sicherheit. Aber immer wieder schaute ich auf den Block und die Stifte, und es fühlte sich gut an. So, als hätte ich ein neues Projekt. So, als hätte ich schon was geschafft. Es war zwar erst einmal nur ein kleiner Sieg, dieser Block auf dem Esstisch, aber es könnte ein entscheidender sein.

OFFENBARUNG

In einer perfekten Welt entscheidet sich ein Mensch plötzlich dafür, sein Leben zu ändern, weil ihm ein Licht aufgeht. Weil der Groschen endlich gefallen ist. Und dann geht er los, sucht sich Hilfe und folgt dem tollen Pfad der Erleuchtung. In meiner Realität war der Pfad der Erleuchtung eher wie der regelmäßige Gang zum Frauenarzt – eine lästige Sache, die man aber nun einmal hinter sich bringen muss. Der Anfang meiner Therapie war ein ständiger Eiertanz mit mir selbst. Nachdem ich filmreif die Treppen runtergesegelt war, konnte man wirklich von einem Tiefpunkt reden. Und heißt es nicht, man müsse am Boden sein, um den Neuanfang wirklich zu wollen? Ich war am Boden aufgeschlagen – faktisch. Aber so ganz wollte die Erleuchtung dennoch nicht einkehren. Der logische Teil meines Hirns war erleuchtet, ja. Ich wusste nun, dass ich in diesem körperlichen Zustand erstens kein zuverlässiger

Versorger für Lou sein konnte und zweitens wohl bald abnippeln würde, sollte ich so weitermachen wie bisher. Man könnte meinen, diese Aussicht wäre genug, um mit vollem Elan in die Therapie zu starten, aber dem war nicht so. Es gab da noch all die unlogischen Teile in meinem Hirn, zu denen die Erleuchtung nicht durchdringen wollte. Da war es nicht nur wenig erleuchtet, sondern geradezu stockfinster. Ich vermisste meine Essstörung, obwohl ich sie noch gar nicht los war. Ich war gefangen in einer emotional extrem ungesunden Beziehung mit meiner besten Freundin und nicht fähig, Schluss zu machen.

Dementsprechend schwierig war es auch für mich, die richtigen Schritte zu gehen. Ich diskutiere oft Dinge mit mir selbst im Kopf aus und nach tagelanger Debatte zwischen den zwei gegensätzlich eingestellten Hirnpartien beschloss ich irgendwann endlich, der Therapie einfach mal eine Chance zu geben. So übel war ja der erste Besuch in der Gruppensitzung nicht gewesen. Und auf meinem Info-Zettel stand, dass ohnehin jeder Neuzugang eine Einzelstunde beim Gruppenleiter nehmen musste, damit Krankheitsgrad und Lebenssituation festgestellt werden konnten. Krankheitsgrad und Lebenssituation – das hörte sich an, als wolle man mich im Tierheim zur Vermittlung anbieten und sicherstellen, dass ich nicht beiße und die anderen nicht mit Flöhen anstecke.

Die Idee der Einzelstunde gestaltete sich in meinem Kopf wie ein Jobinterview für den Therapeuten. Würde ich denjenigen und sein Programm in meinem Leben haben wollen? Bevor wir mich nach Flöhen checken, würde ich also erst einmal eine Befragung starten und dann entscheiden, ob er an mein Fell darf. Natürlich nicht wörtlich gesprochen, rein bildlich.

Dieser Plan gefiel beiden Gehirnhälften gut und ich rief sofort bei der Hotline auf der Broschüre an. Es klingelte nur einmal, bis jemand abnahm – die haben eindeutig nicht genug zu tun. »Hallo, hier ist die Hotline des Gemeindezentrums Santa Monica! Wie darf ich behilflich sein?«, flötete es in überraschend fröhlicher und höflicher Manier durch die Leitung. »Ja, hi. Ich würde gerne einen Termin zum Einzelgespräch mit dem Gruppenleiter der Bulimie-Gruppe ausmachen. Ich bin da neu«, gab ich betont lässig zurück. »Natürlich, gerne, mit welchem Leiter hatten Sie denn Kontakt?«, fragte der Sonnenschein weiter. Das war jetzt aber saublöd, denn ich hatte tatsächlich keine Ahnung, wie der Typ hieß. Für mich war er »der Aufdringliche neben meiner Autotür«. »Oh, ich hab den Namen gerade vergessen. Er war so um die 40, sehr groß und trug eine Brille«, erklärte ich leicht beschämt. Aber Sonnenschein wäre nicht Sonnenschein, wenn sie mir meine Vergesslichkeit auch nur eine Sekunde übel nehmen würde. »Ah, das ist Herr Hettford von der Montagsgruppe. Der ist jeden Vormittag hier, also kommen Sie am besten gleich morgen früh rein, da ist grad was frei geworden.« Morgen früh? Das war jetzt sehr spontan. Ich überlegte einen Moment, aber bevor ich das mit mir innerlich durchsprechen konnte, kam ein »Also morgen um 9:30 Uhr dann, okay?« aus der Leitung. Ich stimmte einfach zu. Bumm – Sonnenschein hatte mich in ihren Kalender gequatscht. Ich legte auf und war mir kurz nicht sicher, ob mir das jetzt gefiel. Andererseits war es aber auch egal, denn ich hatte einen Plan für dieses Treffen, und es lag an mir, weiter zu entscheiden, ob ich das dann fortführen würde oder nicht. Diese ganze Therapie-Sache hatte einen Vorstellungstermin bei mir, nicht umgekehrt. Als würde ich eine Putzfrau für meine Psyche einstellen. So!

Trotz meiner innerlichen Klarstellung der Rollenverteilung fand ich mich am nächsten Morgen mit einem Becher Kaffee in der Hand in meinem Auto vor dem Gemeindezentrum wieder und stieg nicht aus – ich wollte nur still da sitzen. Es war unmöglich, dieses Gefühl, das mich in diesem Augenblick so lähmte, ausfindig zu machen. Ich fühlte mich unwohl, aber Angst hatte ich nicht. Die Uhr vor mir am Armaturenbrett zeigte 9:21 Uhr. Dann irgendwann 9:29 Uhr. Über die Lenkradsteuerung wählte ich die Oldie-Playlist meines iPods an und entschied mich für Peter Alexanders *Ich zähle täglich meine Sorgen.* Sofort musste ich lachen. Die Bewegung meiner Mundwinkel war ein klarer Beweis, dass ich nicht gelähmt war. Gute Voraussetzung also. Um 9:31 Uhr verließ ich endlich das Auto und verbot mir jegliches Zögern und Nachdenken, bis ich dann vor seiner Tür stand. Hettford in Raum 208. Ich klopfte und er öffnete. Er sah aus wie beim letzten Mal. Trug er das gleiche Shirt? Oh Gott, trug ich die gleichen Klamotten? Ich konnte mich nicht erinnern. Ruckartig streckte ich ihm meine Hand entgegen und wahrte viel Abstand zwischen unseren Körpern. Kein Grund, zu vertraut zu werden. Er lächelte, schüttelte meine Hand und sagte: »Na, haben Sie sich ein paar Minuten Zeit genommen, um unsere tollen Bäumchen vor der Tür zu bewundern?« Ich brauchte eine Sekunde, um seine Anspielung auf unsere unsägliche Autotür-Konversation zu verstehen. Höflich lächelte ich, obwohl ich es nicht wollte. Ich folgte seinen schnellen Schritten in das kleine, aber ordentliche Büro. Kaum Persönliches von ihm stand herum. Das würde es schwer für mich machen, ihn einzuordnen.

Er setzte sich hinter seinen Schreibtisch und bot mir den Platz davor an. Da saß ich nun. Ich fühlte mich nicht ganz so souverän, wie ich es in meinem Kopf geplant hatte. Herr Hettford zog einen Stapel Papiere aus der Schublade und eröffnete mit: »Wir fangen mit einem Fragebogen an, der aus nur fünf Fragen besteht. Diese fünf Fragen klären wir in der nächsten Stunde, und es wird dabei helfen, festzustellen, wo wir stehen, in Ordnung?« Ich hörte eine Routine in seiner Stimme, die mich wissen ließ, dass seine Frage am Ende rein rhetorisch gemeint und meine Meinung nicht wirklich von Bedeutung war. Das sprach natürlich jetzt ein wenig gegen meinen Plan, ihn zu interviewen, aber vielleicht war es ja taktisch klug, abzuwarten und ihn erst einmal machen zu lassen. Wie schlimm konnte das schon sein. Also nickte ich.

Er lächelte wieder, was mich langsam, aber sicher nervte. Frohen Mutes zog er einen Stift aus einer alten Kaffeetasse, die er zum Stiftehalter umfunktioniert hatte. Dann legte er los: »So Sara, die erste Frage ist: Wie lange leben Sie bereits mit Ihrer Krankheit?«

Das war einfach. »Zwölf Jahre. Es ging los, als ich 14 war«, antwortete ich ehrlich und knapp. Die Einfachheit der Frage beruhigte mich. Ich lehnte mich in dem harten Holzstuhl zurück. Hettford machte sich Notizen, die deutlich länger waren als meine Antwort, und ich bewunderte sein Engagement. Schreibfaul war er definitiv nicht. Er schaute auf und ich bemerkte seinen intensiven Blick. Das war zwar unangenehm, aber fühlte sich nach ehrlichem Interesse an. Er fuhr fort: »Wie würden Sie Ihre Krankheit beschreiben?« Krankheit. Das klang noch immer nach Angriff. Ich kannte meine Gefühle für meine Krankheit und beschloss zu meiner eigenen Überraschung, völlig ehrlich zu sein. In meinem Kopf stand ich an einer Kreuzung und der ehrliche Weg sah leichter und ein wenig heller aus. Das war neu für mich. Ohne jeglichen beschönigenden Filter antwortete ich also: »Bulimie war meine beste Freundin für den Großteil meines Lebens. Sie ist immer für mich da und zuverlässiger als jeder, den ich kenne. Sie fängt mich auf. Das soll ihr ein realer Mensch erst einmal nachmachen. Wenn es meinen Sohn nicht gäbe, dann würde ich wohl ziemlich sicher mit ihr sterben.« Wieder suchte er diesen durchdringenden Blickkontakt und ich scheute ihn nicht. Wie würde er auf brachiale Ehrlichkeit reagieren? Sein Blick war unruhiger als zuvor, er schaute recht bald auf seine Notizen und kritzelte etwas auf sein Blatt. Hörbar atmete er durch, bevor er fortfuhr: »Was sind Ihre Ziele und Wünsche für die Therapie?« Und wieder reduzierte ich mich auf die hässliche Essenz der Wahrheit: »Überleben, bis mein Sohn mich nicht mehr braucht, und fit genug sein, um ihn finanziell abzusichern zu können.« Ich stockte kurz, denn ich suchte in meinem Kopf nach weiteren, vielleicht überzeugenderen Gründen. Ich weiß, ich hätte etwas sagen sollen wie »Selbstliebe, innerer Frieden, Freiheit von der Sucht nach Essen, mehr soziale Kontakte«, aber das wäre in diesem Moment gelogen gewesen. Kurz hatte ich den Impuls, die Wahrheit ein wenig auszuschmücken, ein bisschen Sonne in die Antwort zu lügen, um die Dunkelheit, die den Raum erfüllt hatte, zu zerschneiden. Aber ich beließ es beim Schweigen.

Während er schrieb, saß ich einfach regungslos da. Die Zeit nutzte ich, um nach Gefühlen zu forschen. Schwer zu sagen, ob da Stille oder Kälte in meinem Kopf war. Neugierig betrachtete ich seine Gesichtszüge und sein Bemühen, zugleich neutral und unberührt zu wirken. Die Machtverhältnisse hatten sich verschoben, denn ich war mit dieser Dunkelheit in mir vertraut. Das war mein Spielfeld, auf dem er sich nun blind orientieren musste. Er räusperte sich und ich musste mir angesichts dieser Klischeehandlung ein Grinsen verkneifen. »Vierte Frage: Kennen Sie die Ursachen Ihrer Krankheit?«, fragte er übertrieben gelassen. »Nein«, gab ich schnell und knapp zurück. Ich schaute auf und er warf mir einen fragenden und ungläubigen Blick zu. »Nein! Einfach nein«, schnauzte ich über den Tisch. War das denn so schwer zu glauben? Er hob seine rechte Hand beschwichtigend in die Höhe und unterstrich die Geste mit »Okay, okay. Kein Problem«. Dann machte er sich wieder Notizen, und ich wusste genau, dass er meine plötzliche Aggression zu seinen Aufzeichnungen hinzufügte. Zu Recht. Und wenn er eine Erklärung dafür hatte, könnte er sie gern als Memo an mich schicken, denn ich hatte keine Ahnung, warum ich gerade so vollkommen außer mir war. Ich spürte eine Anspannung in meinem Körper und das Gefühl von Wut, hielt meine Arme eng verschränkt vor meiner Brust. Als hätte er mich beleidigt. Diese Entwicklung gefiel mir nicht. Eben noch hatte ich die Oberhand in diesem Spiel gehabt und nun verlor ich meine Coolness. Warum? Während er einen halben Roman niederschrieb, legte ich meine Arme bewusst auf meine Schenkel und atmete tief und langsam, um mich zu kontrollieren. Bei der letzten Frage würde ich wieder Herr des Gesprächs sein. Er hatte einen Blick in meinen Kopf erhaschen wollen, hier war er. Hier war der freie Blick in meinen Schädel, Kumpel – komm klar damit.

»Hier also unsere letzte Frage des Bogens«, sagte er und machte eine oberdramatische Pause, die an schlechtes Laientheater erinnerte, bevor er fortfuhr: »Wer sind Sie?«

Was dann geschah, war seltsam und mir noch nicht häufig widerfahren: Ich fand keine Antwort. Ich wusste nicht mal, was ich sagen könnte, was sich gut anhören würde. Völlig verwundert ließ ich einen imaginären Scanner durch das sonst so laute und endlose Gewirr meiner Gedanken gleiten, doch da war nichts, was mir weiterhalf. Es war, als wäre mein Kopf leer. Nicht nur still, sondern vollständig leer. Da war nichts, was auf mich hingewiesen hätte. Es musste mehr Zeit vergangen sein, als ich dachte, denn Hettford hakte nach: »Sara, sind Sie in Ordnung?« Plötzlich schaltete irgendetwas in mir von Verwunderung auf Panik. Wer war ich? Mein Atem ging schnell und der übliche laute Dauerlärm meiner Gedanken kehrte zurück wie eine Flutwelle, übermannte mich. In meine Arme spülte die Welle einen Gedanken, den ich zuvor nie gehabt hatte: Was, wenn ich mich selbst schon getötet hatte? Wieder fragte er: »Sara, alles okay?« Wenn er unbedingt teilhaben wollte, sollte er doch. Ich sprach die Entwicklung meiner Idee laut mit, noch während ich sie richtig gegriffen hatte: »Ich weiß nicht, wer ich bin. Ich finde kein Indiz in mir, wer ich bin. Da wohnt niemand. Nun frage ich mich, ob es sein könnte, dass ich mich selbst schon umgebracht habe.« Er richtete sich in seinem Stuhl auf, beugte sich weiter über die Tischplatte, als könnte er mich dann besser verstehen. Sein Blick suchte einen Sinn in meinem Gesicht, während ich bloß zurückstarrte. Besorgt hakte er nach. Ich lehnte mich ebenfalls ein wenig nach vorne, so, als könnte er dann besser zuhören, und spuckte meine Gedanken ohne jeden Filter weiter laut aus: »Ich finde das ›Ich‹ nicht mehr. Es ist nicht mehr da. Gewiss muss es mal da gewesen sein, denn wir alle kommen mit einem auf die Welt. Aber es ist weg. Ist gestorben. Die Frage ist, wann und warum. Ich glaube gerade, ich habe so viel Zeit damit verbracht, jemand anders sein zu wollen, dass ich meinem eigentlichen ›Ich‹ den Spaß am Leben genommen habe. Meine Vorstellung von dem, wie ich zu sein habe, wurde immer mächtiger und erdrückte das ›Ich‹ immer weiter, bis es schließlich in die Ecke zum Sterben ging. Wenn Liebe die Luft zum Atmen für unsere Seele ist und ich aber nur Selbsthass hatte – dann habe ich mich selbst erstickt. Ich bin nur eine Hülle. Und vielleicht hänge ich deswegen nicht besonders am Leben. Weil ich schon lange tot bin. Zumindest teilweise.« Während des gesamten Monologes hielt ich Blickkontakt mit Herrn Hettford. Ich suche nach Antworten in seinem Gesicht und noch lieber hätte ich eine Antwort aus seinem Mund gehört. Aber er blieb komplett stumm. Also legte ich nach: »Sie können nicht abstreiten, dass das Sinn macht. Wissen Sie denn, wer Sie wirklich sind, Herr Hettford? Kann überhaupt jemand sicher sein, wer er ist?« Noch immer keine Antwort. Seine Augenbrauen zogen sich zusammen und seine Augen wurden ein wenig kleiner. Als könnte er mich nicht richtig sehen. Tausend Gefühle und Fragen schwebten durch den Raum. Die Zeit stand beinahe still, verging auf seiner Seite des Tisches langsamer. »Antworten Sie«, forderte ich. Er lehnte sich zurück in seinen Sessel und atmete tief ein. Wie dramatisch von ihm.

Und dann sprach er endlich: »Ich habe keine Ahnung, was ich sagen soll. Ich finde die Qualität dieses Gedankens bemerkenswert und erschreckend fundamental. Ich kann dir nicht mehr sagen, als dass ich auch Jahre meines Lebens nicht wusste, wer ich bin. Allerdings kann ich dir versichern, du bist nicht tot. Du bist genau hier und das hat seinen Grund. Du bist noch da. Alles ist noch da, so wie du auf die Welt gekommen bist. Das verschwindet nicht so einfach.« Seine Stimme war voller Überzeugung. So viel Wissen und Überzeugung, dass ich meine galoppierenden Gedanken vom toten Ich kurz einbremste. Irgendwas an ihm ließ mich glauben, er wüsste gerade genau, wovon ich redete, und meine beratungsresistente, harte Hülle ließ ihn durchdringen. In meinem Kopf legte sich der Sturm, legte sich die Angst und zurück blieb allein die Essenz des Gedankens. Übrig blieb dann nur eine Frage. Und ich stellte sie: »Sie denken also, ich bin noch da und habe mich nur versteckt, bis der Sturm vorbei ist?«

»Ja«, erwiderte er. Und dieses »Ja« ließ keinen Zweifel. Ich glaubte ihm ohne Vorbehalt. »Können Sie mir helfen, mich zu finden?«, fragte ich weiter. »Ja.« Wieder zögerte er nicht. Und wieder glaubte ich ihm.

Wir beide sind seither ein Team von Schatzsuchern. Unsere Suche bestand bisher aus Einzelsitzungen und Gruppensitzungen, etlichen E-Mails und zahllosen Telefonaten. Vielen Gesprächen über den Sinn des Lebens und viel Philosophie. Wir sind Schatzsucher auf der Suche nach der kleinen Sara im Sandsturm.

AUFBRUCH

Nach dem ersten Treffen, dem Einschreiben und dem Einzelverhör musste ja irgendwann mal der Ernst des Programms beginnen. Der, in dem man seinen Lifestyle umstellt (sofern man Essen und das Gekaute geräuschlos wieder hochzuwürgen großzügig als Lifestyle bezeichnen will). Und gerade als ich schon ungeduldig und etwas überehrgeizig wurde, wurde mein Wunsch erfüllt. In der nächsten Sitzung unseres Wanderzirkus drückte mir die Organisatorin ein dickes Heft in die Hand und sagte in einem völlig dramatischen und übertriebenen Ton: »Das wird deine ganze Sicht auf die Krankheit und Nahrung ändern.« Dann lächelte sie beseelt und sah dabei aus wie die Galionsfigur der »Legalisiert Marihuana«-Bewegung. Um sie nicht zu enttäuschen, lächelte ich zurück. Wozu hatte ich denn über 22 Jahre ein aufgesetztes Lächeln perfektioniert, wenn nicht, um andere zufriedenzustellen?

Nach zwei Sekunden Beißerchen zeigen steckte ich mir das Heft in meine Handtasche und schlappte Richtung Auto. Auf dem Heimweg wiederholte ich innerlich ihre Behauptung: »Das wird die Sicht auf die Krankheit und Essen verändern, blabla.« Das möchte ich ja mal mehr als bezweifeln. Bulimie war zwölf Jahre lang meine beste Freundin und engste Vertraute gewesen, Essen meine Droge. Ich gehe also davon aus, dass ich eine ganz gute Ahnung davon hatte, was es da zu wissen gab. Ich wurde ein bisschen sauer. Es war ein Gefühl, als hätte man mir Schwimmflügel angeboten, obwohl ich doch ein Fisch bin. Ich weiß alles über jede Diät und kannte schon Kalorientabellen auswendig, noch bevor ich Englisch lernte.

Zu Hause angekommen, warf ich mich sofort mit dem Buch auf mein Sofa. In der Einleitung stand, man sollte jeden Tag nur ein oder zwei Kapitel lesen. Ich aber stand nicht mehr auf, bis es dunkel wurde. Tatsächlich hatte ich 211 Seiten am Stück gelesen und geschätzte 190 davon mit offenem Mund. Die Organisatorin unserer Gruppe hatte nicht gelogen – es war, als hätte man mir das Licht im Kopf angeschaltet. Das Buch erklärte sachlich und ausschließlich anhand von Fakten, woher die extremen, suchtartigen Essanfälle kamen. Nie zuvor hatte ich dafür tatsächliche körperliche Faktoren vermutet. Aber es machte alles Sinn. Ich war zwar noch immer nicht untergewichtig, weil ich eben Fett eingelagert hatte, aber trotz Vitamintabletten fehlten mir doch einige sehr wichtige Mineralien, Elektrolyte, Vitamine und andere Nährstoffe. Mein Körper fühlte sich an, als würde er verhungern, weil er nicht die nötigen Bausteine bekam, meinen Körper zu reparieren, und nicht die Mittel, ihn am Laufen zu halten. Daher gab das Gehirn Alarm und das Signal »Essen!«. Ein paar Seiten später lernte ich alles über Giftstoffe und die nötige Entgiftung des geschundenen Körpers. Ich war wie besessen, und während ich in der linken Hand das Buch hielt, lag in der rechten mein iPhone. Parallel bestellte ich online alle möglichen Vitaminpräparate, Elektrolytlösungen und sogar getrocknetes Weizengras. Und weil ich schon mal dabei war, noch zusätzlich zwei Bücher über Rohkost und eines über Entgiftungskuren und Verzicht auf Zucker.

Wie ein Äffchen auf Speed rannte ich durch die Wohnung und war so motiviert wie schon seit Jahren nicht mehr. Es machte endlich Sinn. Dieses Buch konzentrierte sich auf die körperlichen Tatsachen, die es zu beheben galt, und Ursache und Wirkung. Das war greifbar für mich. Das konnte ich verstehen und glauben. Und ich wusste an diesem Abend, es ist endlich Schluss mit Bulimie.

Ich schrieb noch in dieser Nacht einen Plan, den ich ab dem nächsten Tag streng befolgen würde. Das im Heft empfohlene Programm für den Anfang nannte sich »Strukturiertes Essen«. Das bedeutete, man führte ein Tagebuch über das tägliche Essen, musste alle vier Stunden etwas essen, während Softdrinks oder künstliche Zuckerstoffe verboten waren. Die Mahlzeiten sollten ausgewogen und möglichst zu 70 Prozent roh sein. Sprich Salat, Früchte, Nüsse und so.

Eine der größten Lehren aus dem Buch und eine Grundsätzlichkeit, die mich seither im Hinterkopf begleitet, lautete: *Mangelzustand im Körper resultiert in unnötige Essanfälle und Gelüste.* Ziel musste es also sein, meinen Körper mit möglichst vielen Vitaminen, Mineralien und Elektrolyten zu überschwemmen, sodass er sich wieder auffüllen konnte. Da kam mir das allgegenwärtige Juicing in L.A. gerade richtig. Es gibt hier wirklich an jeder Ecke Saftbars, die all das gesunde Zeug durch einen Mixer jagen und dir dann acht Dollar für die Brühe abnehmen. Aber das war es mir wert. Schnell googelte ich das vitaminreichste Gemüse und die gesündesten Superfoods und stellte zwei Säfte zusammen, die perfekt für mich waren. Die würde es ab morgen jeweils vormittags und nachmittags zwischen den Mahlzeiten geben.

Auch Sport war natürlich ein großes Thema im Buch, wobei man es in den ersten Wochen langsam angehen sollte. Obwohl ein nur 30-minütiger Spaziergang jeden Tag völlig ausgereicht hätte, verdoppelte ich die empfohlene Zeit direkt.

Erst spät in der Nacht war ich mit der sehr genauen Ausarbeitung meines Planes und der Recherche fertig. Alles war auf die Stunde genau festgelegt und verschiedene Farben unterschieden Snacks, Säfte und Sporteinheiten. Ich hatte mich lange nicht mehr so euphorisch gefühlt und es erinnerte mich an das Gefühl von frischer Liebe. Vielleicht war das jetzt der Teil, in dem ich anfange, mein Leben zu lieben, dachte ich still bei mir, während ich einschlief.

Der nächste Morgen war spannend. Alles fühlte sich nach einem Neuanfang an. Ich war glücklich. Zum ersten Mal dachte ich, dass ich es wirklich schaffen konnte. Nachdem ich Louis in die Preschool gebracht hatte, aß ich zu Hause feierlich und langsam eine Banane sowie sieben Nüsse. Dazu trank ich ein großes Glas Wasser mit frischem Zitronensaft. Laut allwissendem Heft ein tolles Frühstück. Ich notierte es in meinem Tagebuch. Danach stellte ich den Alarm in meinem Telefon auf dreieinhalb Stunden vom Ende des Frühstücks, um genau vier Stunden später meinen Saft zu mir zu nehmen. Das war wichtig und ich wollte es ganz genau machen.

Stolz auf mein gesundes Frühstück, schritt ich anschließend mit einem großen schwarzen Müllbeutel in meine Küche und warf sämtliche Dinge weg, die nicht mehr in mein neues Leben passten. Und das war so ziemlich alles, was nicht Louis gehörte. Die Küche war nach meiner Aufräumaktion also leer und schnell verschloss ich den Sack und brachte ihn zum Müllcontainer. So weit weg wie möglich. Ich wollte mich jetzt nicht hinsetzen, diesen Drive nicht verlieren, und schwang mich ins Auto, um nun all die leeren Regale mit gesundem Essen zu füllen. Im Bio-Supermarkt angekommen, umfuhr ich absichtlich und zügig die Regale mit Müsli, Brot oder Schokolade. Stattdessen kaufte ich Äpfel, Bananen, viele Salate und zuckerfreies Dressing. Für den Elektrolythaushalt literweise Kokosnusswasser. Mit einem Wagen voller Gesundheit fuhr ich Richtung Kasse, wo ich natürlich warten musste. Das Warten machte mich nervös. In einem Supermarkt zu stehen, war für mich wie der Besuch einer Schnapsbrennerei für einen Alki. Anderer Dämon, gleiches Problem. Der Geruch von frisch gebackenem Brot aus der Bäckereiabteilung machte mir besonders schwer zu schaffen. Meine Hände wurden unruhig, meine Atmung zwanghaft und unrhythmisch. Ich kenne dieses Gefühl und gebe ihm normalerweise immer nach. Normalerweise würde ich mir nun aber auch diesen »letzten Tag« erlauben, weil ich dann »morgen« anfangen würde. Aber mein Leben war so lange eine Abfolge von »morgen« gewesen. Ab heute war Schluss damit. Heute war das Morgen von Gestern und all den Jahren zuvor.

Meine Hände glitten nervös am Handlauf des Einkaufswagens auf und ab, bis ich endlich die Einkäufe auf das Laufband zur Kassiererin legen konnte. Übergenau und langsam stellte ich meine Einkäufe wie Schätze auf das Band und schaute sie mir an. Wie einen Sack voll Gold trug ich sie anschließend zum Auto und später in meine Wohnung. Dort putzte ich zunächst ganz akribisch die Küche, bevor ich den Kühlschrank einräumte. Mit diesen Lebensmitteln, die Mittel zum Leben sein sollten. Und nicht Mittel zum Zweck.

Ich verfolgte meinen Plan haargenau, und das half mir, meinen großen Kampf in viele kleine, vierstündige Kämpfe einzuteilen. Ich war motiviert und aufgeregt, dieses neue Leben bald zu finden, aber es war ein Kampf. Jede Minute, jeder Schritt beim Sport und jeder Fast-Food-Drive-in, in den ich nicht einbog.

An Tag 3 verlor ich den Kampf beinahe, denn ich passte plötzlich nicht mehr in meine Lieblingsjeans. Außerdem taten meine Mandeln weh und mein Hals war geschwollen. Was war denn jetzt los? Im Spiegel sah ich ein hässliches, fettes Monster. War es möglich, in drei Tagen zehn Kilo zuzunehmen, oder spielte mir mein verzogenes Körperbild einen Streich? Panisch und verärgert griff ich zum Telefon, um meinen Notfallkontakt anzurufen. Wir alle hatten eine Art Sponsor, jemanden, der schon länger im Programm war und uns helfen konnte. Meiner war Abby. Es war erst acht Uhr morgens, aber Abby nahm ab.

»Abby, das Programm funktioniert für mich nicht! Ich bin am Tag 3 und meine Hose geht nicht mehr zu und meine Mandeln sind geschwollen und mein Gesicht sieht komisch aus!«, plärrte ich ins Telefon. »Okay, Sara, setz dich kurz hin und beruhige dich erst einmal«, kam es mit sanfter Stimme zurück. Ich fing an, heftig zu weinen. Ich war so wütend. Die letzten drei Tage waren hart gewesen, und das war der Dank? »Das ist ganz normal. Mir ging es genauso. Wir nehmen alle am Anfang erst mal zu, das steht ja auch im Buch. Unser Körper lagert viel, viel Wasser ein, bis er wieder normal funktioniert und der Stoffwechsel wieder hochfährt. Das dauert ein paar Wochen …« – »Ein paar Wochen?! Das soll wohl ein Witz sein!«, grätschte ich ihr dazwischen. »Nein, das ist eben die Natur der Dinge. Aber das ist nur Wasser und du verlierst das auch wieder. Und das geschwollene Gesicht liegt nicht an deinen Mandeln, sondern an deinen Speicheldrüsen. Die werden in den nächsten Tagen noch größer werden und vielleicht musste du sie sogar kühlen«, erklärte sie mit Seelsorger-Stimme. Noch immer stand ich vor dem Spiegel und betrachtete dieses zwar mit Vitaminen gefüllte, aber so unfassbar hässliche, schwabbelige Ding – mich. »Sorry, Abby, ich habe es versucht, aber das ist nichts für mich. Ich will gesund werden, aber vorher aufgehen wie ein Ballon ist keine Option«, erklärte ich entschieden. Und sie antwortete ruhig und entwaffnend: »Was ist denn dann die Option?«

Ich hatte keine Antwort. Mein Weinen wurde wieder etwas stärker und Abby ergriff erneut das Wort: »Schau, Sara, du bist mein sechster Schützling und alle fünf vor dir hatten das gleiche Problem. Und alle fünf wollten zunächst hinwerfen. Aber du musst dir klarmachen, dass temporäre Gewichtszunahme und auch die Schmerzen und Schwellungen um die Speicheldrüsen normal sind. Wenn du das nicht annehmen kannst, dann wirst du das nicht schaffen. Können wir einen Deal machen?«, fragte sie eifrig. »Was für einen Deal?«, hakte ich nach, meine Stimme verheult und leise. »Du vertraust mir zwei Wochen. Ich verspreche, in zwei Wochen sieht dein Gesicht wieder normal aus. Ja, sogar viel schöner als zuvor. Versprochen. Und wenn ich diesen Deal einhalte, machen wir einen zweiten Deal, in dem du mir für weitere sechs Wochen vertraust, und ich verspreche dir, nach diesen sechs Wochen verlierst du das zugenommene Gewicht, wenn nicht sogar mehr«, führte sie aus. Das hörte sich machbar an. Zwei Wochen waren machbar. Danach konnte ich ja immer noch aussteigen. Ich willigte ein.

»Sara, die ersten paar Wochen sind gemein und sehr schwierig. Ich habe mich anfangs kaum aus dem Haus getraut. Wenn ich dir einen Tipp geben darf: Geh los und kauf dir lockere Klamotten, die dir ein bis zwei Nummern zu groß sind, und kleide dich großzügig, bis dein Körper sich wieder eingependelt hat. Deine normalen Klamotten erinnern dich nur daran, dass du gerade nicht hineinpasst, und das führt deine Gedanken auf den negativen Weg. Und besorg dir noch heute zwei Eis-Packs für die Schwellung der Speicheldrüsen. Das wird jetzt täglich schlimmer, bis es dann plötzlich einfach aufhört und dein schönes kleines Gesicht zurückkommt. In Ordnung?«, fragte sie so mitfühlend, dass man ihr einfach vertrauen musste. Und ich wollte ihr einfach nur ins Gesicht schlagen, der Armen.

Ich ließ mich auf mein Bett fallen und starrte an die Decke. Ich atmete durch und sagte leise: »Ja, okay.« Aber es war nicht okay. Es war schrecklich. Nachdem ich aufgelegt hatte, gab ich diesem Programm zwei Wochen. Mehr nicht. Und in diesen zwei Wochen würde ich zu Hause bleiben und beim Spazierengehen ein Kopftuch tragen. So.

Nach meinem planmäßigen Frühstück begann ich, über die nächsten 14 Tage nachzudenken. Ich würde in meiner Quasimodo-Phase keinesfalls meine Freunde treffen und musste um jeden Preis verhindern, dass jemand was mitbekam oder mich besuchen würde. Entschlossen stampfte ich ins Bad und begann mich zu schminken. Wenn einer was von Kleister im Gesicht verstand, dann ich. Die leichte Schwellung hinter den Ohren, an den Backen und unter dem Kiefer kaschierte ich mit dunklem Puder. Nicht einmal eine halbe Stunde später war ich fertig für mein Close-up. Oder sollte ich sagen meine vielen Close-ups? Ich hatte den Plan gefasst, den letzten halbwegs brauchbaren Tag meiner Visage zu nutzen und Selfies am Fließband zu produzieren. Die würde ich dann alle drei bis vier Tage mal auf sämtlichen Social-Media-Plattformen mit entsprechenden Kommentaren à la »Auf dem Weg zum Einkaufen« oder so raushauen. War ja nicht einmal gelogen, nur leicht verzögert. So würde die Abwesenheit meiner Gesichtszüge nicht so auffallen, und es war leichter, Einladungen und Treffen abzusagen, wenn man viel beschäftigt wirkte. Ich veränderte die Oberteile, meine Frisur, die Belichtung und Nuancen des Make-ups, und schwups, hatte ich sechs verschiedene Selfies im Kasten.

Auf dem Weg zum H&M (um die Elefantenfrau-Klamotten zu erstehen!) war es dann wieder Zeit für meinen ekelhaften, aber supergesunden Saft. Ich stand schon mit vier Shirts Größe XL und drei Jogginghosen Größe L an der Kasse, da versuchte ich noch immer, den Rest der grünen Brühe runterzubekommen. Nein – heute war kein Spaß.

Ich hielt mich zwar weiterhin an meinen Essensplan, obwohl ich den rauen Gegenwind von Entzugserscheinungen und Angstzuständen dauernd in meinem Gesicht fühlte. So leicht, wie ich dachte, war es nicht.

Und das wusste Abby. Nachmittags erreichte mich eine Textnachricht von ihr: *Nur 14 Tage, Sara. Dann wirst du in den Spiegel schauen und dein Gesicht von früher, ganz früher, vor der Essstörung, wiedersehen. Und ab da wird alles leichter. Großes Ehrenwort.*

Geknickt saß ich auf meiner Couch und las ihre Mail immer wieder durch. Und na ja, es waren doch nur 14 Tage und ich wollte doch wirklich mein richtiges Gesicht sehen. Die Mutlosigkeit wich zumindest der Neugier. Und noch bevor ich zu sehr in meinen Gedanken versumpfen konnte, blinkte das Handy noch einmal und

Abby legte per SMS nach: *Aber zuerst wird es superscheiße, haha :)* Ich musste lachen.

Tatsächlich konnte ich die nächsten sieben bis acht Tage unterschreiben, was sie mir prophezeit hatte: Es war verdammt scheiße. Mein Gesicht schwoll von Tag zu Tag mehr an und vor die Tür ging ich nur noch mit Kopftuch, meinen Blick ständig auf den Boden gerichtet. Ich lutschte Zitronendrops und kaute Kaugummi, aber nichts half. Nichts außer die Zeit. An Tag 8 bildete ich mir ein wenig Besserung ein und ja, an Tag 9 war ich mir sicher – die Schwellung ging zurück. Täglich checkte Abby, wie es mir gehe, wie mein Gesicht aussehe und ob ich dem Essensplan denn auch folgen würde. Sie war eine wichtige Stütze und darüber hinaus der lebende Beweis dafür, dass man gesund werden konnte. Sie war eine Aussicht auf das Licht am Ende des Tunnels. Ich konnte es noch nicht sehen, aber sie war wie das Versprechen auf das Licht, das mich in dieser Zeit weiterlaufen ließ.

Und an Tag 11 tastete ich, noch im Bett liegend, meinen Kiefer entlang und konnte keine Schwellung mehr spüren. Auch hinter den Ohren schmerzte nichts mehr. Sofort sprang ich auf und rannte regelrecht ins Bad. Ich sah fast normal aus. Aber irgendwie anders. Gut?

Noch drei Tage, bis ich angeblich mein wirkliches Gesicht sehen konnte. Brav hielt ich mich an jede Regel und dann war er da. Der Morgen von Tag 14. Abby und ich hatten uns für neun Uhr morgens zum Telefonieren verabredet und sie rief pünktlich an. Wir waren alle drei pünktlich in meinem Bad anwesend. Abby, ich und mein Spiegelbild. Mein Spiegelbild wirkte jünger, als ich mich fühlte. Es zeigte keine Augenringe und dafür klare Haut. Es wirkte wach und zeigte meine hohen Wangenknochen. Ich erinnerte mich an dieses Mädchen im Spiegel. Allerdings hatte ich sie in den letzten 12 Jahren selten, vielleicht nie, gesehen. Wir waren einander fremd, mein Spiegelbild und ich. Es lag nun in meiner Hand, das zu ändern.

NATASCHA

Die Wochen im Programm vergingen und ich konnte viel Erfolg, aber noch keine Heilung verzeichnen. Immer wieder schaffte ich längere Zeit ohne Übergeben, aber darauf folgten meist Rückfälle. Mein Therapeut sagte mir also in einer unserer Sitzungen, dass es entscheidend für meine Heilung wäre, Sport zu treiben. Um wieder mit meinem Körper in Kontakt zu kommen, meinte er. Da er ja immer auf absolute Ehrlichkeit bestand, sollte er diese auch bekommen, und ich sagte sehr bestimmt: »Nein, das ist leider nicht drin. Vergiss es. Nächstes Thema.«

Seit ich mich erinnern kann, hasse ich Sport. Nun möchte ich unterstreichen, dass ich das Wort »Hass« nicht leichtsinnig benutze. Mir ist seine Stärke und Drastigkeit wohl bewusst, und dennoch denke ich, es wird meiner Abneigung kaum gerecht. Irgendwas in mir sträubt sich gegen jede Art von körperlicher Betätigung und ich habe mich schon oft gefragt warum. Sollte ich als Körperbild-Besessene nicht ständig Sport machen wollen?

Schon als Kind war ich ein Stubenhocker und ein Couch-Potato. Mein Lieblingsplatz war damals wie heute alleine in meinem Zimmer vor dem Fernseher. Da ist es sicher und ruhig. Als Säugling hatte ich Pseudokrupp und später Asthma, was mir eine endlose Reihe an Attesten einbrachte. Ich kann ehrlich nicht sagen, wann sich mein Asthma eigentlich besserte und schließlich ganz ausblieb, denn ich habe diese Kuh gemolken, bis ich aus der Schule war. Im Grunde bin ich nicht mal sicher, ob ich jemals Asthma hatte. Denn eigentlich bekam ich immer nur dann schlecht Luft, sobald ich Angst verspürte. Vor großen Tests, vor meinen Eltern oder eben vor dem Versagen vor meinen Mitschülern. Rückblickend hört sich das eher psychosomatisch an, es führte jedoch dazu, dass ich in meiner gesamten Schullaufbahn vielleicht 15-mal am Sportunterricht teilnehmen musste. Die paar Mal waren schrecklich, denn keiner wollte mich in seinem Team haben, und ich brauchte die Zeit ohnehin, um Hausaufgaben von meinen Mitschülern abzuschreiben. Ich war schlecht im Rennen, Fangen und Werfen. Da bleibt dann nicht so viel.

Meine Zeit am Rande des Spielfeldes verbrachte ich fasziniert von der Tatsache, dass die anderen Mädels richtig Spaß hatten. Sie rannten die ganze Doppelstunde wie bekloppt herum, ohne jemals aus der Puste zu kommen. Wie machten die das nur? Wie kleine Gazellen sprangen sie geradezu schwerelos durch die Halle, während ich an der Seite stand und mir nichts sehnlicher wünschte, als auch so zu sein. Aber ich war eben anders. So war es schon vor 15 Jahren und so war es auch an einem Oktobertag in L.A.

Los Angeles ist eine Stadt voller Sportverrückter. Sie laufen den ganzen Tag in ihren Trainingsklamotten durch die Stadt und reden über Work-outs und vegane Ernährung. Die einen nennen das Lifestyle, ich nenne es lästig und geradezu provokant. Sport findet hier aufgrund des ständigen Postkartenwetters meist draußen und nahezu überall statt. Das nervt mich, weil ich natürlich insgeheim auch so sein will wie all die Fitness-Barbies. Ich musste noch lernen, hinzunehmen, das ich so eben nicht bin. In der Gen-Lotterie hatte ich da einfach kein Glück gehabt. Ich war als Klotz auf die Welt gekommen, andere hingegen als sexy Gepard. Kein Kunststück also, dass jemand, der nur aus Muskeln und Knochen zu bestehen schien, sportlicher war als ich. In meinem Kopf war es eigentlich seit jeher klar, dass wir eben mit unserem Körper geboren werden und manche fett, langsam und träge, andere von Natur aus dünn und wundervoll sind. Diese so simple Wahrheit war für mich so selbstverständlich wie mein Name oder die Reihenfolge der Wochentage. Aber an diesem Nachmittag traf es mich wie ein Schlag. Ich saß auf der Terrasse eines Cafés und betrachtete schöne Frauen, die zum Sport gingen. Da wurde es mir klar – die trugen keine Sportsachen, um die Klötze dieser Welt eifersüchtig zu machen, die gingen damit zum Sport. Die konnten nicht zwei Stunden joggen, weil Gott sie schlank auf die Welt geschickt hatte. Die waren schlank, weil sie zwei Stunden joggten!

In 26 Jahren hatte ich das noch nie in Betracht gezogen. Diese Frauen verdienten es, so windschnittig zu sein, weil sie rumrannten, während ich schon zweimal überlegte, ob ich jetzt extra 22 Stufen zum Briefkasten gehen will. Der Gedanke, dass ich selbst dafür verantwortlich war, so ein träges Stück zu sein, eröffnete eine ganz neue Realität in meinem Kopf.

Es brauchte ein paar Minuten, um die Erkenntnis zu verkraften, aber dann war ich von Euphorie überwältigt. Was, wenn ich so eine Gazelle sein könnte? Was, wenn ich diesen oft zitierten Rausch von Glücksgefühlen beim Joggen haben könnte, von dem alle fitten Leute ununterbrochen reden? So oft hörte ich jemanden sagen, sie seien süchtig nach Sport und es würde sie beruhigen. Was, wenn die alle nicht gelogen hatten? Ich könnte dann Beruhigung im Sport finden und bräuchte die Bulimie nicht mehr. Vielleicht könnte ich dann einfach immer, wenn ich einen Anflug von Panik oder Einsamkeit verspürte, laufen gehen. Dann wäre alles in Ordnung und ich wäre eine Gazelle und könnte sprichwörtlich mit den coolen Kids mithalten. Mein Gott, welche Möglichkeiten hatten sich mir eröffnet!

Nun war es aber nicht das erste Mal, dass ich mir vornahm, mein Leben zum Positiven zu ändern, und die 2.000 Male zuvor hatte eine winzige Windböe gereicht, um alle meine großen Pläne umzublasen und mich zurück auf die Couch zu setzen. Die Sucht an meiner Seite. Es musste also verbindlicher werden. Also zog ich mein Handy heraus und schrieb eine SMS an meine Bekannte Natascha. Ich fasste mich kurz, so als wäre es keine große Sache: *Liebe Natascha, morgen früh würde ich mich gerne zum Wandern anschließen. Wäre das ok?* Zur Erklärung: Natascha Berg ist eine deutsche Schauspielerin, die schon seit Jahren in L.A. wohnt. Und Runyon Canyon ist ein Naturschutzgebiet mitten in Westhollywood, wo alle zum Laufen und Wandern hinpilgern. Und so auch Frau Berg. Ihres Zeichens ehemalige Miss Germany und Sauberfrau des deutschen Fernsehens. Sprich: Das Gegenteil von mir.

Gleich nach meiner Ankunft in Los Angeles trafen wir uns mal zu einem Mittagessen – zwei unterschiedlichere Menschen hätte man selbst mit viel Recherche nicht finden können. Trotzdem blieben wir lose in Kontakt und sie gratulierte mir auch pflichtbewusst zur Greencard. Nun, warum sollte ich also gerade sie als meine neue Sportbarbie-Freundin aussuchen? Ganz einfach – weil ich eher tot umfallen würde, als vor ihr mein Gesicht zu verlieren. Ihre Anwesenheit würde mich motivieren, durchzuhalten und keine Schwäche zu zeigen.

Und weil Natascha nicht nur extrem pflichtbewusst, sondern auch wesentlich sozialer ist als ich, kam auch innerhalb einer Stunde die Zusage zu unserem Wander-Date.

Den Rest des Tages verbrachte ich in psychischer Vorbereitung auf dieses neue Leben. Allerdings erinnerte mich der Weg hoch zu meiner Wohnung, monströse 22 Stufen, direkt wieder daran, dass ich die Kondition und Körperspannung eines nassen Lappens hatte.

Das musste kaschiert werden. Also beschloss ich einfach, Louis im Kinderwagen mitzunehmen. Wie schnell konnte man damit schon rennen? Das würde das Tempo also natürlich auf ein für mich machbares Maß herunterdrosseln.

Nach zwölf Jahren Bulimie wusste ich, dass bereits ein Tag ohne Übergeben meinem Herz-Kreislauf-System extrem guttat. Und weil ich so voller Vorfreude und Motivation war, erlaubte ich mir an diesem Tag keinen Ausrutscher. Es war toll. Ich ging an diesem Abend glücklich ins Bett und in meinem Kopf sah ich mich selbst mit tollen Fitnessklamotten am Strand entlangjoggen. Wie eines der Models in der *Sports Illustrated*. Und kurz sah ich mich in meinem Kopf die Bundesjugendspiele gewinnen. Obwohl das mit 26 Jahren natürlich echt unpassend war.

Der nächste Morgen kam früh und das war auch gut so. Pünktlich um 6:30 Uhr weckte Louis mich auf. Wir frühstückten zusammen und ich wich von meiner üblichen Tasse Tee mit Zitrone gewaltig ab. Louis und ich vertilgten beide eine ganze Banane und ich schüttete mir zwei große Gläser voller Elektrolytlösung rein. Die hatten mir die Ärzte wegen meiner schlechten Blutergebnisse verschrieben. Dann zog ich die sportlichsten Klamotten an, die ich finden konnte, und Louis steckte ich in einen Einteiler, der ihn wie ein Knallbonbon leuchten ließ. Wir waren bereit. Und Frau Berg, die alle deutschen Tugenden in sich zu vereinen schien, erschien pünktlich auf die Minute um acht Uhr vor meiner Tür. Das Schicksal wollte es nämlich, dass meine neue Wohnung nur 15 Laufminuten vom sportlichen Epizentrum Hollywoods, dem Canyon, entfernt war. Also wollten wir von meinem Haus aus loslaufen.

Ich steckte Louis gerade in seinen Kinderwagen, da bog Natascha um die Ecke. Und sie war, zu meiner Überraschung, nicht alleine. Sie hatte ihren schwulen besten Freund dabei. Wer von uns beiden war das größere Klischee?

Die Begrüßung war herzlicher als erwartet und sie hatte sogar eine Flasche Wasser für mich mitgebracht. Das war in der Tat entwaffnend nett und überraschte mich. Wir machten uns schnellen Schrittes auf den Weg zum Canyon, und es folgte der übliche Small Talk, was denn jeder gerade so an Projekten machte. Nataschas Freund John war ebenfalls in der Entertainment-Branche tätig, allerdings als Produzent. Also war für Gesprächsstoff gesorgt, den ich auf Autopilot ohne große Mühe aufrechterhalten konnte. Und das war auch gut so, denn schon nach zehn Minuten merkte ich, wie ich schwer ins Atmen kam. Kann man das glauben? Wir hatten den Canyon noch nicht mal erreicht! Ich hatte mir nicht die Mühe gemacht, den Weg vorab zu googeln, aber ich hatte angenommen, der blöde Trampelpfad befände sich direkt in der Nachbarschaft. Wenn man das Wort »Canyon« nachschlägt, so ist das, per Definition, eine bestimmte Art von Tal oder Schlucht. Das wusste ich. Mir war jedoch nicht bewusst, dass ich erst mal den ganzen verdammten Berg, in dem die Schlucht dann war, hochlaufen sollte. Mit größter Mühe versuchte ich, Schritt zu halten, und wusste ab Minute 20 kaum noch, ob ich Louis' Kinderwagen eigentlich schob oder mich lediglich darauf stützte. Bei Minute 22 hatten wir den Eingang zum berühmten Canyon dann endlich erreicht. Das weiß ich deswegen so genau, weil ich heimlich im Handy eine Stoppuhr mitlaufen ließ, um am Schluss meinen Kalorienverbrauch ausrechnen zu können.

Und Minute 22 war es auch, in der mir klar wurde, dass ich das vermutlich nicht durchhalten würde. Aber aufgeben würde ich vor den beiden nicht! Mein Stolz rettete, was die Kondition eigentlich verbot. Allerdings spürte ich meinen Kreislauf rebellieren und ich musste was tun. Also log ich. »Würde vielleicht einer von euch für den steilen Teil der Berges den Kinderwagen schieben? Ich habe seit Louis' Geburt extreme Rückenprobleme und merke das gerade ein wenig.« Miss Germany wäre nicht sie selbst, wenn sie nicht sofort eingewilligt hätte, meinen elefantenschweren Sohn den Berg raufzuschieben. Okay, so weit, so gut. Das nimmt mir jetzt Mühe ab und wird sie automatisch langsamer machen. Dann fällt nicht auf, wie langsam ich bin, dachte ich bei mir. Aber da hatte ich die Rechnung ohne die zwei Gazellen gemacht. John und Natascha marschierten diesen Berg hoch, als wäre es nichts. Ich gab alles, um mitzuhalten und nicht zu angestrengt zu wirken, aber mein Herz schlug so schnell und fest, dass ich Kopfweh bekam und Mühe hatte, das zunehmende Schwindelgefühl zu ignorieren. Ein bisschen Situationskomik stellte sich jedoch ein, als sich Natascha und John doch tatsächlich darum zankten, wer den Kinderwagen wie lange schieben durfte. Durfte! John erklärte mir, dass das nämlich ein ganz wundervolles Work-out für die Po- und Oberschenkelmuskulatur wäre. Wenn ich auch nur annähernd Luft dafür gehabt hätte, hätte ich laut gelacht, aber so reichte es nur für ein gefaktes Lächeln und Nicken meinerseits. Ich schaute auf meine Füße und konzentrierte mich auf einen Schritt nach dem anderen. Die Sonne brannte herunter, und ich merkte, wie ich langsam, aber sicher versagte. Neben uns liefen Leute sämtlichen Alters und jeder Gewichtsklasse diesen Berg hoch, und ich war die eine, die es kaum schaffte. Ich war noch immer der Klotz. Aber nicht, weil Gott mich so gemacht hatte, sondern weil ich mich so gemacht hatte. Ich hatte meinen Körper so lange gehasst und übel behandelt, dass er mich jetzt die Konsequenzen spüren ließ. Mein Herz schlug noch immer sehr schnell und mir wurde übel. Mein Shirt war vollgeschwitzt und klebte an mir. Mein Blick auf meine Füße wurde immer wieder unterbrochen von kleinen Blitzen und dunklen Wolken. Das mir so vertraute Schwarz vor den Augen war wieder da. Das kannte ich. Wann immer ich mich zu oft hintereinander übergab oder zu schnell aufstand, war es da. Wie bei einer alten Frau. Und weil ich es so gut kannte, wusste ich auch, dass es an der Zeit war, aufzugeben, denn danach schalteten sich gern mal ganz die Lichter aus und ich wurde ohnmächtig. Das wollte ich hier, inmitten der Gazellen, auf keinen Fall.

Mit extremen Kreislaufproblemen und einem unangenehmen Pfeifen in den Ohren torkelte ich still zum Rand des breiten

Wanderpfades und legte mich auf den Boden. Die Beine angewinkelt, die Arme über dem Kopf. Ich kannte den Drill.

Und kurz darauf starrte Miss Germanys Kopf auf mich runter. Sie sah sehr besorgt aus und zog mich ein wenig Richtung Schatten. »Oh Gott, ist alles in Ordnung? Du siehst gar nicht gut aus! Ist was passiert?«, fragte sie leicht panisch. Und ich hatte in meinem Kopf schon die perfekte Lüge von einer Lebensmittelvergiftung bereit, aber einfach nicht die Kraft zum Lügen. Zum Erklären jedoch leider auch nicht. Also schaute ich sie einfach an und sagte: »Weißt du, mir gehts manchmal nicht so gut. Ich hab Probleme mit dem Essen. Das passiert.« Ich hatte die Segel im Kampf um mein Image vor ihr gestrichen. Ich gab auf. Es war, als wäre eine Mauer zwischen uns eingestürzt. Sie schaute mich an und ich sie, und ich glaube, das war das erste Mal, dass wir wirklichen Blickkontakt hatten. Und dann sagte sie einfach nur: »Okay.« Und es war das netteste Okay, das ich je gehört hatte. Sie setzte sich neben mich, während John mit meinem Kind im Wagen seine Po-Muskulatur trainierte, und streichelte über meinen Oberschenkel. Da saßen wir nun, beziehungsweise lag ich eher. Zwei sehr unterschiedliche deutsche Mädels irgendwo in einer Schlucht in Los Angeles. Ich lag da und starrte in den kalifornischen Himmel und war so verletzlich und schwach, wie man nur sein kann. Unfähig aufzustehen für eine lange Zeit. Und Natascha saß einfach an meiner Seite und beruhigte mich. Sie hatte jetzt all das gesehen, was ich eigentlich nie hatte jemandem zeigen wollen. Es tat mir weh und machte mir extrem Angst. Ungewollt hatte ich meine Maske verloren. Sie war in dem Moment zerbrochen, als mein Kopf den staubigen Wanderweg berührte. Mein körperlicher Zustand hatte mich gezwungen, zu Boden zu gehen und mein wahres Gesicht zu zeigen. Es war erst ein Gefühl der Niederlage, dann eines der Unsicherheit und schließlich eines der Erleichterung.

Seit diesem Tag hatte ich ja nichts mehr zu verlieren, und heute, knapp ein Jahr später, ist Natascha meine beste Freundin. Es ist das erste Mal, dass ich diese Worte wirklich und ehrlich sagen kann, denn sie ist mit dem zerbrechlichen und kaputten Mädchen, das ich nun einmal bin, befreundet. Sie mag und versteht die Baustelle, die ich in diesem Therapie-Prozess bin. Sie erinnert mich daran, dass es in Ordnung ist, ich zu sein. Ein Klotz, der sich die Wanderschuhe angezogen hat, um raus ins Licht zu laufen.

Natascha erzählt

Mein erstes Zusammentreffen mit Sara war zwar nicht unbedingt das krasse Gegenteil von Liebe auf den ersten Blick, kommt dem aber doch schon sehr nahe. Zwei unterschiedlichere Lebensmodelle und -auffassungen hätten nicht aufeinanderprallen können. Ich hatte damals einem gemeinsamen Bekannten aus München versprochen, der frisch angereisten Ich-erobere-jetzt-Hollywood-Sara etwas Welpen-Starthilfe zu geben und ihr zu erklären, wie der Hase in der Traumfabrik so läuft. Wie ich es eben auch schon bei vielen anderen Karriere-Enthusiasten, die noch nicht einmal Arbeitspapiere bei sich hatten, getan hatte. Über die Jahre, die ich nun schon in Los Angeles erfolgreich arbeiten und leben durfte, habe ich viele Landsleute aus dem Showgeschäft kommen und gehen sehen. So ging ich diese Treffen also schon fast routiniert an und hatte meinen Text im Kopf parat, da die Fragen und Ziele ja für gewöhnlich stets die gleichen waren. Saras Name war mir aus den deutschen Medien immerhin noch ein Begriff und wir hatten uns auch ein paar Mal den roten Teppich geteilt. Ich erinnerte mich dunkel an dieses laute, auffällige Mädchen – keiner wusste oft so recht, warum sie der Liebling der Fotografen und Presse war, denn eine wirkliche Berufsbezeichnung fiel mir zu ihr keine ein. Aber ich schaue ja gerne hinter die Kulissen und wartete deshalb eines Nachmittags in einem völlig überteuerten italienischen Restaurant gespannt auf Frau Schätzl. Ich wollte die Münchner High Society ja nicht enttäuschen und hatte deswegen einen Laden gewählt, den ich mir sonst nur zu sehr speziellen Events leistete.

Nach ein paar Minuten des Wartens trat eine junge Frau an meinen Tisch, und hätte sie nicht fragend »Natascha Berg?« in meine Richtung gemurmelt, hätte ich sie nicht erkannt. Sie war eindeutig

Sara Schätzl, aber irgendwie eben doch nicht. Sie war viel kleiner, als ich sie in Erinnerung gehabt hatte, und trug eine große, dicke Brille. Ihre Haare waren zurückgebunden und sie war völlig ungeschminkt. Zu ihrer schlichten Jeans trug sie ein viel zu großes weißes Hemd und Flip-Flops. Einzig die kostspielige goldene Uhr an ihrem Handgelenk hätte verraten können, dass sie ein Restaurant wie dieses hier wohl täglich besucht – oder zumindest könnte. Höflich und geübt gingen wir beide in den gewohnten Small Talk über, wobei ich ungefähr dreimal so viel redete wie sie.

Mühsam versuchte ich ihr die Stadt, die Leute, die zahlreichen Tricks zur Umschiffung des allgegenwärtigen Stauproblems, die Breakdowns, sprich die Stellenausschreibungen für Schauspieler, und die Sache mit der Schauspielgewerkschaft zu erklären. Außerdem natürlich, wie man am besten Agenten und Manager findet und sich so über die Jahre mit viel Geduld und Durchhaltevermögen etabliert. Da hatte ich aber meine Rechnung ohne die gravitationstechnischen Sonderregeln von Frau Schätzl gemacht. Bei ihr hoppeln die Hasen nicht, sie fliegen. Die Worte »langsam« und »Geduld« schmeckten Sara, die die ganze Zeit nur lustlos in ihrem Salat herumgestochert hatte, ganz und gar nicht.

Mitten in meinem Vortrag unterbrach sie mich plötzlich mit einer wegwischenden Handbewegung: »Für das ganze Zeug hab ich alles keine Zeit. Jetzt ist gerade Oscarzeit! Ich muss erst einmal die Lage und den Vibe hier kennenlernen, sehen, wo die wichtigen Leute rumhängen, und die verstehen. Und die sitzen alle im Mr. Chow und in der Ivy. Da muss ich hin – dann schau ich weiter.«

Aha. Ein leichtes Schmunzeln über so viel Blau- oder eher Grünäugigkeit konnte ich mir nicht verkneifen und dachte nur: Good luck, sweetie! Per se ja erst mal nix Schlechtes, wenn man außerhalb der Box denkt und alles anders machen will.

Aber zugegeben, fasziniert davon, wie sie sich mutig in Deutschland durch PR-Gags und erfundene Affären eine öffentliche Persona aufgebaut hatte, war ich schon. Wie sie nach dem Blitzlichtgewitter auf den roten Teppichen gar nicht erst auf die Veranstaltungen ging, sondern sich hinten wieder rausschlich und ins Taxi sprang, weil die Party selbst kein Grund zum Bleiben für sie war. Oder wie sie doch tatsächlich bereits frech in ein Hutgeschäft auf dem Rodeo Drive spaziert war, um sich einen Hut für eine Fashion-Veranstaltung zu leihen! Als sie dort nach deren ablehnender Erstreaktion in allerfeinster Pretty-Woman-Manier mit einem Wahnsinns-Selbstbewusstsein und großer Klappe noch einmal mit ihrer Sie-wissen-wohl-nicht-mit-wem-sie-es-hier-zu-tun-haben-Attitüde auftrat und tatsächlich einen 600-Dollar-Hut geschenkt bekam, verstand ich die Welt nicht mehr! Da war ich doch neugierig, mehr über sie zu erfahren. Meine Weste bezüglich solcher Aktionen war zu weiß, ihre sehr bunt. Ich hätte ihr das damals natürlich nie gestanden, aber ich wollte tatsächlich von ihr lernen und mir eine Scheibe von ihrem Mut abschneiden. Und vielleicht konnte ich ihr ja zu einer etwas weicheren Landung verhelfen, sobald die Höhenflug-Seifenblase zerplatzt war.

Theoretisch erschien mir eine Mixtur aus uns beiden das perfekte Erfolgsrezept. Meine bodenständige Arbeitsmoral und ihr völlig unerklärliches, aber selbstverständliches Vertrauen in alles, was sie sich vornahm.

Als ich an diesem Nachmittag das Lokal verließ, hatte ich gemischte Gefühle. Saras Betrachtung der Dinge war so anders, dass es fast ein wenig anstrengend war. Und ihre extrem direkte Art konnte einen übermannen. Vielleicht war es ihre Art zu provozieren, vielleicht war sie tatsächlich so. Die zwei Stunden zusammen waren jedenfalls anscheinend genug für uns beide, um uns die nächsten Wochen kein zweites Mal zu treffen.

Eine Sache hatten wir allerdings wohl doch gemeinsam, nämlich dieselbe Greencard-Anwältin. In deren Büro liefen wir uns eines Tages zufällig in die Arme. Ziemlich verdattert schauten wir uns an und waren wohl dankbar, dass der kleine Louis die Lage entspannte. Denn ich freute mich wirklich, ihn zu sehen – er ist ein so tolles

Kind. Der Höflichkeit halber verabredeten wir uns für alsbald zum Kaffeetrinken. Ein paar Tage später schlug Sara jedoch gemeinsames Wandern vor. Das passte mir gut, denn um ehrlich zu sein erschien es mir einfacher als ein erneutes Essen mit zähflüssiger Konversation. Also trafen wir uns ein paar Tage später zu dritt am Fuße des Runyon Canyon, mein guter Freund Johnny hatte sich kurzerhand noch mit drangehängt. Gerade noch mal Glück gehabt, dachte ich erleichtert, denn er würde sicher wissen, uns auszubalancieren, wenn das Schweigen im Walde herrschte. Er redet wie ein Wasserfall und ist immer gut drauf. Allerdings war das Murren bei ihm erst mal groß, denn Sara war auf die überaus glorreiche Idee gekommen, den Kinderwagen zum Wandern mitzubringen.

Ich dachte mir nur, wie man bloß auf so eine blöde Idee kommen oder nicht wissen kann, dass der Wanderpfad aus Hunderten Treppen und Steilanstiegen besteht. Kurzum, wir konnten den Berg nicht wirklich emporkraxeln, sondern nur den betonierten Rentnerweg im Schneckentempo entlangschlendern. Doch selbst dieser erschien Sara viel zu anstrengend, so mussten mein Kumpel und ich uns das Kinderwagenschieben teilen. Wir versuchten, uns einzureden, dass das ja gut für den Po und die Ausdauer sei, wenn wir schon nicht den normalen Weg laufen konnten. Um nicht vollends durchzudrehen, wenigstens ein Ausgleich. Alle paar Minuten mussten wir Unterforderten uns nämlich den Pfiff der Dampflok anhören, die neben uns mit nur einem Passagier den Berg hochschnaubte. Wohl noch nie zuvor hatte ich jemanden gesehen, der so dermaßen schlecht in Form war. Nach mehreren kurzen Verschnaufpausen motivierte ich sie noch mehr zum Weiterlaufen, indem ich sie »Meckerliese« nannte. Doch dann spürte ich bei ihrer Atemnot mit einem Mal, dass es ernst war. Sie war plötzlich sehr blass und der kalte Schweiß stand ihr auf der Stirn. Am auffälligsten war für mich aber die Angst in ihrem Gesicht. Ich zog sie halbwegs in den Schatten und rief Johnny zu, er solle sich indes um Louis kümmern.

Da lag sie also in meinen Armen, in dieser unbeabsichtigten Nähe, und die stolze, starke Powerfrau konnte erst mal nur eines tun – loslassen. Sie musste sich merklich auf ihre Atmung konzentrieren. Ich hielt ihren Zusammenbruch zunächst nur für Überhitzung; kann passieren, wenn man zu wenig trinkt und die Sonne vom Himmel knallt. Daher flößte ich ihr ständig Wasser nach. Sie ließ brav alles mit sich geschehen und war wahrscheinlich froh, dass jemand für sie da war. Irgendwer. Hätte auch die Kassiererin vom Supermarkt sein können. Daher kam es für mich umso überraschender, als sie in ihrer Hilflosigkeit leise von ihren Kreislauf- und Herzproblemen im Zusammenhang mit ihrer Essstörung erzählte. Die Tragweite dieses Geständnisses war mir nicht gleich bewusst. Ich hatte zwar im Rahmen meines Medizinstudiums einmal mit einer Magersüchtigen, aber noch nie mit einer Bulimikerin zu tun gehabt. Ich wusste nicht viel darüber, und es dauerte auch noch eine ganze Weile, bevor ich Saras Krankheit vollständig begriff, denn sie hielt sich vage und mit Details zurück. Die Situation am Berg war zweifellos ernst und echt, aber das bisschen, was sie mir erzählte, konnte ich kaum glauben. Zwölf Jahre ging das schon so? Unvorstellbar. Das war ja die Hälfte ihres Lebens. Sie sah doch so gesund aus. Wie sehr ich mich doch irrte …

In der darauffolgenden Zeit sahen wir uns immer öfter, und sie kennenzulernen war ein bisschen wie ein Puzzle, an dem man bei jedem Treffen nur fünf Teile ergänzen darf. Sie öffnete sich mir zwar immer weiter, aber machte zu, sobald ich ihr zu nahekam. Da kam es dann schon mal vor, dass sie grundlos tagelang nicht an ihr Handy ging oder reihenweise Ausreden erfand, mich nicht sehen zu müssen. Gott sei Dank bin ich mit einer ausreichenden Geduld gesegnet.

Außerdem hatte ich das Gefühl, dass Sara sehr einsam war. Sie blieb am liebsten zu Hause und war alleine. Selten war sie zum Weggehen zu motivieren, und wenn, dann auch nur, wenn etwas karrieretechnisch vielversprechend war. Aus Spaß an der Freude ging sie also eigentlich nie aus. Überraschenderweise empfand sie es als sehr anstrengend, sich zu schminken und gut gelaunt zu wirken. Kaum zu glauben bei einer 26-Jährigen. Zu Hause fühlte sie sich sicher. Ich wollte ihr zeigen, dass dort draußen viel Schönes wartet, und beschloss eines Tages, sie zu verkuppeln. Mein damaliger Boyfriend hatte einen wirklich tollen deutschen besten Freund, also arrangierte ich ein Blind Date zu viert. Sie murrte zwar tagelang, aber ich bin nicht umsonst ein Sturkopf und generell nur schwer davon abzubringen, wenn ich mir etwas in den Kopf gesetzt habe. Ich holte sie ab, pünktlich wohlgemerkt, denn wenn Sara eines nicht mag, dann ist das Unpünktlichkeit. Sie lebt in einer Welt von festen Plänen und Abläufen. Wäre ich unpünktlich, hätte es gut sein können, dass ich sie in ihrer Jogginghose im Bett vorfinde, nur weil sie ein paar Minuten zu lange Zeit hatte, sich das Ganze auszureden. Ich stand also schon fünf Minuten zu früh auf der Matte, wir fuhren gleich los ins Restaurant. Aber da hatte ich natürlich die Rechnung ohne die Jungs gemacht, die geschlagene 20 Minuten zu spät waren. Eigentlich normal bei dem Verkehr, aber eben nicht normal für Frau Schätzl. Sie war bockig und erklärte mir: »Natascha, wenn ein Mann so viel zu spät kommt, ist es ein klares Zeichen, dass er seine Zeit für wertvoller als deine hält!« Nach Ankunft der Herren wurden dann provokante Sprüche geklopft, wie nur was. Alle außer ihr bestellten Margaritas, Sara murmelte nur etwas von wegen sie nehme gerade Antibiotika. Na, das konnte ja heiter werden. Gott sei Dank empfand der für sie Auserkorene ihre Art erfrischend und amüsant und ließ sich so schnell nicht unterkriegen. Er war schon viele Jahre in Lala-Land, und so viele intelligente und gut aussehende Deutsche mit Tiefgang gibts hier nun eben nicht. Zudem traute er wohl auch meiner Meinung, dass sie wie füreinander gemacht seien. Das freute mich, denn so sehr wünschte ich mir für sie, dass auch er ihr gefiel und sie das Ganze nicht aus Bockigkeit sabotierte. Das Essen wurde serviert. Enchiladas, Tacos, Fajitas und für Sara nur ein gemischter Salat. Ein kurzer Moment der Entspannung. Denkste. Schon nach wenigen Sekunden begann Sara, wie wild zu husten und an ihrem Salat zu würgen. Saras rot angelaufenes Gesicht verschwand komplett unter dem Tisch. Wie vom Erdboden verschluckt. Sie hatte mir ja von ihrer Essstörung erzählt und dass der Schließmuskel ihres Mageneingangs schon gar nicht mehr wirklich vorhanden war. Im ersten Moment dachte ich: Oh mein Gott, hat sie es nicht mehr auf die Toilette geschafft und kotzt gerade unter den Tisch? Sofort verschwand auch mein Kopf unter dem Tisch. Dann wurden es drei und sogar vier Köpfe – wenn der Kellner das nicht für eine unsittliche Variante eines Tischgebets gehalten hat, dann weiß ich auch nicht. »Alles okay?«, fragte ich besorgt. Sie schaute mich überrascht und etwas perplex an. »Jaja, meine Güte! Ich hab mich nur an der Peperoni im Salat verschluckt. Die war so unheimlich scharf.« Ich wusste nicht so recht, ob ich ihr glauben sollte, aber irgendetwas Kleines, grünlich Aussehendes lag tatsächlich da unter dem Tisch. Man mag es kaum glauben, aber Saras Date war am Ende des Abends trotz aller Vorkommnisse und trotz ihres recht eigenartigen Verhaltens von ihr fasziniert. Vielleicht ging es ihm aber auch nur, wie es mir eben mit ihr ging – wir sahen durch die hohen Mauern, die sie um sich gebaut hatte, und konnten so, wenn auch manchmal nur für einen Moment, hinter ihre Fassade blicken.

Mittlerweile sind viele Monate vergangen und Sara und ich beste Freundinnen geworden. Der kleine Louis hat bei mir im Pool das Schwimmen gelernt und ich habe sogar schon ihre Mama kennenlernen dürfen. Zumindest übers Telefon und leider vor allem deshalb, weil ich sie beruhigen musste, nachdem Sara, mitgenommen von zwölf Jahren mit ihrer Essstörung, in der Notaufnahme gelandet war. Von dort schickte sie nur eine SMS raus und die ging an mich. Wir kennen uns – ungeschminkt und echt. Mit allen Macken, Ängsten und Unsicherheiten. Keiner kann dem anderen noch etwas vormachen. Eine Verbindung, die derartig viel Tiefe hat und auf Vertrauen und Verlässlichkeit basiert. Es hat sich für uns beide gelohnt, so viele kleine und geduldige Schritte aufeinander zu zugehen.

Vor einiger Zeit erzählte ich ihr von der wunderbaren Übung des Eye-gazings. Es ist die Kunst, durch die Augen des anderen in dessen Seele zu blicken. Und zu meiner größten Überraschung wollte sie es versuchen. Früher konnte sie mir nie lange in die Augen schauen. Mehrere Minuten starrten wir uns also an, unsere Augen wurden wässrig und es formte sich ein elektromagnetisches Band zwischen uns. Eine Verbindung, die uns noch hoffentlich ein Leben lang erhalten bleibt. Es war ein besonderer Moment.

Erst Tage später fragte sie mich, was ich denn eigentlich in ihren Augen gesehen hätte. Ich zögerte zunächst, wusste dann aber, dass sie nun endlich so weit war, meine intuitive Deutung und sich selbst zu verstehen.

Ich sah damals, und sehe es noch heute, ein zartes Wesen, das sich hinter seiner Stärke versteckt, weil es Angst davor hat, gesehen zu werden. Ein Wesen, das glaubt, sich und aller Welt beweisen zu müssen, dass es die Kontrolle hat. Wobei es sich eigentlich nichts sehnlicher wünscht, als wirklich in seiner Verletzlichkeit erkannt und angenommen zu werden.

Und wenn sie heute im Supermarkt zu Unmengen Brot, Kuchen und Joghurt greift, weiß ich mittlerweile, wozu diese früher hätten dienen können. Wenn ich ihr dann einen Blick zuwerfe, weiß sie gleich, was ich denke. »Ich hab Gäste zum Kaffeetrinken eingeladen und der Rest ist für Louis. Der frisst wie ein Staubsauger und mir noch die Haare vom Kopf«, antwortet sie dann. Wenn sie das so sagt, dann glaube ich ihr das auch. Mittlerweile weiß sie, dass sie sich nicht nur auf ihre ehemals »beste« Freundin, die Bulimie, verlassen kann. Und sie muss mich und sich selbst nicht mehr belügen. Die Zeiten sind vorbei.

FAMILIENZEIT

Der aufmerksame Leser und/oder Hobbypsychologe wird sicher schon gemerkt haben, dass Humor oft meine Waffe ist. Es ist eine gute und friedliche Waffe, um dem Gegner, der blanken Wahrheit, ihren Schrecken zu nehmen. Ich töte oder maskiere die Wahrheit nicht, ich setze ihr nur einen Partyhut auf, damit sie freundlicher empfangen wird.

Lange Zeit war ich mir sicher, dies allein für die anderen, die Zuhörer, zu tun. Jedoch schleicht sich langsam die Vermutung an, dass ich es wohl genauso für mich selbst tue. Ich überziehe die unschönen Tatsachen meines Lebens so lange mit Humor, bis ich sie aussprechen kann. Das wurde mir bei einer Sitzung meiner Therapiegruppe im Frühjahr klar.

Ich saß wie immer in unserem unbarmherzigen Stuhlkreis, als der Leiter sein munteres Fragespiel an mir ausprobieren wollte. »Du hast uns noch nie von deiner Familie erzählt, Sara. Lass uns doch an deiner Kindheit teilhaben. Deine Bulimie fing ja schon sehr früh an, vielleicht finden wir dort Antworten«, schlug er also vor. Mir war völlig klar, warum ich in dieser Sitzung das Extra-Aufmerksamkeits-Paket bekam. Ich war zwei Wochen zuvor rückfällig geworden und hatte auch eine Sitzung geschwänzt. Jetzt wurde ich wie das verlorene Schäfchen, das heimgekehrt war, angeschaut. Und obwohl ich mit der Extraportion Psychoschlammschlacht von Hettford gerechnet hatte, nervte mich die Wahl seines Themas. Er kannte mich aus den Einzelstunden mittlerweile recht gut und wusste, dass ich nicht auf meine Familie eingehen wollte. Und nun kam er damit vor der ganzen Gruppe daher. Ich ließ es mir nicht anmerken, aber innerlich kochte ich vor Wut. Ich atmete tief durch, doch nicht etwa, weil ich viel zu sagen plante oder groß ergriffen gewesen wäre, sondern nur als dramaturgisches Stilmittel. Völlig emotionslos und mit dem übertrieben sachlichen Tonfall einer Nachrichtensprecherin der ARD legte ich los: »Meine Mutter ist schön und fleißig. Meine Oma ist etwas grob und laut, aber sogar noch fleißiger als meine Mum. Mein Bruder meldet sich zu jedem Geburtstag per facebook und einen Vater habe ich nicht. Meine Mutter ist viel zu beschäftigt, um den konventionellen Weg zu gehen, und hat sich für unbefleckte Empfängnis während des Studiums entschieden.«

Die Runde lachte. Ich ebenfalls. Allerdings nicht, weil ich meinen Kommentar für so witzig gehalten hätte, sondern weil Hettford, mit Blickkontakt zu mir, ein Peace-Zeichen mit der linken Hand formte. Er und ich verstanden uns. Er bedrohte mich mit seiner unzulässigen Frage, ich wertete sie auf meine Art ab. Er wäre aber wohl nicht der geniale Gruppenleiter und Weltretter, der er ist, wenn er mich damit hätte durchkommen lassen. Beim Verlassen des Sitzungsraumes stoppte er mich lässig an der Tür und und sagte: »Eins zu null für dich in der Sitzung. Lass mich doch ausgleichen. Nächste Woche liegen zwei Seiten über deine Familie zusätzlich zum Therapietagebuch vor der Sitzung auf meinem Tisch.« Er lächelte breit und überlegen.

Und ich lächelte zurück, denn ich wusste, ich könnte locker zwei Seiten mit nichtssagendem, aber lustigem Familienquatsch füllen.

Die zwei Wochen seit meinem Rückfall waren zäh und kalt gewesen. Meine Tage verbrachte ich mit Louis oder vor dem Fernseher. Ich ging kaum mehr raus und mein Telefon war permanent auf stumm geschaltet. Die Welt lief weiter, aber ich blieb stehen, denn ich war müde und lustlos. Ich folgte meinem Programm von strukturiertem Essen, aber ich glaubte nicht daran, gesund werden zu können. Ich lebte durch den Fernseher. Bei Komödien lachte ich und bei Dramen weinte ich. Warum sollte ich rausgehen? Hier hatte ich doch alles. Die Wochen vergingen und ich verbrachte meine Stunden ohne Louis zusammengerollt in einer Decke auf der Couch. Ich hatte jetzt noch zwei Tage bis zur nächsten Sitzung und Abgabe meiner »Strafarbeit«. Also legte ich zumindest mal das MacBook auf den Couchtisch. Immerhin ein Anfang. Aber der Tag verging ohne Zeitgefühl oder Wert. Es gab nur eine bedeutsame Zeit, nämlich die, wenn Louis endlich heimkam. Wir machten Essen und spielten und kuschelten. Leider hat ein Zweijähriger jedoch die Angewohnheit, um acht Uhr abends ins Bett zu fallen. Und da mir die Tage eh zu lang waren, hatte ich mir nun angewöhnt, anschließend zwei Schlaftabletten einzuwerfen und ebenfalls früh abzuschalten. Schlaf war willkommen. Er ließ die Zeit vergehen. Der nächste Morgen kam wie immer früh. Um sechs standen Louis und ich im Bad und ich genoss jede Minute mit ihm, bis er um acht zur Spielgruppe ging. Lou ist so voller Leben und Freude. Er ist immer fröhlich und so unberührt von all dem Bösen in der Welt. Er ist wie eine unglaublich helle Lichtkugel, die dir bis in die Seele scheint, selbst in den dunkelsten Zeiten. Er ist wie die Sonne, nur weniger aufdringlich. Und wenn er morgens unsere Wohnung verlässt, nimmt er all das mit sich.

So stand ich also wieder alleine im Wohnzimmer und ließ mich mit einer Tasse Kaffee auf die Couch plumpsen. Ich mag eigentlich gar keinen Kaffee, aber trinke ihn manchmal, um eben irgendwas zu machen, und er half gegen die Müdigkeit, die der beste Freund der Bulimie zu sein scheint. Außerdem trinken normale Menschen doch morgens Kaffee, oder nicht?

Neben mir lag der Computer wie ein Vorwurf auf dem Couchtisch. Heute musste ich das Therapietagebuch schreiben. Das fiel mir normalerweise leicht, denn Schreiben war so viel einfacher für mich als Reden. Mein Bericht war immer der witzigste, ausführlichste und manchmal wollte ihn die Gruppe sogar zwei Mal hören. Aber vorgegebene Themen sind eben nicht meine Stärke. Und das Thema »Familiengeschichte« schon mal gar nicht. Nicht, weil ich nicht wollte oder bockig war, sondern weil ich nun einmal nichts zu sagen hatte. Ich hatte keine Meinung zu meiner Familie, die ja im Grunde ohnehin keine richtige war. Worüber sollte ich denn da schreiben? Hettford erwartete von mir eine große Äußerung und eine Meinung oder zumindest ein Gefühl, aber das gab es alles nicht. Ich hatte diese ganze Kiste schon vor langer Zeit geschlossen und hinter mir gelassen. Außerdem war ich persönlich kein Fan von diesen Lebensversagern, die alle Probleme ihrer schweren Kindheit anlasten und das als Entschuldigung für alles gebrauchen. Mein Gott, ich esse und dann kotze ich. Punkt. Das war ein Problem im Jetzt und Heute, seit zwölf langen Jahren. Allerdings lässt sich das aber kaum auf die Tatsache zurückführen, dass meine Mama mir niemals ein Pausenbrot gemacht hatte. Der Gedankengang alleine machte mich wütend, aber der Druck, Hettford nicht enttäuschen zu wollen, fühlte sich an wie meine Prüfungsangst in der Grundschule. Das hatte ich schon lange nicht mehr gefühlt. Grob zog ich das MacBook vom Tisch und klappte es auf meinem Schoß auf. Und weil Apple nun mal Fluch und Segen in einem ist, war sofort der arbeitsbereite Bildschirm zu sehen. Keine drei Minuten Hochfahren wie beim guten alten Windows. Keine Galgenfrist. Ich öffnete das Schreibprogramm und starrte auf das weiße Fenster vor mir. Normalerweise wusste ich zu diesem Zeitpunkt schon genau, wo mich die Reise hinführen würde. Der gesamte Text ist in meinem Kopf innerhalb von Sekunden fertig, und meine Finger haben Mühe, alles schnell niederzuschreiben, bevor er vielleicht verschwindet. Schreiben ist normalerweise meine Flucht und Freude. Doch diesmal war da nichts. Die Finger warteten auf Arbeit und ich auf den Inhalt, der stets aus einer unbekannten Ecke meines Hirns ganz von alleine zu kommen pflegte. Aber es kam nichts. Genervt starrte ich auf den blinkenden schwarzen Strick auf weißem Hintergrund. Ich wollte wirklich von ganzem Herzen einfach hinschmeißen und fernsehen. Allerdings war ich selbst überrascht, wie wichtig mir die Arbeit für Hetti und die Gruppe war. Dass es mich so stören würde, am nächsten Tag ohne meine zwei Seiten umfassende Folter aufzutauchen, hätte ich nie gedacht. Also beschloss ich, zumindest die Fakten zusammenzuschreiben, damit die Gruppe sehen könnte, dass ich es zumindest versucht hatte. Das Gute bei diesem Selbsthilfe-Zeug ist nämlich, dass die einem schon für den Versuch applaudieren. Dankbares Publikum.

Also schrieb ich los:

Meine Mutter brachte mich mit 20 Jahren, mitten in ihrem Studium, auf die Welt. Sie war sehr verliebt in meinen Vater, und die beiden heirateten, wie junge Verliebte das nun mal tun. Bereits in den Flitterwochen prallten jedoch seine türkischen Vorstellungen von Ehe und der extrem ehrgeizige Dickkopf meiner Mama so sehr zusammen, dass sie sich bald darauf trennten.

Meine Mutter und ich zogen zurück in ihr Elternhaus in Oberdorf. Ich war nicht mal ein Jahr alt und Oberdorf war sehr klein und dörflich. Meine Mama hatte es nicht leicht, in der Gemeinde ihre so schnell gescheiterte Ehe mit einem Türken zu erklären. Es waren damals eben noch andere Zeiten. Meine Großeltern und Urgroßeltern kümmerten sich um mich, während meine Mama studierte.

Ich war ungefähr zwei Jahre alt, da lernte meine Mama einen neuen Mann kennen. Einen sehr witzigen und egozentrischen Typen aus der nächstgrößeren Stadt, Donauwörth. Wobei auch Donauwörth im amerikanischen Vergleich noch als winziges Dorf gesehen werden sollte. In diesem Dorf war ihr neuer Freund und baldiger Ehemann ein bekannter und angesehener junger Geschäftsmann. Er muss meine Mama sehr geliebt haben, denn er heiratete sie und adoptierte mich als seine eigene Tochter. Das würde nicht jeder tun. Meine Mama hatte aber wohl immer das Gefühl, dieser Geschäftsfamilie beweisen zu müssen, dass sie nicht nur das Landmädl mit dem Türkenkind ist. Sie arbeitete jeden Tag in deren Laden, meine gesamte Kindheit über. Es war finanziell gewiss nicht nötig, aber sie lief immer vor sich selbst davon. Ich glaube nicht, dass sie bis heute weiß, wohin sie eigentlich rennt. Sie ist kein schlechter Mensch und keine schlechte Mutter, aber eben immer auf der Flucht. Und das geht besser ohne Kinder an der Hand. Ich sah also nicht viel von meinen Eltern.

Ich wuchs auf in dem Glauben, dass dieser neue Ehemann Nr. 2 mein wirklicher Vater wäre. Das war auch sicher gut so, aber irgendwie hatte ich immer das Gefühl, anders zu sein. Also ich vier war, bekam ich einen kleinen Bruder, Maximilian. Der Vorzeige-Bayer schlechthin. Groß, kräftig, strohblond und strahlend blaue Augen.

Ich war acht, als ich mal mit meiner Mama im Supermarkt einkaufen war. Sie schickte mich in einen anderen Gang, um Nudeln zu holen. Dort traf ich eine alte Frau. Klein und dick mit Kopftuch. Und sie beugte sich zu mir runter und sagte leise, sie wäre meine Oma und hätte mich sehr lieb. Meine Mama sagte damals, es wäre alles ein großes Missverständnis gewesen, und ich ließ es gut sein. Aber ich vergaß es nie.

Je älter ich wurde, desto größer wurden die Streitigkeiten zwischen mir und meinem Vater. Bis zu dem Zeitpunkt, an dem ich mit zwölf darauf bestand, aufs Internat zu gehen. Wir waren einfach so unterschiedlich, und so vieles an ihm wollte ich nie sein.

Nach über zehn Jahren Ehe ließ sich meine Mama scheiden. Die Trennung war dramatisch und wir sind geradezu nach Regensburg geflohen. Mit nur ein paar Möbeln und wenig Ersparnissen. Nun war wohl auch der richtige Zeitpunkt, um mir zu sagen, dass der Mann, bei dem ich aufwuchs, nicht mein richtiger Papa war. Ich war teilweise erleichtert, denn das erklärte unsere extrem gegensätzlichen Charaktere, aber ich fühlte mich auch verloren. Schon ein paar Tage danach hatte ich aber große Hoffnung, im anderen Teil meiner Familie vielleicht Antworten zu finden. Also suchte und fand ich meinen leiblichen Vater, der sich anfangs sehr freute, von mir zu hören. Und ich freute mich so sehr über diese zweite Chance.

In Regensburg hatte meine Mama damals studiert und dort traf sie auch ihre Jugendliebe wieder. Mein kleiner Bruder, meine Mama und ihr damaliger Freund und heutiger Ehemann schlossen sich also zu einer neuen kleinen Familie zusammen. Das passte zwischen den dreien. Aber ich war einfach zu alt, zu wild und zu stur, um da reinzupassen. Also machte ich mich auf, um meinen leiblichen Vater in der Türkei zu besuchen. Zunächst schien er mich auch in seinem Leben haben zu wollen, aber seine anfängliche Begeisterung ließ mit der Zeit dann deutlich nach. Irgendwann begegnete ich nur noch komplettem Desinteresse, er ignorierte sogar meine Anrufe. Ich konnte das verstehen, denn er hatte ja schließlich eine neue Familie in Istanbul. Dort passte ich also auch nicht rein.

An meinem 18. Geburtstag rief mich keiner der zwei zur Auswahl stehenden Väter an, weshalb ich den Kontakt daraufhin zu beiden abbrach. Hier und da kam es mal zu Treffen mit dem Vater meines Bruders, vor allem als dieser neu verheiratet war. Mittlerweile bin ich 26 und habe seit Jahren von keinem der beiden gehört.

Meine Mama und ihr Mann sind noch heute glücklich verheiratet. Er ist ein großartiger Partner für meine Mama und ein gutes Vorbild für meinen Bruder. Meine Mama war ein »Buy 1 – Get 3«-Geschäft, das sicher nicht jeden erfreut hätte, aber er hat uns alle drei aufgenommen. Wenn ich wählen müsste, würde ich noch am ehesten einen Tag mit ihm verbringen.

Sollte meine Familiengeschichte jemals verfilmt werden, würde sie wohl am ehesten den Titel »Bad Timing« tragen. Keiner hat wirklich Schuld, alle Charaktere haben ihr Bestes gegeben und trotzdem ging die Geschichte am Schluss für mich nicht auf. Ich war stets zu früh oder zu spät. Und das Leben ist eben auch Timing. Und wer bin ich denn, irgendjemanden zu verurteilen, wenn ich doch nicht mal meinem eigenen Sohn ein heiles Zuhause geben konnte?

Danke.

Gedanklich erschöpft legte ich den Laptop beiseite. Ich fühlte mich erleichtert, denn ich hatte es zumindest versucht. Zufrieden war ich mit dieser puren Aufzählung von Ereignissen zwar noch nicht, doch es war erst einmal alles, was ich zu sagen hatte. So war es eben. Da lässt sich nichts mehr dran ändern und sauer war ich auch auf niemanden. Ich hatte mit diesem Kapitel und dieser Zeit meines Lebens schon vor langer Zeit abgeschlossen, hatte den Zugang dazu bewusst verschlossen. Darüber nachzudenken fühlte sich so kalt und verworren an, dass ich es niemals mehr anfassen wollte. Bis heute nicht.

Ich hatte für jede Situation das passende Fernsehprogramm gefunden. So wusste ich also ganz genau, welche Serie mir helfen würde, die Kälte auszutreiben, wenn sie mich manchmal überfiel. Sie handelt von einer Großfamilie mit fünf Kindern und vier Enkelkindern. Hauptsächlich spielt sich die Handlung in dem großen Elternhaus ab, wo sich alle Familienmitglieder immer zusammenfinden. Sie streiten, lachen oder versöhnen sich. In jeder Folge passiert etwas anderes, aber am Schluss finden sie immer wieder zusammen. Mittlerweile habe ich sämtliche Folgen mehrfach gesehen und trotzdem lache und weine ich jedes Mal mit. Und natürlich weiß ich, dass ich meistens nicht nur um die Handlung in der Serie weine, sondern auch um mich. Weil ich all das nie haben werde und nie hatte. Und es gibt nichts, was ich dagegen tun könnte. Egal, wie sehr ich mir Mühe gebe oder wie viel ich weine – es wird nichts an der Vergangenheit ändern. Und es wird mir auch keine Großfamilie für die Zukunft an meine Seite zaubern. Es sollte nicht sein. Nicht für mich. Es war einfach Bad Timing.

HYPNOSE

Man sagt ja, Angst sei ein Lügner. Ich zumindest sage mir das oft. Das ändert aber nichts daran, dass ich sie spüre, die Angst. Doch ich kann mit ihr umgehen. Mit Panik allerdings nicht. In den letzten Jahren hatte ich zunehmend Panikattacken, und rückblickend kann ich nicht mehr genau sagen, wann sie anfingen oder wo sie herkamen. Es gab Zeiten, nach dem Selbstmord meiner Stiefmutter, in denen ich nicht mal ein Restaurant besuchen konnte. An Urlaub oder einen Aufenthalt an einem mir fremden Ort war kaum zu denken. Das Frustrierendste an meiner Panik war schon immer ihre Willkür. Sie kam und ging, wann immer sie wollte. Ohne Grund oder Auslöser. So war ich jederzeit darauf gefasst, dass sie mich von hinten überwältigt. Ich hatte Panik vor der Panik, und mein Psychologe erklärte mir einst, man nennt das Angstspirale. Kurz versuchten wir mal, mich mit Antidepressiva zu reparieren, aber davon wurde ich nur matschig in der Birne und das gefiel dem Kontrollfreak in mir wiederum gar nicht.

Panikattacken fühlten sich für mich immer wie Ertrinken an. Die Wellen schlugen über meinem Kopf zusammen und ich ruderte um mein Leben. Das Atmen geriet dann meist außer Kontrolle; ich hatte das Gefühl, nicht ausreichend atmen zu können und hyperventilierte. Mein Herzschlag war in solchen Phasen extrem schnell, so als würde ich davonrennen. Und ich wünschte so sehr, das wäre möglich gewesen. Aber das Problem mit den Dämonen ist, dass sie dir keine Pause gönnen. Du kannst dir nicht, wie bei Problemen in der Arbeit, abends einfach zu Hause auf der Couch eine Auszeit nehmen. Dein Kopf ist immer auf deinen Schultern. Psychische Probleme sind wie der Feind in den eigenen Reihen. Unser Verstand ist die Kommandozentrale, die uns helfen sollte, alles zu überschauen, einzuschätzen und zu regeln. Meine Zentrale war jedoch leider in feindlicher Hand. Die Tage, an denen ich Angst hatte, meinen Verstand zu verlieren, kann ich nicht mehr zählen. Die Tage, an denen ich wünschte, ich wäre tot, hingegen schon. Es waren vier. Ich war einfach so erschöpft vom Rudern und wusste, ich halte kein ganzes Leben lang durch. Ich wünschte mir einfach Ruhe und Sicherheit. Ich war nicht funktionsfähig für dieses Spiel des Lebens. Ich hatte genug versucht, um zu wissen, dass man mich nicht reparieren konnte, und ich konnte einfach nicht reinpassen. Ich war ein runder Legobaustein.

Seit ich Mutter geworden war, wurden die Attacken glücklicherweise weniger und schwächer. Louis gab mir eine Aufgabe. Und zwar eine, die mich ständig forderte und mir einen Grund zum Leben gab. Ich fand nicht unbedingt sofort Lebensfreude, aber ich funktionierte für ihn und das war erst einmal genug. Es gab mitunter Nächte, in denen ich ihm stundenlang beim Schlafen zuschaute und mich fragte, wie ein so perfektes Kind aus zwei so defekten Menschen hervorgekommen sein konnte. Und ja, ich dachte oft, er wäre ohne mich weitaus besser dran, aber die Ersatzmöglichkeiten waren ja keinesfalls besser, also war ich noch immer das kleinste Übel. Das würde ich jetzt nicht unbedingt in meine Bewerbung für »Mutter des Jahres« schreiben, aber so war es eben. Und so nahmen wir es eben Tag für Tag. Ich richtete alle Energie auf ihn und war selbst überrascht, wie gut mir diese ganze Mama-Sache gelang.

Doch nun, da er immer öfter in der Vorschule war und eigenständiger wurde, blieben diese Stunden alleine, in denen ich Sara sein musste und gerade nicht aktiv Mama sein konnte. Und genau diese Zeit nutzte die alte Panik, um sich wieder an mich heranzuschleichen. Nicht so extrem wie früher, aber ich erkannte doch die Vorboten. Es fühlte sich an, als würde man unter Schock stehen. Und obwohl ich das Gefühl schon so lange kannte, traf es mich immer wieder mit voller Wucht. Diese bodenlose Angst schnürte mir die Luft ab und alle Muskeln wurden steif. Kurz darauf befand ich mich dann in einem Zustand, der mir immer so unreal vorkam. So als wäre ich in einem Film und nicht im richtigen Leben. Wie in einer Blase isoliert von allem um mich herum. Nichts konnte zu mir herein und ich konnte nicht raus. Dieser Zustand konnte Tage dauern. Manchmal auch nur Minuten. Und er steigerte sich dann irgendwann in eine Panikattacke. Ich kannte den Ablauf und unternahm manchmal den Versuch, das Schlimmste zu verhindern.

So auch an einem Mittwoch in Los Angeles. Zu diesem Zeitpunkt war ich bereits seit ein paar Wochen in Therapie, und ich fühlte, wie sich langsam innerlich Schleusen öffneten, mit denen ich nichts zu tun haben wollte. Ich konnte keine Flut an Emotionen aus der Vergangenheit händeln, denn ich war genug damit beschäftigt, die aktuellen zu durchschwimmen. Noch ein paar Tropfen mehr aus diesem Fass und ich würde ertrinken. Ich spürte das so deutlich. Meine Wohnung schien mir der sicherste Platz, aber die Luft zwischen den sicheren Wänden wurde seit Tagen dünner und war von Angst erfüllt. Ich atmete bewusst ein und aus und die Panik umgab mich von allen Seiten. Von meiner Fensterfront aus sah ich das Leben geschehen und diesen immer blauen wunderbaren Himmel.

Für immer nur Zuschauer und nie Teilnehmer, alleine und kaputt in meiner Blase voller Angst.

Ich lief in meinem Wohnzimmer auf und ab und versuchte, mich in die Wirklichkeit zurückzuholen, mich irgendwie mit dem Leben um mich herum zu verbinden. Ich versuchte Atemübungen, Erdung durch Yoga und alles, was Google sonst noch hergab. Nichts half. Das war nach Jahren ohne Weg aus der Blase keine große Überraschung.

Die Anwesenheit mir vertrauter Menschen, wie meinen Exfreunden, rettete mich meist aus dieser ungesunden Angstspirale und den düsteren Gedanken. Nun hatte ich momentan aber niemanden, der mein Leben mit mir teilte, also würde vielleicht der Rest der Menschheit herhalten müssen. Menschen um mich gaben mir manchmal den Rest und schubsten mich die Klippe in die Panik hinunter, aber manchmal bewirkten sie auch das Gegenteil. Da ich ja schon mehrere Stunden Isolation erfolglos versucht hatte, wollte ich der Welt eine Chance geben. Ich würde einfach in das Café in meiner Straße gehen, so konnte ich in unter einer Minute wieder zu Hause sein, sollte es ernst werden.

Wie in Trance zog ich mir etwas an und lief, mit meinem MacBook unter dem Arm, die Straße hoch. Ich hatte mir in letzter Minute noch meinen Computer geschnappt, um so tun zu können, als würde ich arbeiten. Denn nur dasitzen und Leute anstarren, in der Hoffnung, sich wie ein lebender Mensch zu fühlen, war selbst für Hollywood ein bisschen unheimlich. Es tat gut, die Sonne zu sehen, obwohl ich sie nicht spürte. Die körperliche Taubheit in der Blase war eines der beängstigendsten Dinge. Das Café lag direkt am wunderschönen Sunset Boulevard und war wie immer gut besucht. Es hatte eine Terrasse, wie fast alle Lokalitäten in Los Angeles. Wortlos setzte ich mich einfach an einen kleinen Tisch ganz in der Ecke der Terrasse. Dort waren die wenigsten besetzten Tische und ich hatte trotzdem einen guten Überblick.

Die Kellnerin kam zu mir und eröffnete in typischer L.A.-Manier fröhlich mit: »Hallo, wie geht es Ihnen heute?« – »Großartig, danke!«, gab ich überzeugend zurück. Keine 15 Minuten in der Außenwelt und schon die erste Lüge. Das war nicht schön, aber besser als: »Ach, wissen Sie, ich komme eigentlich nur vorbei, weil ich mir daheim gern 'ne Kugel in den Kopf jagen würde, nur damit endlich Ruhe ist, aber ich hab grad neuen Teppich verlegen lassen – da soll kein Blut draufkommen. Die Flecken kriegt man nicht mehr raus.« Ich bestellte ein großes Wasser, einen Tee und sofort die Rechnung. Falls ich schnell aufspringen musste, um heimzugehen.

Ich ließ mich tief in den Stuhl sinken und klappte mein MacBook vor mir auf, wie ein Schutzschild. Und dann saß ich einfach da und schaute den anderen Leuten beim Leben zu. Ich bewegte keinen Muskel und überlegte mir, wie deren Leben wohl aussähen. Wenig unauffällig starrte ich sie an, die schönen Menschen der Metropole der Eitelkeit. Das störte aber keinen, denn es galt in Hollywood eher als Problem, wenn einen keiner anstarrte. Über die Boxen erklang jetzt schon der dritte Michael-Jackson-Song, und ich befürchtete, es war seine neuste Best-of-CD. Nicht mal ich konnte meine eigenen Depressionen ernst nehmen, wenn nebenbei *You Are Not Alone* erklang. Wie meine eigene Wachsfigur saß ich da, als plötzlich ein »Sie wirken nervös« von links die Show unterbrach. Mehr als irritiert, drehte ich mich um und schaute einem Mann Mitte 30 ins Gesicht. Ich fühlte mich ertappt und war gleichzeitig extrem verwundert, wie er denn jetzt darauf kam. Er wirkte nicht wie der Typ, der einfach irgendwas sagt, um mit einem Mädchen ins Gespräch zu kommen. Und vor allem sah ich an diesem Tag nicht wie das Mädchen aus, mit dem man sich gerne unterhalten will. Mein Interesse war stärker als mein Fluchtreflex und ich fragte: »Wie kommen Sie denn bitte darauf, dass ich nervös wäre? Ich habe mich seit einer guten halben Stunde keinen Millimeter bewegt.« Er lächelte auf eine großkotzig allwissende Art und antwortete: »Und Ihnen ist hoffentlich klar, dass das nicht normal ist. Irgendwas stimmt nicht. Ich sehe so was von Berufs wegen.« Als hätte er darauf gewartet, schob er mir eine Visitenkarte auf den Tisch. Darauf war in klaren Buchstaben zu lesen, dass er als Hypnosetherapeut sein Geld verdiente. Aha, das war also seine Masche, neue Kunden zu finden. Einfach jedem sagen, dass irgendwas nicht in Ordnung scheint, um sich dann als großer Retter zu outen. Genervt bedankte ich mich und drehte mich weg.

Er verließ wenig später seinen Tisch, aber nicht ohne ein »Rufen Sie jederzeit an« in meine Richtung zu werfen. Ich war beleidigt, aber nicht, weil eine Einladung zum Seelenklempner nicht gerade ein Kompliment war, sondern weil ich mir ernsthafte Sorgen um meine Tarnung machte. Wann war meine Mir-geht-es-wundervoll-Maske so rissig geworden? Und noch viel wichtiger: Konnte das jeder sehen oder nur er?

Mein Therapeut hatte mir vor Jahren schon mehrfach vorgeschlagen, mal Hypnose zu versuchen, weil wir angeblich nicht »an die Wurzel der Dinge« kamen. Meine Abwehrmechanismen seien zu stark. Mir war der Gedanke, einen Fremden ohne Kontrolle in meinem Hirn herumpfuschen zu lassen, aber eher zuwider. Allerdings musste ich, unter den Klängen von Michael Jacksons *Thriller*, doch einräumen, dass in meinem Kopf ja eh schon viel im Argen lag. Was sollte er denn noch groß anrichten?

Zur Abwechslung beschloss ich, meinen Laptop nicht nur als Schutzschild zu benutzen, und verband ihn mit dem allgegenwärtigen Free Wi-Fi. Im Internet suchte ich nach »Selbstmord nach Hypnose« und fand nichts. Das war schon mal gut. Dann also »Erfolge von Hypnosetherapie«. Und da fand ich einiges. Meine Muskeln waren noch immer steif, aber die Blase wurde etwas gnädiger und die Panik war nicht mehr beißend, ich nahm sie nur noch wie ein dumpfes Pochen in meinem Hinterkopf wahr. Allerdings musste ich auch nur noch ein paar Stunden ohne Lou aushalten, dann konnte ich ihn heimholen und würde mich besser fühlen. Bis dahin konnte es ja nicht schaden, sich über Hypnose schlauzumachen. Und ich muss sagen, es schien, als hätten viele hoffnungslose Fälle damit einen Durchbruch gehabt.

Als ich dann wieder zu Hause auf dem Teppich mit Louis spielte und mich tatsächlich besser fühlte, bekam ich einen sehr unangenehmen Gedanken außergewöhnlich klar zu fassen – ich brauchte meinen Sohn wie einen emotionalen Blindenhund. Ich hatte oft gelesen, dass Kinder die Verantwortung für ihre Eltern spüren würden und dass das nicht gesund für ihre Entwicklung war. Diese Gedanken ließen mich bis spät in die Nacht nicht los, und ich entschloss mich schweren Herzens, zumindest ein unverfängliches Gespräch über Hypnosetherapie und seine Methoden bei dem Kerl aus dem Café zu buchen. Ich hätte natürlich noch nach jemand anderem suchen können, aber was, wenn es kein Zufall war, dass ich ihn getroffen hatte? Was, wenn es eben Schicksal war? Der Gedanke half mir zumindest, mich selbst darin zu bestärken, dass es einen Versuch wert war.

Und so saß ich zwei Tage später in seiner Praxis, denn mit dem Schicksal legt man sich ja nicht an. Es war ein kleines Büro in einem Ärztehaus. Das machte mir schon mal Mut, denn wenn er in der Sitzung irgendeinen falschen Schalter in meiner Birne umlegen sollte, waren hier 14 Etagen voller Ärzte, um das Schlimmste zu verhindern.

Er bat mich vom Warteraum schon nach wenigen Minuten in den Behandlungsraum, und hier fand sich der Klassiker aller Klischees – eine Liege. Aber um fair zu bleiben, wer will schon hypnotisiert in der Ecke stehen oder aufrecht sitzen? Die Liege ließ ich also durchgehen. Ansonsten war der Raum neutral und sauber, genau wie der Doc. Er saß mit freundlichem, nichtssagendem Gesichtsausdruck hinter seinem Schreibtisch und fragte mit ruhiger Stimme: »Sie haben sich also entschlossen, zu mir zu kommen. Sehr schön. Wo liegt denn das Problem?« Gerne hätte ich ihn jetzt gefragt, wie viele seiner Irren er denn prozentual in Cafés findet, aber ich sparte es mir lieber. Die Sitzung kostete 240 Dollar, ich konnte jetzt nicht mein Ego duellieren. Also antwortete ich kurz und knapp: »Panikattacken und Gefühle von Isolation aus dem normalen Leben.« Er nickte, notierte sich etwas auf seinem ebenfalls klischeehaften Clipboard und fragte mich: »Wann fing das an, wovor haben Sie Angst und gibt es bestimmte Auslöser?« – »Keine Ahnung zu allen drei Fragen«, gab ich mit verschränkten Armen zurück. Er legte sein Brett weg und schaute mir unangenehm tief in die Augen. »Wir werden zusammen die Wurzel des Problems finden. Wir werden herausfinden, wann Sie zum ersten Mal dachten, es wäre etwas zwischen Ihnen und der Welt nicht im Einklang.« Ich nickte und dachte bei mir nur: Viel Glück dabei, Hirndoc, das habe schon andere versucht. Und ja, ich selbst auch schon 15 Jahre.

Er stand auf und bat mich auf die Couch. Er führte mich durch Atemübungen, die den Yoga-Übungen glichen, die ich ja gegen die Panik versucht hatte. Und das Gerede über tiefes Atmen ist das Letzte, woran ich mich erinnern kann.

Im gefühlt nächsten Moment wachte ich aus einem Traum auf, nur etwas abrupter. Ich kam zu mir und meine Muskeln waren nicht mehr steinhart, zum ersten Mal seit Tagen. Zu meiner eigenen Verwunderung war ich auch nicht sauer oder beunruhigt über meinen Blackout. Ich war völlig entspannt und ruhig, setzte mich auf. »Das war eine tolle erste Sitzung, Sara! Sie haben das toll gemacht«, verkündete er mit seinem blöden Psychiater-Schreibbrett in der Hand. Ich würde ihm ja für den Stundensatz zu gerne zustimmen, aber ich wusste ja nicht einmal, was überhaupt passiert war. »Würden Sie mich vielleicht einweihen, was genau ich so toll gemacht habe?«, hakte ich nach. »Sie haben mir über Ihre Kindheit in Deutschland erzählt und von Ihrem Hund Moritz und Ihren Eltern. Und wir haben herausgefunden, dass Ihre Probleme im Alter von vier oder fünf Jahren anfingen und mit sieben besonders extrem wurden«, erklärte er mir, ohne mir dabei in die Augen zu sehen. Ich war verwirrt und überrascht. Ich glaubte ihm, denn von meinem Hund Moritz musste er ja von mir wissen. Dennoch erinnerte ich mich an keine großartigen Zwischenfälle in diesen frühen Jahren. Das sagte ich ihm auch. Er schaute auf und sagte mit absoluter Überzeugung:

»Doch, Sara, Sie erinnern sich an alles ganz genau, aber wir geben den Erinnerungen jetzt mal ein bisschen Zeit, um in Ihr Bewusstsein zu dringen. Nächste Woche können wir dann anfangen, die Knoten zu lösen.« In mir regten sich Zweifel. Und ich fragte mich, ob er wirklich Probleme in einer Zeit finden konnte, an die ich mich kein bisschen erinnerte. Auf dem Weg nach draußen riet er mir, mich mit meiner Familie über diese Zeit zu unterhalten. Ich sollte sie gezielt nach dem siebten Lebensjahr fragen.

Zu Hause konnte ich mir keine wirkliche Meinung über das Geschehene bilden. Mir ging es besser, ich war jetzt gerade panikfrei, aber wer wusste schon, ob sein Können das dauerhaft bewirken könnte oder ob er einen einfach jede Woche wieder antreten ließ, bis man komplett blank war? Am liebsten hätte ich sofort meine Mama angerufen, aber durch die Zeitverschiebung war das nicht möglich. Also schrieb ich ihr kurz vor dem Schlafengehen eine E-Mail mit der Bitte, sich Gedanken über die Zeit zu machen, an die sie sich ab meinem siebten Lebensjahr erinnern konnte.

Am nächsten Morgen rief ich sie an und sie hatte ihre Hausaufgaben gemacht. »Sara, da wurdest du eingeschult. Und alles, was ich dir sagen kann, ist, dass du dich wahnsinnig auf die Schule gefreut hattest und schon nach einer Woche jeden Tag geweint hast und da nicht mehr hinwolltest. Du hast gesagt, keiner würde dich mögen und keiner wollte neben dir sitzen. Und, na ja, das blieb ja dann auch deine ganze Schulzeit bis zum Internat ein Problem. Bevor du in die Schule gingst, warst du immer ein sehr fröhliches Kind und dann wurdest du immer ruhiger«, erzählte sie mir geduldig. Und als sie es mir erzählte, erinnerte ich mich. Ich erinnerte mich an Hunderte Situationen, in denen ich traurig war. Ich konnte einfach nicht verstehen, was mit mir nicht stimmte und warum die anderen Kinder so gemein zu mir waren. Aber ich hatte damals gelernt, dass ich »nicht richtig« und nicht gut genug war. Und ich versuchte wirklich alles Mögliche, um doch irgendwie reinzupassen, um dazuzugehören, aber es wollte einfach nicht klappen.

Viele Jahre später traf ich bei einer Lesung meines ersten Buches in Donauwörth auf eine alte Klassenkameradin aus dieser Zeit und sie sagte lachend: »Mensch, schau dich an! Ich kann mich nicht mehr erinnern, warum wir dich als Kinder so gehasst haben, aber du warst einfach komisch.«

So, nun erinnerte ich mich also, aber das brachte mich nicht weiter. Was hatte das mit meiner Angst zu tun?

Aus reiner Neugier und unter Ermutigung meiner Mutter buchte ich eine zweite Sitzung. Am gleichen Tag fand ich mich völlig angstfrei draußen auf dem Sunset Boulevard und ich stand in der Sonne und spürte sie diesmal auch. Und plötzlich konnte ich mit absoluter Gewissheit sagen, dass meine Angst die des kleinen Mädchens in mir war. Sie glaubte nicht, dass irgendjemand sie lieben konnte, weil die Umwelt beschlossen hatte, sie sei komisch. Weder böse noch dumm – einfach anders. Und anders sein war nicht erlaubt. Das ist aber eine Wahrheit, die nie eine war und heute nicht mehr gilt. Wann immer ich heute Panik spüre, gehe ich innerlich zu diesem Moment zurück. Dem Moment, in dem ich sicher wusste, dass diese Angst ein Lügner ist.

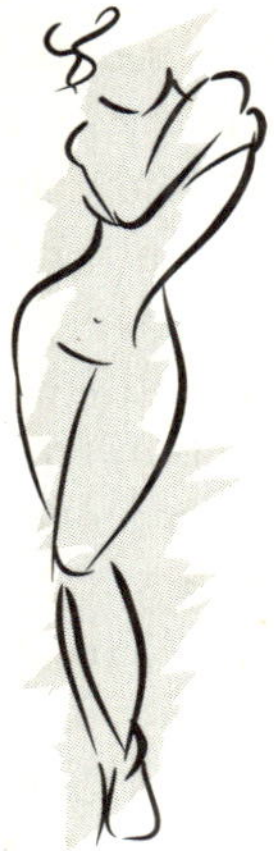

GEFÜHLSKRAM

Mein Leben seit Louis' Geburt war geprägt von viel Drama, tief greifenden Veränderungen und großen Aufgaben. Ich bin 24 Monate innerlich und tatsächlich regelrecht um mein neues Leben gerannt. Aber ich würde mich nie beklagen, denn ich habe mir das schließlich ausgesucht und würde keinen Schritt rückgängig machen wollen. Außerdem brachten all die Aufgaben einen großartigen Vorteil: Ich hatte keine Zeit, über mich nachzudenken.

Als die Beziehung zu meinem Exfreund zerbrach, schaltete ich nach sechs Monaten Rumgeheule in den Kämpfer-Modus. Ich beschloss, dass ich meinem Sohn und mir ein neues, glückliches Leben mit Potenzial aufbauen würde. Alleine. Nun neige ich ja manchmal dazu, mir mehr vorzunehmen als vielleicht unbedingt nötig, und so beschloss ich nicht nur, meine Wohnung, sondern gleich den Kontinent zu wechseln. Sicher ist sicher. Ich wanderte also eiskalt aus, drehte TV-Dokus, erkämpfte mir die Greencard, zog ein Baby groß und behauptete mich im rauen Pflaster Los Angeles'. Ich schlief nicht viel, aber weinte immer weniger, denn ich hatte mein Leben endlich wieder selbst in der Hand. Ich hatte die Kontrolle zurück, die mir vorher dank des Blind-durch-Liebe-Syndroms gefehlt hatte. Jede Nacht fiel ich todmüde in mein Bett, und mir fehlte, zum Glück, die Zeit, jemals anzuhalten und mich umzuschauen.

Nun aber fühlte ich, wie sich mein Leben langsam entschleunigte. Die Uhren liefen langsamer und die großen Kämpfe um Greencard, Sorgerecht und Perspektive waren vorbei und gewonnen. Es war nichts mehr zum Kämpfen da, zumindest nichts mehr, was ich mit dem richtigen Papierkram oder Anwälten hätte regeln können. Es blieben nur der Kampf gegen mich selbst und die Essstörung. Und den hatte ich ja mal lässig ans Ende der Prioritätenliste gepackt. Aber nun war ich in Therapie und gezwungen, all die überfälligen Fragen zu beantworten. Eines Sonntagabends wurde eine von ihnen besonders laut: Wann nur war ich so einsam geworden?

Ich saß auf der Couch, schaute irgendeinen Film und plötzlich fühlte ich mich einsam. Das war seltsam, denn im letzten Jahr hatte ich das Alleinsein verehren gelernt. Es hieß Freiheit und Sicherheit. Wenn mir kein Mann etwas bedeuten würde, würde mich auch keiner verletzen und meine Zeit verschwenden. Warum meine letzten fünf Jahre vor dem ersten Lifting an die nächste Pfeife verschwenden? Ich hatte bewusst total zugemacht und war überzeugter Single. Louis und ich hatten zusammen eine neue, liebevolle kleine Welt und die wollte ich nicht aufs Spiel setzen. Das Gleichgewicht hier war zerbrechlich. Wenn ich mich in den Falschen verlieben würde, könnte wieder alles fürchterlich schiefgehen und letztlich zusammenbrechen. Deswegen verwirrte mich dieses aufkeimende Gefühl von Einsamkeit. Wenn es so einfach wäre, hätte ich es gerne einfach abgeschaltet. In der Therapie hatte man mir aber erklärt, dass genau diese Art des Verdrängens mich so krank gemacht hätte. Es war Teil meines Weges aus der Bulimie, mit Gefühlen umzugehen und sie gesund wahrzunehmen und zu akzeptieren.

Da saß ich also auf meiner Couch und versuchte zu akzeptieren, dass ich nicht mehr alleine sein wollte. In mir wollte ich das Kreuzfeuer aus Gegenargumenten abstellen und konzentrierte mich auf den Wunsch, den meine Psyche mir eben mitgeteilt hatte – genau so, wie es im Therapiebuch stand.

Nach ein wenig Nachdenken gefiel mir der Gedanke an große Gefühle und Romantik sogar wieder. Ich war eigentlich schon immer eine große Romantikerin gewesen, was mir aber über die Jahre vom Leben aberzogen wurde. Allerdings gelang es mir spielerisch, sofort wieder diese kleine Träumerin zu sein. Zumindest in meinem Kopf und rein theoretisch. Und seien wir mal ehrlich, ich hatte ja mit der Bulimie quasi einen Halbtagsjob aufgegeben und musste diesen freien Raum nun mit etwas füllen. Also warum nicht mit einer zwischenmenschlichen, diesmal gesunden Beziehung?

Innerlich stellte ich mir natürlich sofort ein Haus mit weißem Gartenzaun in Beverly Hills vor. Ja, das funktionierte in meinem Kopfkino sehr gut. Was ich allerdings nicht sah, war ich, wie ich durch Los Angeles zog, um Männer anzusprechen. So weit war ich nun wirklich noch nicht. Ich war erstens immer noch am liebsten daheim und zweitens im Durchschnitt nur zwei von sieben Tagen in der Stimmung, andere Menschen zu sehen. Tendenz immerhin steigend.

Aber für absolut verunsicherte Singles ohne Sozialleben hatte Gott ja schließlich das Internet erfunden! Am Tag zuvor hatte mir meine Freundin Tamara von einer Dating-App erzählt, die in Amerika gerade jeder benutzte und sie selbst bisher mit Erfolg zu mindestens drei Dates die Woche geführt hatte. Dank der modernen Technik und meinem High-Speed-Internet war die App zwei Minuten später bereits auf meinem Telefon installiert. Man meldete sich über den facebook-Account an und wählte ein Profilbild. Okay, das ging schnell. Dann grenzte man die Suchkriterien für den potenziellen Partner ein. Ich wählte eine Altersspanne zwischen 30 und 40 und als Wohngebiet nur Los Angeles. Bei dem Verkehr hier würde eine Beziehung eine Distanz über fünf Kilometer nicht überleben. Dann drückte ich auf »Suche starten«. Auf dem Display erschienen nur das Profilbild, Name und Alter. Dann drückte man entweder auf »No« oder »Match«. Das gefiel mir – simpel und effektiv zugleich. Ich drückte geschätzte hundertmal »No«, bevor ich einmal »Match« drückte. So klickte ich mich mindestens zwei Stunden begeistert durch diese zugegeben extrem oberflächliche App. Mir gefielen nicht viele der Männer, aber trotzdem war es unfassbar, wie viele Singles tatsächlich da draußen rumliefen. Der Gedanke an all das Leben vor meiner Tür beflügelte mich regelrecht. Ich durchforstete Bilder, bis mir die Augen zufielen, und ging gespannt schlafen.

Am nächsten Morgen kämpften Lou und ich uns durch die übliche Routine und erst beim Frühstück fiel mir mein neues Dating-Projekt wieder ein. Ich sprang auf und holte mein iPhone vom Ladekabel. Und der Bildschirm versprach Großes. *Sie haben erfolgreich gematcht* stand da. Das hieß, einer der Männer, die ich gut fand, wählte ebenfalls mein Foto aus Hunderten aus. Er hieß Maxwell, war 32 und befand sich, laut App, nur einen Kilometer von mir weg. Da es sieben Uhr morgens war, ließ sich vermuten, dass das sein Zuhause war und er gerade frühstückte. Perfekt, denn wir waren quasi Nachbarn. Eine kleine fiese Stimme in meinem Hinterkopf murmelte: »Oder er hat heute Nacht bei einer anderen übernachtet und verschafft sich mit seinem guten Aussehen jede Nacht woanders einen Schlafplatz, bis er ganz Hollywood durchhat.« Ich weigerte mich, die kleine Stimme zu beachten, und klickte stattdessen auf die Nachrichten-Option, die sich bei passenden Matches öffnet. Einen Moment überlegte ich erst mal, was man denn üblicherweise so als Eröffnung schreibt, und tippte schließlich: *Guten Morgen, Maxwell! Ich hoffe, du hast einen wunderbaren Tag und ich höre bald von dir.* Das war neutral und freundlich, aber nicht zu offensiv. Ich wollte keinesfalls zu stürmisch wirken. Diese Sorge hatte mein Chatpartner anscheinend nicht, denn kaum hatte ich das Handy neben mir auf den Esstisch gelegt, vibrierte es. *Maxwell hat Ihnen eine Nachricht geschickt*, unterrichtete mich die App. Er war also schon wach, das war schon mal ein gutes Zeichen. Das hieß, er hatte vermutlich einen normalen Job und ein richtiges Leben. Wenigstens einer von uns. Gespannt öffnete ich die Nachricht und las: *Hallo Sara, es wäre sicherlich ein besserer Tag, wenn wir uns sehen würden. Wie wäre Mittagessen irgendwo in Beverly Hills?* Ich war verwirrt. War es sonst nicht üblich, sich tagelang kleine Nachrichten zu schreiben, um sich vorab ein wenig kennenzulernen? Mehrfach las ich Louis die Nachricht laut vor, aber er war keine große Hilfe. Sein Reis mit Apfelmus brauchte all seine Aufmerksamkeit.

Es war nun halb acht morgens, was in meiner Welt schon spät war, also rief ich Tamara an. Nach einigem Klingeln nahm sie ab und raunzte »Was?!« ins Telefon. Sie klang müde und genervt. »Tamara, nur ganz kurz: Ich hab mir diese App runtergeladen und der Typ, mit dem ich gematcht habe, will sich direkt heute treffen. Das schlägt er einfach so vor, ohne vorher groß Anstalten des Kennenlernens zu machen.« – »Na und, das ist normal in Los Angeles! Geh hin, was solls? Ich schlaf noch. Bye«, nuschelte sie und legte einfach auf. »Tamara sagt ›Was solls‹ und ich soll hingehen. Was meinst du?«, fragte ich Louis. Er versuchte gerade, Apfelmus vom Tisch zu lecken, und ich interpretierte das als ein »Ja, geh hin – das Leben ist kurz«. Nun, da wir uns ja alle einig waren, sagte ich zu. Wir machten Ort und Zeit aus und damit hatte ich ein Date! Mein erstes amerikanisches Date. Wie aufregend! Seit meiner Jugend hatte ich Hunderte amerikanische Lovestorys in unzähligen Hollywoodfilmen miterlebt, und nun war ich hier, in Hollywood, und hatte ein Date.

Es war Montag und Lou war in der Preschool. Perfekt. Nachdem ich ihn dorthin gebracht hatte, sprang ich zu Hause sofort unter die Dusche und föhnte meine Haare mit einer Rundbürste zu einer annehmbaren Form. Das dauerte zwar lange und nervte mich, aber das Ergebnis war gut. Nicht so gut wie das der anderen Mädchen hier in Hollywood, aber besser als mein eigener Durchschnitt. An Kleidung mangelte es mir ja wirklich nicht, aber an passender Kleidung durchaus. Seit ich dem Essensplan der Therapie folgte, hatte ich etwas zugenommen und fühlte mich extrem unwohl in meiner Haut. Es musste also ein Kleidchen sein, das weit geschnitten und vorteilhaft war. Vorteilhaft hieß in meinem Fall: Sicht auf Dekolleté – ja, Sicht auf hässlichen fetten Bauch – nein.

In einem hellblauen, sehr locker sitzenden Sommerkleid und mit akzeptabel geföhnten Haaren saß ich eine Viertelstunde vor verabredeter Zeit im Restaurant, das wir ausgesucht hatten. Ich war früh dran und froh darüber, denn ich wollte genug Zeit haben, um mich zu beruhigen und das Terrain abzutasten. Es war mein erstes Mal in diesem Restaurant und ich kannte gerne das Schlachtfeld. Nicht dass Dating Krieg wäre, aber es konnte nicht schaden zu wissen, wo der Notausgang, die Toilette und das beste Licht waren. Er hatte einen Tisch auf der Terrasse reserviert und man konnte von dort aus die Fußgänger beobachten. Als ich da so im Freien saß, den blauen Himmel und die gut gelaunten Menschen betrachtete, zog ich mein Handy raus und verfasste eine Textnachricht an meine Freundin Natascha: *Es stellt sich heraus, dass es manchmal außerhalb meiner Wohnung wirklich schön sein kann. PS: Ich gehe gerade auf mein erstes Date!* Prompt kam zurück: *Beides unfassbar, haha.* Meine Aufregung war viel weniger schlimm, als ich dachte, und um Punkt ein Uhr saß ich aufrecht und ehrlich gespannt in Lauerstellung auf meinem Platz. Jedes Mal, wenn jemand das Restaurant betrat, dachte ich, es wäre er. Mittlerweile war er schon zehn Minuten zu spät und ich wurde etwas ungeduldig und sauer. Ich hasse Unpünktlichkeit – leider ein sehr weit verbreitetes Phänomen in L.A.

Mein Blick folgte weiter den Fußgängern vor dem Restaurant und deren Parkservice. Da es in dieser Stadt selten bis nie normale

Parkplätze gab, hatte jedes Restaurant einen Service, der das Auto entgegennahm. Das können sie sich in Deutschland ruhig mal abschauen. Ich hatte mir bereits die Karte bringen lassen, als mich ein Höllenlärm plötzlich aufschauen ließ. Ein schwarzer Lamborghini war mit dem obligatorischen Krach gerade vorgefahren. Ich weiß nicht warum, aber ich hasse diese Autos – die pure Midlife-Crisis auf vier Rädern. Durch und durch deutsch, motzte ich also innerlich und schwer vorurteilsbeladen vor mich hin, während ich auf den Mittvierziger wartete, der gleich aus dieser Asso-Schleuder aussteigen würde. Und als hätte mein Leben einen kranken Sinn für Humor – heraus stieg mein Date.

Ich erkannte ihn sofort, denn zu meiner Erleichterung sah er wirklich genau wie sein Profilbild aus. Er war groß und breit gebaut. Das gefiel mir sehr gut, denn ich will wirklich keinen Sex mit jemandem haben, der dünner ist als ich. Das wäre verkehrte Welt und extrem unsexy. Er trug ein weißes Hemd und eine dunkelblaue Jeans mit weißen Sneakers. Stilsicher und schlicht. In meiner Vorstellung kam ein Lamborghini immer mit rotem Trainingsanzug und dicker Goldkette serienmäßig. So entstand der Einheitslook der Fahrer. Beides hatte Maxwell jedoch glücklicherweise zu Hause gelassen. Ohne es zu wollen, lächelte ich ein wenig grenzdebil vor mich hin, während mein Date dem Parkservice-Typen ein Trinkgeld gab. Plötzlich befiel mich die Angst, dass dieser Mann völlig außerhalb meiner Liga sein könnte. Meine Möglichkeiten in Sachen Repräsentation hatte ich ja ausgereizt und hoffte innerlich verzweifelt, er wäre nicht enttäuscht, wenn er mich sieht. Nervös zuppelte ich mein Kleidchen zurecht und stand auf, als er den Raum betrat. Lächelnd und mit großen Schritten kam er auf mich zu. Alles an ihm strahlte Selbstbewusstsein und Macht aus. Mehr als angetan von seinem Auftritt streckte ich ihm also meine Hand entgegen, aber Maxwell war kein Handschüttler. Er war ein Umarmer. In typisch kalifornischer Manier nahm er mich in den Arm und drückte auffällig fest und lange zu. Er war einen guten Kopf größer als ich in High Heels und das war hervorragend. Wir nahmen Platz und er eröffnete mit höflichem, aber völlig langweiligem Small Talk. Ich schaltete auf Autopilot und nutzte die Zeit, um ihn mir genauer anzusehen. Unter seinem Hemd zeichneten sich massive Muskeln ab und seine Hände waren riesig. Er könnte mich also im Notfall locker aus einem brennenden Haus tragen. Der unbestreitbare Vaterkomplex in mir applaudierte seinem schwarzen Dreitagebart. Irgendwann glitt die Konversation in ein Thema, das etwas mehr aktive Teilnahme von mir erforderte. Er griff über den Tisch und legte seine Hand auf meinen rechten Unterarm. »Erzähl mir von deiner Tätowierung«, forderte er. So sehr ich sein Interesse zu schätzen wusste, stockte ich kurz. Denn das Tattoo an meinem Unterarm galt meinem Sohn. Dort stand: *Two hearts of a tiger – beating as one – me and my son.* Ich hatte mir vorher ehrlich gesagt keine Gedanken gemacht, wann ein guter Zeitpunkt wäre, meinem Date von meinem Sohn zu erzählen. Aber ich war nicht nur stolz auf Louis, sondern auch auf unseren bisherigen Weg zusammen. Trotz der Gefahr, Mr Wonderful zu erschrecken, antwortete ich also: »Das Tattoo gilt meinem Sohn. Er und ich sind alleine nach Los Angeles gekommen. Wir sind ein Package-Deal. Uns gibt es nur zusammen.« So – jetzt war es raus. Die Überraschung war ihm ins Gesicht geschrieben und ich fühlte eine Mischung aus Angst und Trotz. Angst, dass er mich jetzt direkt abschreiben würde, und Trotz, weil ich mich fühlte, als müsste ich Lou verteidigen. Meine Hände zupften an der Serviette und die Sekunden kamen mir unendlich vor. Schließlich bekam der schöne Mann endlich den Mund auf: »Ich bin überrascht, denn du siehst irgendwie gar nicht nach einer Mutter aus. Das muss ja unheimlich hart für dich sein.« Ja, spinnt der? Mein Sohn ist doch keine Bürde oder eine chronische Krankheit. Wütend verschränkte ich meine Arme und holte tief Luft, denn ich hatte viel zu sagen. »Nein, das ist nicht hart für mich. Mein Sohn ist der beste Mensch, den ich kenne. Er und ich sind ein Team und wir halten uns bisher sehr gut. Wir passen aufeinander auf und er macht mich zu einem ordentlichen Menschen. Er erzieht mich mindestens so viel wie ich ihn. Und er ist immer fröhlich. Das mag vielleicht nicht in das typische L.A.-Hipster-Bonzen-Bild passen, aber das ist okay so«, zischte ich ihn an. Innerlich sah ich mich schon dramatisch aus dem Lokal stürmen, als er mich unterbrach und schützend seine Hände vor sich hielt. »Guter Gott, beruhige dich! Ich meinte das nicht böse. Meine Mutter hat mich und meinen Bruder alleine großgezogen, als sie nur 20 Jahre alt war, und hatte auch keine Hilfe. Sie war eine großartige Mutter, aber es war ein hartes Leben. Das meinte ich. Das ist alles«, erklärte er beschwichtigend. Ich hielt kurz inne und war froh, nicht noch alle meine Anti-Lamborghini-Sprüche abgefeuert zu haben. Wie sollte ich das jetzt angemessen retten? Ich griff zur einzigen Waffe, die ich immer bereit hatte – meinem Humor. Ruckartig stand ich auf, streckte ihm meine Hand entgegen und sagte: »Darf ich vorstellen: Sara Schätzl, Königin der Überreaktion und passionierter Mamabär mit Hang zur Dramatik.« Er schaute lächelnd auf, schüttelte meine Hand und erwiderte »Freut mich sehr. Vielleicht können wir ja Mittag essen, ohne dass du mir das Essen ins Gesicht wirfst.« Wir lachten beide und das Eis war gebrochen. Wir mochten einander, und jede Aufregung, die zuvor in den Luft lag, war verschwunden. Der Rest des Dates lief entspannt und wirklich großartig. Ich hätte mir keinen besseren Mann und kein besseres Date wünschen können, um wieder zurück ins Dating-Game zu kommen.

Als ich wenige Stunden später wieder zu Hause war, fiel ich auf meine Couch und versuchte, ein Resümee zu ziehen. Maxwell hatte mir meinen Ausbruch sofort verziehen oder fand ihn vielleicht sogar erfrischend ehrlich. Aber ich selbst suchte nach einer Erklärung für meine übertriebene Reaktion. Warum war ich so aus dem Gleichgewicht geraten, als das Thema auf Louis kam? Ich wusste es ehrlich nicht. Warum hatte ich das Gefühl, unser Leben rechtfertigen oder verteidigen zu müssen, statt stolz darauf zu sein? Ich fühlte einen deutlichen Kloß in meinem Hals und war den Tränen nahe.

Da ich mir selbst nicht weiterhelfen konnte, schrieb ich eine SMS an meine Therapie-Patin Ashley. Ihre Antwort kam prompt und war sehr simpel: *Wir müssen uns erst komplett selbst finden, damit der andere uns finden kann.*

Eine gute Stunde ließ ich meine Gedanken umherfliegen, bis sie sich richtig anfühlten. Und die Wahrheit war, dass ich gerade auf dem Weg zu mir selbst war, aber im Moment keine Ahnung hatte, wer hinter all den Mauern wirklich steckte. Ich hatte mich nicht nur vor allen anderen versteckt, sondern auch vor mir selbst. Bevor ich ein Schloss mit Zaun in Beverly Hills bauen konnte, musste ich also erst einmal die Festung und die Mauern um mich herum einreißen.

MAMA (1)

Es sind jetzt ungefähr vier Monate vergangen, seit ich angefangen habe, ernsthaft an meiner Essstörung zu arbeiten. Mittlerweile fühlt es sich für mich auch normaler an, es »Bulimie« oder »Essstörung« zu nennen und nicht mehr »meine kleinen Tricks« oder »Essen ungeschehen machen«. Das ist ein Fortschritt. Es gibt gute und schlechte Tage. Und ich gebe zu, dass ich die schlechten Tage manchmal einfach so geschehen lasse. Daran muss ich arbeiten. Dann gibt es gute Tage, an denen ich brav alle drei Stunden eine gesunde Kleinigkeit esse und alles drin behalte. Um ganz ehrlich zu sein: Wenn ich mich geplant übergeben will, ist das schon seit mehr als einem Jahr kein Gewürge und auch keine Anstrengung mehr. Ich muss mich nur nach vorne beugen und meine Bauchmuskeln extrem anspannen und schon kommt alles wieder raus. Gleichmäßig und geräuschlos. Ich kann mich in einer Restauranttoilette schneller und leiser übergeben, als andere pinkeln. Quasi der Schwarze Gürtel der Bulimie. Ich weiß, ich sollte damit nicht so rumprahlen, aber aus Sicht einer Essgestörten ist das schon ein erstrebenswertes Level. Macht die ganze Sache bequemer und viel einfacher in der Öffentlichkeit. Nun, da ich aber beschlossen hatte, gesund zu werden, stellte die Leichtigkeit, mit der das Essen wieder herauskam, ein Problem dar. Und nie war mir das so unangenehm wie jetzt, denn meine Mutter hatte ihren Besuch in Los Angeles angekündigt.

Das war in vielerlei Hinsicht absoluter Wahnsinn. In den mehr als zehn Jahren, die ich nun schon nicht mehr zu Hause lebe, ist meine Mama vorher nur sechsmal irgendwo hingekommen, nur um mich zu sehen. Viermal davon hatte ich Geburtstag, einmal, weil ich meinen ersten Buchvertrag unterschrieben hatte, und einmal, weil ich ein Kind bekommen hatte. Ansonsten war ich immer der einstündige Termin vor oder nach einem eigentlichen Termin in München. Und sehr selten war sie ohne ihren Mann anzutreffen. Das nahm ich meiner Mama mit 26 aber nicht mehr übel, denn ich hatte ja wahrlich genug eigene Dämonen, um zu wissen, wie sie sich anfühlen. Und ich verstand die meiner Mutter. Meine Mum wuchs in einer sehr einfachen Familie auf dem Land auf und wünschte sich nichts mehr, als etwas aus ihrem Leben zu machen. Sie arbeitete hart in der Schule und war wirklich ein Vorzeigekind. Sie war, und ist es noch heute, bildhübsch und durchaus eitel. Schon mit 16 zog sie jeden Tag eine weiße Bluse in die Schule an und trug statt eines labbrigen Rucksacks eine Aktentasche. Sie muss ausgesehen haben wie James Bonds Sekretärin. Viel hat sich daran nicht geändert, außer, dass ihr Schmuck, ihr Auftreten und ihr Auto heute eher vermuten lassen, dass James Bond *ihr* die Handtücher reicht. Meine Mama ist ein wunderbarer Mensch, aber wenn sie nicht ständig arbeitet und besser ist als jeder um sie herum, fühlt sie sich ängstlich und unwohl. Arbeit ist ihre Droge und Erfolg ihr Schutzschild. Wann hätte sie da ein Kind erziehen sollen? Sie war erst 20, als sie mich bekam, und die Welt wartete auf sie. Als Kind war ich oft sehr sauer auf sie und mit 17 sagte ich ihr das zum ersten Mal auch. Dennoch waren wir uns immer nahe. Auch wenn ihre Entscheidungen nach außen oft anders aussahen – meine Mama liebt mich. Und sie ist im Herzen ein wirklich guter Mensch, der einfach nur will, dass alles in Ordnung und sicher ist. Je älter ich wurde, umso mehr verstand ich das und akzeptierte sie so, wie sie eben ist. Und sie tat das umgekehrt auch immer für mich. Ungeachtet sämtlicher Schlagzeilen, Fehlentscheidungen und sonstiger Probleme – meine Mama war und blieb meine beste Freundin. Nun braucht man als Kind natürlich keine Freundin, sondern in erster Linie eine Mutter, während du als 26-jährige Alleinerziehende in der Entertainment-Industrie nichts mehr brauchst als eine wirkliche Freundin. Meine Mum und ich kommen uns von Jahr zu Jahr näher, was mich wirklich freut. So nah wie ihr Besuch in Los Angeles war »nah« aber vorher nie gewesen. Sie plante sogar, in meiner Wohnung zu schlafen! Das hatte mich total überrascht, denn ich sah sie eher in einem Hotel am Malibu Beach und mit einem festgelegten Besuchsrecht für Louis und mich. Ich konnte mich nicht mehr erinnern, wann meine Mama und ich das letzte Mal in einem Bett geschlafen hatten. Wenn es das überhaupt mal gegeben hatte, muss es zu Grundschulzeiten gewesen sein. Der damalige Mann meiner Mutter, bei dem ich aufwuchs, war kein sonderlicher Fan von Kindern im Bett und ich verdenke es ihm nicht. Ich hingegen machte mir nun wirklich große Sorgen, wie ich überhaupt mit jemandem in einem Bett schlafen sollte. Ich war mir sicher, dass ich ihr gegenüber mehrfach mein Problem, mit Leuten in einem Bett zu schlafen, erwähnt hatte. Es dauerte stets Wochen, bis ich neben meinen Exfreunden einschlafen konnte. Eine andere Person macht mich einfach nervös und ich kann nicht schlafen. Einzige Ausnahme ist mein Sohn, wobei ich neben ihm auch keinen Schlaf finde, weil er sich die ganze Nacht wie ein Brummkreisel unruhig dreht und mir Hände und Füße ins Gesicht schlägt.

Aber in guter alter Mama-Manier bleibt sie tatsächlich nur vier Tage. Verrückt – die Frau fliegt insgesamt 25 Stunden, um dann nur vier Tage hierzubleiben. Mit An- und Abreisetag wohlgemerkt. Sie hat anscheinend Angst, dass ihre Firma, ihr Ehemann und beide Firmengebäude Zombies zum Opfer fallen, sobald sie nicht in Rufweite ist. Natürlich bin ich wohl die Letzte, die den Kontrollfreak in ihr verurteilen darf. Für mich hieß das also, dass ich es nur drei Nächte mit minimal Schlaf aushalten musste.

Am Tag vor ihrer Ankunft herrschte in meiner Wohnung der absolute Ausnahmezustand. Ich putzte (oder wie man meine Technik auch immer nennen möchte), stellte ein paar Möbel um, wusch all meine Wäsche und spülte und trocknete jedes Glas von Hand, denn die Spülmaschine hinterließ immer Kalkflecken. Es sollte ja perfekt sein. Denn wenn ich es perfekt fand, würde meine Mama es für ganz okay befinden. Das lag hauptsächlich daran, dass die Frau in einem stylishen Dauerzustand lebte, der selbst HOMES & GARDENS und das gesamte SCHÖNER WOHNEN-Team beschämen würde. Sie hat ein unglaubliches Händchen für Dekoration und Styling und verfügt über die Kreditkarte, all das auch umzusetzen. Beides Standards, denen ich nacheifere, aber noch nicht mein Eigen nennen kann.

Abends fiel ich erschöpft in mein Bett, das seit heute nach Chanel Nr. 5 roch, und fragte mich, wie die nächsten Tage wohl werden würden. Diese Mama-Tochter-Zeit war neu für uns beide, und ich wusste, meine Mum war sicher auch aufgeregt. Ich weiß nicht, warum sie sich nach 26 Jahren auf einmal dazu entschlossen hatte, einfach mal alles stehen und liegen zu lassen, um bei mir zu sein, aber es war mir wirklich egal, wie lange es gedauert hatte – denn sie war auf dem Weg. Und das machte mich so glücklich. Meine Mama und ich reden nie über meine Kindheit, denn wir wissen ja beide, wie sie war und warum. Äußere Umstände, ihre eigenen Probleme, die Persönlichkeitsstruktur meines Stiefvaters und das Timing, das das Leben eben manchmal hat, machten es nicht leicht für sie, die Mutter zu sein, die sie gerne gewesen wäre. Das wissen wir beide. Aber nach 26 Jahren waren wir noch immer das stärkste und verlässlichste Band, das wir im Leben hatten. Und das können bestimmt nicht alle Töchter von ihren Müttern sagen.

Als ich am nächsten Tag im Auto saß, um sie abzuholen, kam ich alleine. Louis war wie jeden Tag halbtags in der Preschool, was gut passte, denn ich wollte alles ohne Ablenkung mitbekommen. Ich war viel zu früh, denn meine Mama hasst es, zu warten, und nach über zwölf Stunden Flug sollte sie das auch nicht müssen. Während ich in der Wartehalle saß, fielen mir die Fahrer in den schwarzen Anzügen mit den Namensschildern auf. Das gefiel mir und ich rannte durch die ganze Empfangshalle von Terminal 2, um ein Blatt Papier und einen Filzstift zu finden. Dann bastelte ich schnell ein Schild, auf dem »Muuuuum« stand, und stellte mich zu den Fahrern. Ich fand mich selbst in diesem Moment extrem witzig und war aufgeregt wie ein kleines Kind, denn ich wusste, meine Mama würde abbrechen vor Lachen. Wir teilen unseren Sinn für Humor. Innerlich war ich vergleichbar mit einem Hundewelpen auf Speed. Wenn ich die körperliche Ausdauer gehabt hätte, wäre ich auf und ab gesprungen. Und da kam sie dann – ein Traum in Pink. Meine Mutter sieht immer, jeden Tag ihres Lebens, aus, als wäre sie auf dem Weg zum Pferderennen in Ascot. Daran konnte auch ein Zwölf-Stunden-Flug nichts ändern. Sie sah mich bei den Fahrern stehen, und als sie das Schild sah, lachte sie so laut, dass viele Leute sich umdrehten. Dann kam sie näher und sagte ganz ernst: »Hier wartet also ein Fahrer für Mum?«, nur um dann sofort wieder laut zu lachen und mich ganz fest zu umarmen. Meine Mama ist eine sehr gute Umarmerin. Sie umarmt die meisten Menschen nie, sie fasst nicht jeden gern an, aber wenn sie einen umarmt, dann immer von Herzen und ganz fest. Na ja, so fest eine 50-Kilo-Frau einen halt drücken kann.

Zusammen liefen wir zum Auto und auf der Heimfahrt erzählte sie mir vom Flug und vom Zoll und natürlich von der unmöglichen

Frau, die neben ihr saß. Nun sitzt in der Business Class keiner wirklich direkt neben einem, aber diese eine Engländerin war immer noch nah genug, um meine Mutter mit ihrem Dauerfeuer an Gelaber wirklich zu nerven. Als wir zu Hause durch die Wohnungstür traten, schaute sie sich um und sagte: »Schön, Schatz, das sieht doch schon ganz gut aus, und morgen fahren wir halt los und kaufen alles, was noch fehlt.« Ich musste grinsen, denn sie sagte es so, als wäre ich gerade erst eingezogen und die Wohnung wäre nur halb voll mit Möbeln, aber eigentlich wohnte ich jetzt schon ein paar Monate hier und betrachtete die Einrichtung als komplett.

Ich zeigte ihr das Schlafzimmer und bot höflich, aber natürlich völlig eigennützig an: »Ich kann gerne auf der Couch schlafen, dann hast du ein Zimmer für dich.« Angesichts des Kingsize-Bettes unglaublicher Größe direkt vor uns hinkte der Vorschlag ein bisschen. »Warum denn das? So ein Quatsch, das Bett ist doch riesig«, konterte sie und fing sofort an, ihren Koffer auszupacken. Das war wirklich ein Spektakel. Sie hatte einen großen Koffer, der locker Platz für einen zusammengerollten Erwachsenen oder drei zusammengerollte Kinder bot. Angesichts der Tatsache, wie sehr sie an ihrem Ehemann hing, hätte es mich nicht wirklich schockiert, wenn dieser jetzt aus dem Koffer geklettert wäre. Stattdessen offenbarte der Koffer etliche Kleider, verschiedene Jeans und Stoffhosen, vier Paar High Heels und drei Paar Chanel-Ballerinas, dazu vier passende Handtaschen und, bemerkenswerterweise, auch Blusen und Pullover. Was hatte die Frau vor? Sie wusste ganz genau, dass ich sie vom Bett aus anstarrte, und sie wusste, was ich dachte, und ebenfalls, dass ein blöder Spruch nur noch Sekunden weg war. Deshalb drehte sie sich um und sagte im schönsten Bayrisch: »Was schausch jetzt da so blöd?« Ich grinste und gab sofort zurück: »Weisch, du hättest auch einfach sagen können, dass einziesch'. Dann hätt ich alle vier Wandschränke geräumt.«

Wir kamen halt doch vom Land. Genauer gesagt aus dem Donauwörther Umland. Wenn man nun bedenkt, dass Donauwörth an sich schon nur Umland ist, kann man sich vorstellen, was im Umland um das Umland so los ist. Nichts nämlich. Das Spektakulärste war eben noch der bayrisch-schwäbische Akzent. Und dieser bricht bei uns beiden gerne mal durch. Vor allem, wenn wir alleine oder sauer sind. Nach fast einer halben Stunde glich mein Schlafzimmer also einem begehbaren Kleiderschrank. Meine Mutter musste anscheinend alle ihre Klamotten stets sehen können – wie eine ständige Erinnerung daran, dass man ja noch einen Hut oder einen Ring zum Outfit hinzunehmen könnte. Bevor sie nicht aussah, als würde sie zum Frühstück tatsächlich zu Tiffanys gehen, wurde das Haus nicht verlassen. Nach Jahren der Routine hatte meine Mum aber einen Affenzahn in Sachen Styling drauf. Das hatte ich mir bei ihr abgeschaut. Wir schaffen es von »komplett verschlafen« zu »absolut overdressed« in unter 15 Minuten. Ohne Witz – es ist wie die Zauberkugel damals bei der *Mini Playback Show*.

Wir waren gerade fertig mit dem Verstauen des Koffers, da war es auch schon Zeit, Lou abzuholen. Das war die beste Zeit des Tages, denn er freute sich immer, als hätte er mich ein Jahr nicht mehr gesehen. Zusammen gingen wir die Straße runter und ich hakte den Arm meiner Mama in meinen, so als wäre sie hundert Jahre alt und bräuchte Hilfe beim Laufen. Das war albern, aber vermittelte mir ein Gefühl von Geborgenheit. Lang waren wir nicht eingehakelt, denn die Vorschule befindet sich ja in der gleichen Straße. Die Tür ging auf, ich rief Louis' Namen und er rannte auf uns zu. Und meine Mutter flippte regelrecht aus. Sie hatte ihn ja schon monatelang nicht mehr gesehen und in der Zwischenzeit hatte er das Laufen gelernt. Jeder von uns nahm eine kleine Hand und dann liefen wir im Schnecken-Kleinkindtempo zurück nach Hause. Natürlich blockierten wir als zweieinhalb Mann starke Menschenkette den gesamten Gehsteig, aber das war uns egal.

Gerade als wir wieder im Wohnzimmer standen, ging der sehr durchdringende Alarm meines Handys mal wieder los. Ich schaute auf das Display und da stand, wie alle drei Stunden: *Essen!* Mit einem kurzen Klick beendete ich den schrillen Ton und schob das Handy wieder in die hintere Tasche meiner Jeans. »Geh halt ran«, rief meine Mutter, während sie Lous Schuhe auszog. Ich lachte und erklärte: »Das erinnert mich ans Essen.« Meine Mutter saß mit Louis am Boden und schaute nun etwas verwirrt zu mir auf. Wann immer es ums Thema Essen ging, wurde meine Mum sehr vorsichtig. Sie wollte nie etwas Falsches sagen, konnte aber auch einfach nicht verstehen, was meine Krankheit überhaupt war. Ich sah ihr die Unsicherheit an und erklärte ihr deswegen im fröhlichsten Ton, den ich dafür hatte: »Schau, das nennt sich ›Strukturiertes Essen‹ und ist der erste Schritt zu einem normalen Essverhalten. Das ist Teil der Therapie. Ich muss alle drei Stunden etwas essen, damit mein Körper wieder einen normalen Stoffwechsel bekommt und sich wieder an Nahrung gewöhnt. Außerdem hält es den Blutzuckerspiegel konstant und ich hab mehr Energie.« In ihrem Gesicht sah ich ganz genau, was sie dachte. Sie suchte gerade nach einer Antwort, die unbeschwert, aber unterstützend klang. Und da war sie auch schon. Mit der fröhlichsten Stimme, die sie dafür aufbringen konnte, antwortete sie nickend: »Ja, das macht Sinn. Der Opa musste ja auch immer auf seinen Blutzucker achten, und wenn da alles okay war, war er immer gut drauf und agil.« Mein Opa war Diabetiker und das war jetzt zwar nicht ganz das Gleiche, aber ich freute mich über ihre Bemühungen. Schnell schlüpfte ich in die Küche und kam mit einer Banane zurück. »Louis muss jetzt dann was essen. Wir können entweder zu Hause Nudeln mit Soße für ihn machen oder zum Buffet in unseren Lieblings-Bio-Markt um die Ecke gehen, falls du auch schon Hunger hast«, gab ich ihr zur Auswahl. »Und das ist kein Problem für dich, wenn wir normale Sachen vor dir essen?«, fragte sie vorsichtig. »Nein, Mama, ich reiß keinem die Teller aus der Hand und renn davon oder so. Ehrlich, das ist kein Problem«, erklärte ich. Das stimmte natürlich nur zum Teil. Würden die beiden Schnitzel mit Pommes vor mir essen, ständen die Chancen gut, dass ich ihnen durchaus ihr

Essen wegnehmen würde oder zumindest wirklich schlecht drauf wäre. Aber was es am Buffet eines Bio-Marktes gab, brachte mich nicht gerade in Wallung. Außerdem kannte ich meine Mutter, sie würde bloß einen Salat mit Hühnchen und Balsamico-Dressing wählen. Jede Wette, und den konnte sie ebenfalls gerne behalten. So standen wir also wenig später an der Kasse des Supermarktes mit, welch Überraschung, irgendeiner Püree-Pampe für Louis und Salat mit Hühnchen für meine Mum. Sie war ein bisschen overdressed in ihrem dunkelblauen Kleid mit passenden High Heels, aber sie scherte sich nicht darum. Weil Hollywood ein Dorf ist, trafen wir dann in der Schlange noch einen befreundeten deutschen Filmproduzenten. Gut erzogen, wie ich nun einmal bin, stellte ich die versammelte Mannschaft einander vor. »Das ist mein Freund Holger Schuhmann. Holger, das sind die ›Queen of England‹ und mein Sohn Louis.« Meine Mama verstand den Seitenhieb auf ihr Outfit, schließlich war das ein Running Gag, der auch nach 20 Jahren nicht an Charme verloren hatte. Zumindest für mich. »Ich bin Saras Mutter Claudia«, warf sie schnell ein, während sie mich in die Seite boxte. Ach, wir machten einen guten Eindruck.

Der Rest des Tages verging sehr schnell. Nicht zuletzt, weil es eine Ewigkeit dauerte, bis Louis seine total biologische Pampe gegessen hatte und wir uns durch den Berufsverkehr wieder nach Hause manövriert hatten. Als wir dann endlich im Bett lagen, kuschelte sich meine Mama auf die Seite des Bettes, auf der noch nie jemand gelegen hatte, und war schon halb weggetreten, als sie meine Hand nahm und sagte: »Schlaf gut, Schatz. Ich bin so froh, dass ich da bin.« Hellwach und steif wie ein Brett lag ich auf der anderen Seite und antwortete: »Ich bin auch froh, dass du da bist. Schlaf gut.« Nach ein paar Minuten war sie im Land der Träume und ich stand vorsichtig auf und lief ins Wohnzimmer. Ich brauchte ein paar Minuten für mich alleine. Die Tatsache, dass meine Mama bei mir zu Hause war, war eine große Sache und schon fast surreal für mich. Das sollte es aber doch nicht sein. Kurz kamen all die

Momente hoch, in denen ich als kleines Kind alleine war, und ich hatte mich so sehr ans Alleinsein gewöhnt, dass ich nicht mehr wusste, wie man nicht alleine ist. Und das war scheiße. Aber meine Mama hatte sich verändert. Sie war jetzt hier. Und das zeigte, dass Dinge und Menschen sich ändern können. Wir hatten vielleicht etliche Jahre meiner Kindheit verschenkt, aber wir hatten dafür vielleicht noch 40 weitere Jahre als Mutter und Tochter und beste Freunde vor uns. Wenn wir beide weiter in die richtige Richtung schauten. In meiner Wohnung schliefen meine Mama und mein Sohn. Das fühlte sich richtig an. Jetzt musste ich nur noch lernen, mich dazuzulegen.

Saras Mama erzählt

Es gibt Zeiten im Leben, in denen geht es, vorsichtig ausgedrückt, etwas turbulent zu. Jeder kennt solche Phasen, aber speziell die Frauen unter den Lesern können sicher nachfühlen, dass ein neuer Lebensabschnitt mit zwei mehr oder weniger pubertierenden Kindern, gepaart mit der Notwendigkeit, für diese finanziell auch ganz und gar alleine aufzukommen, nicht ganz einfach ist.

Ich war glücklich, dass sich mir die Möglichkeit bot, nicht nur mit einer neuen Liebe, sondern in der Folge auch mit einer neuen Geschäftsidee noch einmal ganz neu durchzustarten.

Daraus ergab sich natürlich ein übervoller Alltag, dem ich mit Disziplin und strategischer Planung begegnete. Blöd nur, wenn man für manche Entwicklungen einfach keinen Plan in der Schublade hat. So an diesem Tag X.

Es war ungefähr 14 Uhr am Nachmittag, ich hatte noch nichts zu Mittag gegessen, weil eine Präsentation nicht rechtzeitig fertig geworden war. Wie so oft war ich viel zu spät dran und eilte nach oben in die Wohnung, um die schwarzen Pumps anzuziehen, Make-up aufzufrischen und die Haare nachzuföhnen, bevor es dann los zum Termin ging. Gerade als ich die Treppe hinunterhasten wollte, hörte ich seltsame Geräusche aus Saras Bad. Ich blieb wie versteinert stehen und horchte. Es war eindeutig, dass sie sich übergab, aber ich wusste nichts von einer Magen-Darm-Grippe oder Ähnlichem. Sofort wurde mir ganz mulmig. Unterbewusst hatte ich es schon länger geahnt. Sara hatte in den letzten Wochen dramatisch abgenommen, zunächst noch mit Shakes. Dann aber hatte sie eigentlich wieder normal gegessen und ich hatte wieder häufiger leere Tüten von Gummibärchen, Backwaren und sonstigem Junkfood im Müll gefunden. Trotzdem nahm sie immer weiter ab.

Ich wollte sofort zu ihr ins Bad stürmen, aber sie hatte die Tür von innen verschlossen. Nach mehrfacher Aufforderung kam sie endlich heraus. Ich fragte sie, was sie da mache und ob sie das absichtlich tue, und sie antwortete »Ja«. Ein »Ja«, das mich fast umgehauen hat. Wir setzten uns gemeinsam an den Küchentisch und versuchten, darüber zu reden, aber es fiel uns beiden schwer. Als automatische Reaktion schaltete ich in den rationalen Modus. Problem analysieren, Lösungsansatz erarbeiten, Projekt starten. Problem also: Bulimie. Erste Hilfe: Spezialisten konsultieren. Dann würden wir schon weitersehen.

Zu meinem Termin kam ich natürlich verspätet und ich absolvierte ihn mehr oder weniger in Trance. Die folgenden Tage kreisten meine Gedanken darum, ob ich mit meinem eigenen, übertriebenen Fokus auf ein perfektes Äußeres nicht schuld an dieser Fehlentwicklung war. Ich hätte mich im Nachhinein ohrfeigen können dafür, dass ich selbst Sara einige Male unschön auf ihre Körperfülle aufmerksam gemacht hatte. Ohne eine Ahnung davon zu haben, wie sehr ich sie mit meinen so leicht dahingesagten Äußerungen getroffen haben musste, hatte ich mir keine Gedanken über die Konsequenzen meiner Worte gemacht. Ganz zu schweigen davon, dass ich schon gegen diese Shake-Diät hätte einschreiten müssen. In meinen Augen konnte es nur daran liegen, dass sie sich meinen völlig überzogenen Schönheitswahn irgendwie zu eigen gemacht hatte und daran langsam zerbrach.

Ich war jedoch stets zutiefst überzeugt davon gewesen, dass meine Kinder wussten, wie sehr ich sie liebte und wie wichtig sie mir waren. Wir sprachen über alles wie beste Freunde – dachte ich jedenfalls. Heute weiß ich: Liebe ist nicht genug. Und erzählt hatte sie mir schon lange Zeit nur noch die Dinge, die ich hören sollte.

Der Termin mit der Spezialistin nahte. Im Vorfeld dachte ich ständig weiter über die Frage des perfekten Aussehens nach. Ich war zwiegespalten, denn ehrlich, einfach pummelig zu bleiben, konnte ich meinem Kind auch nicht guten Gewissens raten. Genau das machte ihr ja solche Schwierigkeiten. Natürlich hatte ich bemerkt, dass es auch mit den Jungs nicht ganz so klappte, wie sie sich das wohl gewünscht hatte.

Ich hatte gutes Aussehen quasi immer als eine Art Schutzschild nach außen hin empfunden. Man bietet in dieser Beziehung schon mal keine Angriffsfläche. Dachte ich. Denn wie ich gleich darauf erkennen sollte, lag das dann doch sehr stark im Auge des Betrachters. In diesem Fall dem der Betrachterin, einer absoluten Öko-Psycho-Tante. Ich hatte nicht einmal Zeit für den Gedanken, ob der hochrote Lippenstift vielleicht doch etwas too much war, als sie schon auf Angriff überging – und zwar gegen mich. Urteil: »Sie vernachlässigen Ihre Pflichten als Mutter.« Vielen Dank auch. Damit war in meinen Augen unser Erste-Hilfe-Plan schon gescheitert, bevor er wirklich begonnen hatte. Unverzüglich nach dieser Aussage beendete ich die Sitzung in der mir eigenen, sehr bestimmten Art und beschloss, das Problem selbst in die Hand zu nehmen. Dieses bestand meiner Meinung nach darin, dass Sara dringend abnehmen wollte, aber einfach den falschen Weg gewählt hatte.

Tief in mir drin ahnte ich aber, dass das Erbrechen ein Symptom tiefer sitzender Probleme sein könnte und nicht nur der Wille abzunehmen. Damals aber startete ich, mit Saras begeisterter Zustimmung, erst einmal das Projekt der gesunden diätischen Ernährung. Den Rest würden wir dann nach den ersten Erfolgen schon in gemeinsamen Gesprächen hinbekommen.

Allen Müttern in ähnlichen Situationen möchte ich vor allem eines mit auf den Weg geben: Holen Sie sich möglichst frühzeitig professionelle Hilfe, wobei selbstverständlich nicht alle Therapeuten gleich geeignet sind. Probieren Sie verschiedene Therapeuten aus, wenn es sein muss. Ein sensibler, guter Therapeut hätte damals nicht provokativ eine derartige pauschale Schuldzuweisung gemacht und damit bei mir genau das Gegenteil dessen bewirkt, was er hätte anstoßen wollen und sollen. Wahrscheinlich hatten wir damals einfach einen sehr schlechten Start, die Chemie zwischen uns und der Therapeutin hat nicht gestimmt.

Sara und ich, wir waren verunsichert. Beide haben wir versucht, den anderen nicht weiter in Bedrängnis zu bringen oder ihn gar weiter zu verletzen. So versanken die nächsten Wochen in Bergen von Rohkostsalaten, gedämpftem Hähnchenfleisch und andern kalorienarmen Leckereien und der gegenseitig beteuerten Begeisterung darüber.

Nach einigen weiteren Wochen zog Sara von zu Hause aus. Zu dem Freund, den ich absolut indiskutabel fand und insgeheim auch gehörig für die ganze Misere mitverantwortlich machte. Unsere Gespräche kamen seitdem nie mehr offen auf das Thema Bulimie zurück. Irgendwie vermieden wir es beide. Und nach und nach musste ich erkennen, dass Sara mich eigentlich gar nicht mehr an ihrem Leben teilhaben ließ. Mir in vielerlei Dingen nicht mehr die Wahrheit sagte. Ich wusste nicht mehr, was real und was ihre ganz eigene Sicht der Realität war.

An dieser Situation änderte sich auch nichts, als sie nach München zog. E-Mail-Verkehr wechselte sich mit Zeiten absoluter Zurückgezogenheit ab. Ich bekam in dieser Zeit kaum noch mit, wie es ihr ging, was sie beschäftigte und was sie machte. Es war wie ein Puzzle meiner Tochter – ich hatte zwar einige Teile beisammen, aber es fehlten eben genau jene, die es ermöglichten, das wahre und vollständige Bild zu sehen.

Es sollten unzählige Jahre vergehen, bis wir uns wieder gemeinsam ehrlich mit ihrem Leben und vor allem mit dem Thema Bulimie auseinandersetzen sollten. Immer wieder ließ sie das Problem durchblicken, beteuerte aber, auf einem guten Weg zu sein. Erst als sie mir im Frühjahr diesen Jahres erzählte, dass sie sich jetzt einer Selbsthilfegruppe in den USA angeschlossen hatte, wurde mir wirklich bewusst, dass die Problematik nie wirklich ganz verschwunden war und wie sehr diese Krankheit schon seit so langer Zeit fester Teil ihres Lebens ist.

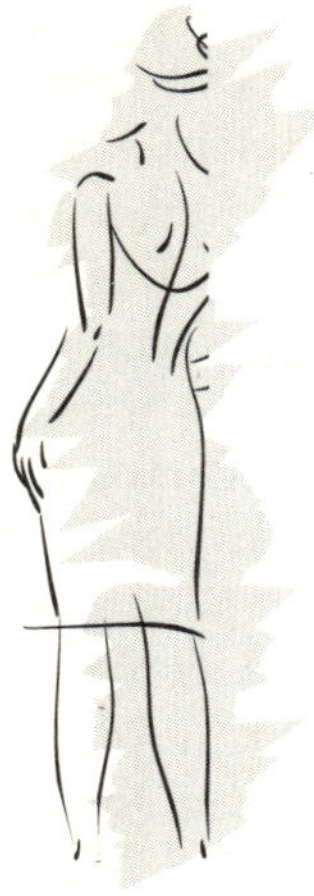

MAMA (2)

Es war der zweite Tag mit meiner Mutter in Los Angeles, kurz vor sechs Uhr morgens. Meine innere Uhr hatte mich von alleine aufgeweckt, noch bevor Louis wie jeden Tag spätestens gegen halb sieben auf den Beinen war. Das war sonst kein Problem, denn ich hatte den Schlafrhythmus eines Koalas. Ich ging jeden Tag um neun Uhr abends ins Bett – 30 Minuten nach dem Zweijährigen, der hier wohnte. An diesem Morgen aber gab es eine Änderung in unserer gewohnten Routine, die durchaus ins Gewicht fiel: meine Mama in meinem Bett. Wie schon erwähnt, hatte ich ja schon immer Schwierigkeiten, mit einer anderen Person im Bett zu schlafen, und das war meiner Mutter durchaus bekannt. Ich fühlte mich so unglaublich müde und geschafft, denn ich hatte kaum zwei Stunden geschlafen. Den Großteil der Nacht saß ich unruhig auf der Couch oder starrte an die Schlafzimmerdecke. Total gerädert krabbelte ich also aus dem Bett und torkelte in die Küche. Lou würde gleich aufwachen und ich wollte seine Flasche dann schon warm haben. Während ich die Milch auf den Herd stellte, versuchte ich herauszufinden, wie mein guter alter Magen sich denn heute wohl fühlte. In all den letzten Jahren hatte ich verlernt, auf meinen Körper zu hören, und es war Teil der Therapie, wieder ein bewusstes Körpergefühl zu entwickeln. Also stand ich eine Zeit lang einfach da und horchte in mich hinein wie ein Depp. Da kam nicht viel Meldung von innen – außer »sehr müde«. Außerdem konnte ich auch ein wenig »flauer Magen« raushören. Mein Magen spielte oft verrückt, aber wer konnte es dem armen Ding auch verdenken? Er war launisch geworden und reagierte seit Beginn der Therapie stark auf Stress oder Emotionen. Es mag sich für Außenstehende befremdlich anhören, aber manchmal verdaut mein Magen einfach gar nichts, fängt nicht mal damit an, und das Essen liegt dann einfach im Magen herum. Nicht mal Flüssigkeiten werden aufgenommen. Oft merke ich das erst nach ein paar Stunden, weil ich eben sehr durstig bin und mich schwindelig fühle, als wäre mein Blutzucker im Keller. Das ist er dann tatsächlich und ich habe wirklich Durst. Nichts von dem, was ich zu mir nehme, wird ja in meinen Organismus geleitet. Bald darauf wird mir dann übel und ich muss mich übergeben. Mein Körper gibt von alleine das Signal zum Übergeben. Das geht sehr leicht und schnell, denn der Muskel, der die Speiseröhre und den Magen normalerweise trennt, hat über die letzten zwölf Jahre schwer gelitten. Vielleicht gibt es ihn auch gar nicht mehr, wer weiß das schon. Wenn es ihn überhaupt noch gibt, dann ist er in meiner Vorstellung ein wirklich sehr ausgeleierter Haargummi – hält nichts mehr zurück oder zusammen.

Nun gehörte das »Hören auf den Körper« zu einem der wichtigsten Punkte meines Therapieprogramms und ich spurte an diesem Morgen brav. »Magen auf Halbmast« hieß für mich Shake statt Früchte zum Frühstück. Ich wollte den Shake anrühren und trinken, bevor meine Mama aufwachte, um Fragen zu vermeiden.

In Windeseile goss ich also Mandelmilch, Shakepulver und ein bisschen Öl zusammen und trank die dickflüssige Soße in einem Zug aus. Nicht besonders lecker, aber voll mit Vitaminen, Eiweiß, Kohlenhydraten und Elektrolyten. Und 289 Kalorien. Das hätte mich früher erschreckt, aber mittlerweile war es in Ordnung für mich, und ich sah ein, warum mein Körper eine gewisse Menge benötigte.

Auf die Minute pünktlich hörte ich Louis in seinem Zimmer plappern. Mein Sohn fängt nicht einfach an zu schreien, nein, er führt eine Art Monolog mit keine Ahnung wem. Er sitzt aufrecht in seinem Bett und redet in Babysprache einfach vor sich hin. Manchmal sogar mit Gesten. Er war meistens morgens schon gut drauf und so auch an diesem Tag. Als ich ins Zimmer kam, redete er lauter und diesmal mit mir. Da ich leider kein »Baby« spreche, ihn aber motivieren wollte, sich mitzuteilen, antwortete ich mit: »Oh ja, echt jetzt?« oder »Sag bloß, das ist ja der helle Wahnsinn.« Dann folgte unser immer gleiches Morgenritual: Wir wechseln die Windel, gehen Hände waschen und Zähne putzen im Bad. Danach suchten wir ein Outfit für den Tag aus. Weil meine Mama ja da war, fiel die Wahl auf das orange Polo-Shirt, das sie ihm aus Deutschland geschickt hatte, und nicht auf irgendwas Ausgewaschenes aus dem Schlussverkauf wie sonst. Während Lou schon Richtung Esstisch rannte, starrte ich eine Sekunde auf sein Bett und wollte mich nur darin zusammenrollen und schlafen. Doch Geklapper aus meinem Schlafzimmer verriet mir, dass meine Mama jetzt auch wach war. Schnell lief ich also zurück, setzte Lou in seinen Stuhl und stellte Flasche und Frühstückshaferflocken vor ihm ab. Dann warf ich meine Kaffeemaschine an, ich brauchte wirklich dringend Koffein. Meine Mutter schwebte in einem weißen Nachthemd ins Wohnzimmer, setzte ein ehrliches und breites Grinsen auf und verkündete mit leicht geöffneten Armen: »Guten Morgen, Kinder.« Ich musste innerlich herzhaft lachen, denn mit ihren langen schwarzen Haaren, ihrem weißen Nachthemd und dieser Eröffnungsline aus einem 50er-Jahre-Heimatfilm erinnerte sie ein wenig an ein leicht gealtertes Schneewittchen. Natürlich tat meine Mutter nie wirklich so, als wäre Louis ihr Kind, aber das Wort »Oma« durften wir trotzdem nicht benutzen. Das hatte sie noch vor der Geburt klargemacht. Wir einigten uns damals auf »Momi«. Sobald ich mein innerliches Lachen etwas unter Kontrolle hatte, stupste ich Louis an und sagte: »Schau mal, Lou, da ist die Momi.« Meine Sohn, Menschenfreund, der er nun einmal ist, freute sich so sehr, dass das teure Polo überall mit Brei bekleckert wurde. Mit absoluter Überzeugung rief sie »Schau, ich hab ja gewusst, du kannst neben deiner Mama super schlafen« in meine Richtung. Und ich nickte und versteckte mein Gesicht hinter einem halben Liter Kaffee.

So saßen wir also als Familie am Frühstückstisch und ich ergriff die Gelegenheit, meinen Tagesplan zu präsentieren. Ja, ich hatte für jeden Tag einen genauen Plan ausgearbeitet. Meine Mutter war sichtlich irritiert, aber nicht überrascht, als ich ihr eine Seite mit Zeitplan und sieben Programmpunkten überreichte. Der Vormittag drehte sich nur um Louis und unsere übliche Runde, denn ich wollte, dass meine Mama unseren täglichen Ablauf und unsere Lieblingsecken kennenlernte. Der Zeitplan sah also 8–9:30 Uhr Spielplatz, 9:30–10 Uhr Snack in unserer Lieblingssaftbar und 10–11 Uhr Spielen auf dem Teppichboden vor. Und genau so fand der Vormittag auch statt, während meine Mama alles geduldig mitmachte. Da es aber in ihrer Natur lag, nicht zu viel an Kleinkindzeit zu ertragen, wollte ich den Bogen nicht überspannen und hatte schon im Voraus Louis für die Vorschul-Spielgruppe am Nachmittag angemeldet. So konnten wir uns ungestört dem zweiten Teil meines Tagesplanes widmen und damit dem Teil, den ich für meine Mama maßgeschneidert hatte. Ich setzte sie also kurzerhand ins Auto und ab ging es nach Beverly Hills. Meine Mama arbeitet keinen Tag unter zehn Stunden, und wenn sie dann mal frei hat, verbringt sie diese Zeit gerne an schönen Orten und umgeben von schönen Dingen. Recht hat sie! Mit zwei Worten also: Rodeo Drive. Pflichtbewusst hatte ich mir an diesem Morgen eine Jeans mit passendem Poloshirt angezogen und meine dicke Brille gegen Kontaktlinsen getauscht. Damit schaffte ich es in ihren Augen in die Akzeptabel-Kategorie. Sie selbst sah mit ihrer großen Chanel-Sonnenbrille natürlich wieder aus wie Pretty Woman und war bester Laune. Wir streiften durch die Geschäfte, und in jedem Laden fragte sie mich, ob mir denn etwas gefallen würde, doch ich verneinte ein ums andere Mal. Mir war momentan nicht nach Shoppen und das will was heißen. Ich wollte erst wieder auf Klamottenjagd gehen, wenn ich wirklich gesund war. Momentan kämpfte ich noch immer mit dem Essen und meinem Spiegelbild und fühlte mich nie wohl in meiner Haut. Daran würden ganz sicher auch neue Klamotten nichts ändern. Trotzdem hielt ich meinen Mund, denn wir hatten eine Menge Spaß und ich wollte die lockere Stimmung nicht beschweren. Seit ich mir die Haare dunkel gefärbt hatte, sahen wir tatsächlich aus wie Schwestern. Ich fühlte mich wunderbar an diesem Nachmittag und ich wollte keine Sekunde davon verlieren oder überschatten, denn in ein paar Stunden war sie ja schon wieder weg. Das war so wenig Zeit, dass ich Angst hatte, es wäre so schnell vorbei und verlogen, wie ein toller Traum, an den man sich morgens nur kurz erinnern kann. Vielleicht machte ich deswegen alle drei Minuten ein Foto. Und zweimal stoppte ich sogar andere Fußgänger und bat sie, uns zusammen zu fotografieren. Nachdem wir den Rodeo Drive einmal komplett durchwildert hatten, verkündete ich stolz den nächsten Programmpunkt. Wir würden unser Mittagessen im berühmten The Ivy haben. Das Lokal gilt als absoluter Promi-Hotspot in Los Angeles, und meine Mutter kannte den Namen natürlich aus sämtlichen Klatschmagazinen, die bei ihrem Friseur herumlagen. Dort angekommen, übertraf das Restaurant aber all ihre Vorstellungen. Es war ein Laden, der den Geschmack meiner Mutter zu 100 Prozent traf – so viele schöne Menschen versammelt in einem Haus, das in der Toskana hätte stehen können. Jeder Tisch dekoriert mit bunten, frischen Rosen. Wir setzten uns hin und waren einfach nur sehr glücklich. Es war wirklich ein Mädels-Tag, wie er im Buche stand. Und ein Restaurantbesuch mit meiner Mutter machte mich nicht nervös, denn sie würde, wie ich, ohnehin nur einen Salat bestellen. Schwierig wurde es nur, wenn man ungesundes, aber wirklich großartiges Essen vor mir aß. Wie Cheeseburger mit Pommes oder Eiscreme. Ansonsten ging ich gerne in Restaurants. Ich hatte noch immer keine Vorstellung davon, was eine normale Portion war und kein Gefühl für Satt- oder Hungrigsein. Ein Restaurant nahm mir durch die fertigen Portionen diese Zweifel ab. Wir bestellten beide Salat mit Avocado und Hummer. Gute Wahl, sehr gesund. Und dann bestand meine Mama auf ein Glas Champagner zur Feier des Tages. Im Gegensatz zu mir hatte meine Mutter keine Angst vor Alkohol. Sie ist kein Trinker, wirklich nicht, aber die Liste an Ereignissen, die ihrer Meinung nach ein Grund zum Anstoßen waren, war durchaus lang und vielfältig. Heute aber waren wir uns einig, man durfte mal anstoßen. Da ich ja so gut wie nie trank, ging mir das eine Glas schon in den Kopf und ich fühlte mich ein wenig beschwipst. Die paar Salatblätter aus unserem Essen waren ja schließlich auch keine Grundlage gewesen. Wie jede angeschickerte Mädels-Bande knipsten wir ungelenk mitten im Lokal an die 40 Selfies mit meinem Telefon, löschten alle bis auf eines, das wir beide erträglich fanden, und teilten unseren Nachmittagsrausch mit der Welt per Social Media.

Innerhalb weniger Stunden waren zahlreiche Kommentare unter unserem Bild erschienen, von denen natürlich jeder zweite meiner Mutter und ihrem jugendlichen Aussehen galt. Das würde ich mir als Aufmunterungs-Ass im Ärmel behalten und ihr erst zeigen, wenn sie irgendwann grantig oder quengelig sein sollte. Meine Mama und ich haben nämlich beide die Gabe, anlässlich wirklich nichtiger Gründe sehr schnell sehr betrübt zu sein. Die Zeit vergeht in Beverly Hills immer wie im Flug, denn es ist einfach ein toller und wahnsinnig aufregender Platz, der in meiner Liste gleich hinter Disneyland und McDonald's Platz 3 meiner liebsten Plätze belegte. Da ja aber McDonald's am Ende meiner Therapie hoffentlich von der Liste verschwunden sein würde, hatte der Rodeo Drive gute Chancen auf Platz 2 meiner persönlichen Hotspots.

Um fünf Uhr abends standen wir also wieder vor Louis' Vorschule und holten den Kleinen ab. Er kam mit einer Energie aus der Tür gesaust, die mir schleierhaft war, denn immerhin war er gerade fünf Stunden mit zehn anderen Kinder durch einen Raum gerannt. Und nebenher wuchs er noch wie Unkraut. Wo nahm das Kind das bloß alles her?

Zu Hause setzte ich mich zum Durchatmen kurz auf die Couch, während Mama und Louis irgendeinen Krach in seinem Zimmer veranstalteten. In diesem ersten ruhigen und ungestörten Moment des Tages meldete sich der Körper, und zwar so, dass es selbst für mich nicht schwer war zu hören, was er mir sagen wollte. Er war müde und hatte die Schnauze gestrichen voll von mir. Ich fühlte mich schwindelig und mir war übel. Diese Übelkeit kannte ich. Ich warf einen Blick auf die Uhr und stellte fest, dass mein letztes Essen über drei Stunden her war. Da müsste mein Magen eigentlich schon längst alles verdaut haben. Ich will ehrlich sein: Wenn meine Mutter nicht da gewesen wäre, hätte ich einfach darauf gewartet, dass alles wieder rauskommt. Natürlich schade um den teuren Hummer, aber was will man machen. Nun war mein Badezimmer aber direkt neben dem Wohnzimmer und die Tür so dick wie Alufolie, dementsprechend hellhörig war es in der ganzen Wohnung. Wenn mein Körper sich nun aus freien Stücken übergab, lief das nicht so schnell und geräuschlos wie meine perfektionierte eigene Technik. Es war Übergeben, wie für jeden normalen Menschen – unkontrolliert, eklig und laut. Das durfte jetzt keineswegs passieren. Schwerfällig stand ich auf und machte mir einen Kamillentee in der Küche. Zusätzlich nahm ich pflanzliche Tropfen gegen Übelkeit, mit mehr konnte ich in dem Augenblick nicht aufwarten. Anscheinend war mir meine Übelkeit aber deutlich anzusehen, denn als meine Mum in die Küche kam, fragte sie mich sofort, ob es mir gut ginge. Kurz dachte ich darüber nach zu lügen, aber ich sträubte mich dagegen. Es war so anstrengend, immer etwas behaupten zu müssen. Also erklärte ich ihr ehrlich, wie es um meinen Magen stand und dass manchmal selbst ein perfekter Tag mit perfektem Essverhalten nicht reichte, um ihn zu beruhigen. Sie nickte und wirkte sichtlich bedrückt. Meine Mama und ich hatten noch nie wirklich über die körperlichen Folgen der Krankheit gesprochen. Mir selbst war die Unterhaltung schon extrem unangenehm, denn ich sah die Sorge und Verunsicherung in ihrem Gesicht. Bis dahin war »Bulimie« nur ein leeres Wort für sie gewesen. Sie wusste, ich litt unter dieser Krankheit, sie erkannte es an, aber erst in diesem Augenblick verstand sie es wirklich. Es wurde sehr real für sie. Das war genug Realität für einen Tag, dachte ich bei mir und setzte mich mit meinem Tee zurück auf die Couch. Durch gleichmäßiges tiefes Atmen versuchte ich, die Übelkeit einzudämmen. Ich wollte mich auf keinen Fall übergeben. Wir hatten so einen perfekten Tag und meine Mutter würde nur so kurze Zeit hier sein, das durfte jetzt nicht durch diese Laune meines Körpers kaputt gemacht werden! Bockig atmete ich vor mich hin, aber das Gefühl von Druck und Rebellion in meinem Magen wurde immer stärker. Ich wurde innerlich so unglaublich wütend und fühlte mich gleichzeitig so hilflos. Wie ein kaputter Mensch. Ein defektes Modell. Ich war 26 Jahre alt und fühlte mich wie eine gebrechliche Hundertjährige. Über eine Stunde saß ich so auf der Couch, während meine Mama Abendessen für den Kleinen zubereitete und ihn fütterte. Der Versuch war nicht wirklich von Erfolg gekrönt, aber beide gaben ihr Bestes und Louis hatte eine Menge Spaß. Immer wieder hörte ich ihn von der Couch aus lachen, gefolgt von verzweifelten Verhandlungsversuchen meiner Mutter.

Schließlich war es so weit. Ich spürte das Essen hochkommen und rannte ins Bad. Es war keine bewusste Entscheidung, sondern ein Zwang. Mein Körper ließ mir keine Wahl. Und während ich unser Mittagessen wieder loswurde, wusste ich die ganze Zeit, dass meine Mama nebenan saß und jede Sekunde davon mitbekam.

Das Gefühl von Scham, das ich verspürte, kann ich kaum beschreiben. Nachdem mein Magen leer war, saß ich still auf dem Badezimmerboden, bis die Scham nach und nach von extremer Wut abgelöst wurde. Geradezu glühender Wut, und wenn ich die Kraft gehabt hätte, wäre ich wohl durch den Raum getobt und hätte etwas kaputt gemacht. Aber ich war müde und ausgelaugt. Mein Kopf schrie vor Wut und Ungerechtigkeit, aber mein Körper wollte einfach nur schlafen. Was für eine komische Mischung. Ich war selbst verwundert über meinen extremen Hass auf die Situation, denn es war ja schon öfter passiert und hatte mich nie so aufgeregt. Ich rappelte mich langsam auf und warf, wie immer, einen kurzen Blick auf die Toilette. Automatisch hatte ich mir in den Jahren angewöhnt, stets zu kontrollieren, ob alle Beweise mit der Spülung vernichtet wurden. Wie ein Verbrecher. Dann wusch ich mein Gesicht mit eiskaltem Wasser und stemmte meine Arme auf das Waschbecken, denn mir war sehr schwindelig. Schwer atmete ich mehrfach tief durch, das half gegen den Schwindel und die Wut. Aus dem Überdruck in meinem Brustkorb wurde langsam Traurigkeit. Es passte gerade wirklich nicht in meinen Plan, aber plötzlich weinte ich los. Trotz all der gemischten Gefühle behielt ich die Kontrolle, es zumindest leise zu tun. Vorsichtshalber ließ ich aber trotzdem das Wasser laufen. Nach kaum einer Minute nahm ich mich zusammen, wusch mein Gesicht nochmals und rubbelte es kräftig mit einem Handtuch ab. So, als würde ich mich wach rubbeln wollen.

Jetzt wieder die Tür aufzumachen und rauszugehen schien unmöglich. Was würde ich denn jetzt sagen? Was würde meine Mutter sagen? Meine Hand verharrte auf dem Türknauf und ich stand nur da. Innerlich suchte ich nach irgendetwas, was ich nun sagen oder machen konnte, aber da war nichts. Ich hatte nichts auf Lager. Nach nunmehr zwölf Jahren waren mir die Sprüche doch tatsächlich ausgegangen.

Von all den Gefühlen blieb nur eines – ich hatte versagt. So, als hätte ich einen Marathon fast gewonnen und wäre kurz vor dem

Ziel, mit allen Kameras auf mir, gestolpert. Langsam drehte ich den Türknauf, öffnete die Tür und fand Louis und Mum gegenüber auf der Couch. Keine fünf Meter weit von mir entfernt. Lou spielte mit einem Buch und meine Mama saß nur da und schaute mich an. In ihrem Blick sah ich alles und gleichzeitig nichts. Sie wusste genauso wenig wie ich, was sie sagen sollte. Da standen sich also zwei der größten und wortgewandtesten Klappen gegenüber und keine von ihnen brachte ein Wort raus.

Ich lief zur Couch und setzte mich einfach dazu. Um die unerträgliche Stille zu brechen, schaltete ich den Fernseher ein. Bis meine Mama irgendwann leise fragte: »Ists jetzt wenigstens besser?« Und ich erwiderte nur leise: »Ja.« Als hätten wir Angst, dass das Leben uns hören könnte, wenn wir lauter sprechen würden.

Nie war es mir so bewusst, dass ich momentan keine Kontrolle über meinen Körper hatte. Es war, als hätte mein Körper mir die Lizenz zum Kommando nach zwölf Jahren Fehlentscheidungen abgenommen. Ich rebellierte gegen mich selbst. Zu Recht.

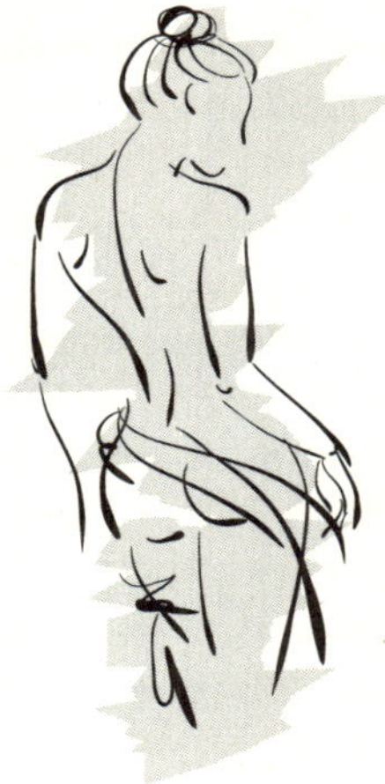

MURMELN

Nicht viele Menschen in meinem Umfeld wussten, dass ich in Therapie bin. Zwar hatte ich mittlerweile gelernt, dass ich krank bin und gab das auch offen zu – allerdings nicht ungefragt. Und glücklicherweise kommen selten Menschen auf einen zu und eröffnen das Gespräch mit »Und, würgst du dein Essen noch hoch?« oder »Sollen wir uns bei dem guten Italiener treffen oder doch wieder Fast Food, weil du es eh wieder ausspuckst?« Das sind keine gängigen Small-Talk-Themen. Und das kommt mir gelegen.

Trotzdem drängen sich entlang des Weges viele Fragen auf und die muss man nun einmal mit jemandem besprechen. Ich habe mir mittlerweile einen guten Kreis an engen Freunden und ebenfalls Betroffenen aufgebaut, und in den letzten Monaten hatte es sich so eingebürgert, dass wir uns, zusätzlich zu unseren Gruppentherapien, einmal die Woche bei mir zu Hause treffen. Bei mir deshalb, weil ich das größte Wohnzimmer, zwei zusätzliche Parkplätze und das sauberste Bad habe. In meiner aktiven Zeit hatte ich nach jedem Übergeben die Toilette geputzt, ganz so, als könnte ich es ungeschehen machen, wenn ich es wegputzte. Als wäre der Geruch von Zitrone in der Luft ein Beweis, dass hier ein vernünftiger Mensch wohnt. Der Putzfimmel blieb mir.

Wir sind keine Selbsthilfegruppe. Wir sind Freunde. Allerdings Freunde mit Suchtproblemen. Unsere illustre Truppe besteht aus zwei ehemaligen Heroinabhängigen, zwei trockenen Alkoholikern und drei Bulimikern. Ab und zu haben wir noch einen dabei, der einst auf Schmerzmittel und Koks abfuhr.

Es ist nicht immer Full House und so waren wir auch an einem Donnerstagabend im September nur zu viert. Michael und Todd, die Vertreter der Heroinabteilung, Angela, trockene Alkoholikerin, und ich.

Wir saßen also gegen neun alle um meinen Esstisch versammelt, es gab Wasser und Säfte, um die ehemals Alkoholabhängigen nicht zu verführen, rohes, geschnittenes Gemüse, um die Bulimiker nicht zu stressen, und eine Schale voller Murmeln in der Mitte. Das hatte ich eingeführt, ohne den anderen zunächst zu sagen, was der Sinn und Zweck dieser Schale war. An mir selbst und in den Gruppensitzungen hatte ich bemerkt, dass es manchen hilft, wenn sie ihre Finger beschäftigen können. Meine Gäste dachten also, es sei nur Deko, aber eigentlich dienten die Murmeln als Hilfsmittel. Meist dauerte es keine halbe Stunde, bis fast jeder mit den kleinen Kugeln herumspielte.

Vielleicht war es die Art, wie ich mich auf meinen Stuhl fallen ließ, oder das tiefe Ausatmen, das den anderen verriet, dass ich einiges auf dem Herzen hatte. Doch kaum saß ich, schauten alle Augen zu mir und Angie forderte trocken: »Okay, spucks aus – was ist passiert?«

Ich zuckte die Schultern und sagte gequält: »Keine Ahnung, es ist irgendwie alles ... Kein Bereich meines Lebens ist total unabhängig von Bulimie. Es hat sich wie ein hässlicher Krebs überall reingefressen und stirbt nur sehr langsam ab. Es macht mich müde, dass wie aus dem Nichts immer wieder ein verdammt schwerer Tag daherkommt, den ich kaum überstehe. Die Zeit zieht sich dann wie Kaugummi und meine Gedanken sind unkontrollierbar. Das sollte doch mittlerweile echt kein Thema mehr sein! Ich bin jetzt ein Jahr in Therapie und nächste Woche das erste Mal drei Monate ohne Ausrutscher. Ich habe einfach keinen Bock und keine Kraft mehr.« Ich schluckte kurz das Zittern in meiner Stimme weg und griff nach ein paar Murmeln. Dann setzte ich schnell nach: »Und ganz ehrlich – ich will so sehr einen Fressanfall haben, dass ihr für mich alle ausseht wie Burger und Pommes! So, jetzt hab ichs gesagt.« Trotzig richtete ich den Blick nach unten auf die Hand mit Murmeln.

Hätte man das jetzt seinem Buchclub erzählt, so hätte man wohl bedrückte Gesichter und viel Besorgnis geerntet. Aber wir waren eben anders. Todd, der Tischälteste mit acht Jahren Heroinkarriere, prustete einen Lacher heraus und pikste mich mit seinem Zeigefinger in die Seite. »Ach komm schon, das kennen wir doch. Glaubst du, dass ich mir nicht heute noch gerne einen Schuss setzen würde? Klar, denn es war ein unglaublich tolles Gefühl, high zu sein. Das beste Gefühl, das ich kenne. Aber es war immer eine Lüge. Ein pinkfarbener Nebel, der kurz mal das tatsächliche Problem versteckte. Und das taten wir alle, wie wir hier am Tisch sitzen. Wir hatten Probleme und haben sie maskiert. Manche mit Alk, manche mit Heroin, manche mit Essen und Kotzen. Und keiner ist besser oder schlechter als der andere. Verstanden?« Ich schaute ihm in die Augen und nickte. Denn ich verstand es mittlerweile wirklich. Ich machte keinen Unterschied mehr zwischen Süchten, denn sie alle waren aus derselben einsamen Suche nach dem einen Etwas geboren. Todd rollte eine weitere Murmel zu mir rüber und sagte: »Also, du Murmel, dann pack mal aus. Was könnte der Auslöser für die Talfahrt sein?« Ich dachte nach und versuchte, den Moment festzumachen, an dem ich mich gefühlsmäßig instabil gemacht hatte. Es muss der Abend zuvor gewesen sein. »Ich war gestern Abend auf einem Date mit dem Typen, den ich bei der Autowaschanlage kennengelernt habe …«, setzte ich an und wurde durch ein dreistimmiges »Uuuuuhhhh« unterbrochen. Mit den Armen fuchtelnd fuhr ich fort: »Ihr wisst schon, Thomas …« – wieder »Uuuuuuhhhh« von den billigen Plätzen »… und wir verstehen uns so gut und unsere Gespräche sind wirklich tiefgründig und ehrlich. Und als wir uns dann verabschiedet haben, schrieb er mir eine halbe Stunde später gleich eine SMS, in der stand, er hätte schon lange nicht mehr so ehrlich und offen mit jemandem sein können wie mit mir. Ja ganz toll. Der schüttet sein Herz inklusive Kindheitsdramen aus und ich bin eine Lügnerin. Ich habe ihm kein Wort über die Therapie oder die Essstörung erzählt, weil ich einfach nie weiß, wann der richtige Zeitpunkt wäre. Wenn ich es zu früh sage, ekelt er sich und meldet sich nie mehr oder fragt sich ab dann immer, was ich auf der Toilette mache, wenn ich doch einfach nur pinkeln will. Und wenn ich es zu lange verschweige, ist das ein totaler Vertrauensbruch!« Diesmal keine »Uuuuuhhs«, stattdessen betroffene Gesichter.

Kurze Ruhe in der Gruppe, die einander hilft, sich selbst zu helfen, aber keine Selbsthilfegruppe ist. Dann meldete sich Angie zu Wort: »Weißt du, Sara, bei den Anonymen Alkoholikern bringt man uns bei, dass wir im ersten Jahr am besten gar keine romantischen Beziehungen haben sollten. Einfach deswegen, weil die Emotionen, die damit verbunden sein können, gut oder schlecht, es uns schwerer machen, dieses emotionale Gleichgewicht zu finden, das wir brauchen, um ohne Alkohol stabil zu sein. Vielleicht ist es zu früh für dich.« Todd pflichtete ihr bei und ergänzte: »In meinem ersten Jahr Therapie brauchte ich all meine Sinne, um mich selbst zu kontrollieren und meine Gedanken gesund verarbeiten zu können. Wenn du jetzt nach einem Date mit dem Typen so einen schweren Tag und großen Suchtzwang hattest, musst du was ändern. Also entweder du erzählst es ihm und er bleibt und hilft dir sogar teilweise oder du musst das abbrechen.«

Zusammen sind Todd, Angie und Michael über zehn Jahre sauber und clean. Ich kratze gerade mal die Dreimonatsmarke an, und auch, wenn mir das, was sie sagten, nicht gefiel, so glaubte ich ihnen doch aufs Wort. Der Rest des Abends lief etwas fröhlicher. Angie erzählte von einer großen Geburtstagsfeier in ihrem Büro, bei der Sekt ausgeschenkt wurde. Und wann immer eine der Kellnerinnen ihr unwissend ein Glas anbieten wollte, warf sich ein Kollege schützend vor sie und sagte ernst: »Nein! Sie ist Alkoholikerin.« Die Aktion ähnelte laut ihrer detailreichen Erklärung wohl einem Secret Service Agent, der mit der Brust eine Kugel für den Präsidenten aufhält.

Michael hatte kaum etwas gesagt und darauf angesprochen sagte er schließlich genervt: »Ich liebe euch alle und bin immer für euch da, aber heute habe ich echt keinen Bock auf euch oder jedes andere Lebewesen.« Auch das war okay. Ich lachte und schob ihm die Platte mit rohem Gemüse, das niemand angerührt hatte, direkt vor die Brust. Er lächelte zurück. Man verstand sich hier, am Stammtisch.

Als sich die stärksten schwachen Menschen, die ich je kennenlernen durfte, dann gegen elf Uhr abends verabschiedeten, nahm ich mir einen Moment alleine auf der Couch, um herauszufinden, wie ich mich fühlte. Für andere ist es eine selbstverständliche Empfindung, zu wissen, wie man sich fühlt und warum. Ich muss das erst neu erlernen und brauche dafür Zeit. Ich schaute also in mich hinein und fand ein Gefühl, ganz einfach und ganz leicht – Erleichterung. Es ging mir besser, nachdem ich über mein Verlangen, rückfällig zu werden, gesprochen hatte. Und gleich nach der Erleichterung fand ich große Dankbarkeit hinter der nächsten Ecke meines komplexen Kopfes. Ich war innerhalb eines Jahres von einer absoluten Einzelgängerin zu einem Mädchen mit Freunden geworden. Mit Freunden, die jede hässliche Seite an mir kannten und trotzdem bei mir blieben. Und mit diesen Stützen konnte nun auch der Mut aus seinem Versteck kommen. Da war er, der Mut, ich selbst zu sein. Der Mut zum Risiko. Noch nicht dauerhaft da, aber zumindest im Augenblick. Also zog ich mein Handy hervor und suchte Thomas' Nummer heraus. Ich wollte schon anrufen, aber entschied mich in letzter Sekunde doch für eine SMS. Nicht, weil ich feige war, sondern weil ich ihm die Gelegenheit zum Nachdenken geben wollte. Er sollte sich nicht überrumpelt fühlen.

Vorsichtig wählte ich meine Worte: *Hallo Thomas. Danke für den wunderbaren Abend gestern. Ich liebe unsere Gespräche und die Art, wie wir einander so natürlich vertrauen. Und weil ich dein Vertrauen schätze und auch verdienen will, muss ich dir noch eine Sache gestehen, die ich bisher verschwiegen habe. Ich bin seit meinem 14. Lebensjahr Bulimikerin. Allerdings bin ich in Behandlung und auf einem guten Weg. Ich hoffe, das erschreckt dich nicht, und wenn du möchtest, können wir gerne mal über deine Gedanken zu meiner Krankheit reden.*

Ich las den Text noch einige Male auf dem leuchtenden Display durch und drückte dann mit Überzeugung »Send«. Sofort, nachdem der Text geschickt war, wurde die Sicherheit natürlich schlagartig kleiner und mir fielen zehn Sachen ein, die ich gerne ergänzt oder umformuliert hätte. Während ich mein Gesicht wusch, meine Zähne putzte und meinen Schlafanzug anzog, starrte ich ständig auf mein Telefon. Normalerweise schrieb Thomas immer schnell zurück. Diesmal nicht.

Kurze Zeit später lag ich im Bett und starrte im Dunklen an die Decke. Das Handy auf dem Nachtkästchen neben mir, auf lautlos gestellt. Je länger ich nichts von Thomas hörte, umso nervöser und unsicherer wurde ich. Mein Blick ins Dunkle wurde von einem Lichtstrahl aus dem Handy unterbrochen und ich schwang mich schlagartig Richtung iPhone. Eine SMS! Aber nicht von Thomas, sondern von Michael. *Liebes, der Weg durch eine Sucht ist der Weg zurück zu dir. Du musst dich lieben lernen und dann kann dich nichts von deinem kleinen Sockel voller Selbstachtung stürzen. Und auf diesem Sockel lebt es sich gut, ohne Alk, ohne Drogen und ohne Essanfälle. Sei dein eigenes Licht. Hab dich lieb. Michi*

Noch mindestens eine Stunde dachte ich darüber nach, wie recht er hatte und wie glücklich ich mich schätzen konnte, ihn und die anderen neuen Menschen in meinem Leben zu haben. Ich war kein Einzelkämpfer mehr. Ich war ein Teil einer kleinen Welt, die langsam immer größer und farbiger wurde. Mit diesem Gedanken schlief ich glücklich ein.

Am nächsten Morgen galt mein erster Blick meinem Handy, dort war noch immer keine Nachricht von Thomas. Und auch die nächsten Tage nicht. Ich hörte nie mehr von ihm. Es machte mich zwar ein wenig traurig, aber es stürzte mich nicht mehr in diesen dunklen Platz voller Einsamkeit und Essen zurück. Ich stand bereits sicher genug auf meinen beiden Beiden, dass selbst diese Ablehnung mich nicht umwerfen konnte. Das war das erste Mal, dass mir mein Fortschritt und meine Entwicklung so drastisch auffielen. Ich war vom Blatt im Wind zum Zweig an einem Baum geworden. Und eines Tages bin ich hoffentlich ein fester Stamm mit tiefen Wurzeln, der jedem Wetter trotzt.

HOFFNUNG

Es war ein bewölkter Tag in Los Angeles, Anfang Oktober. Ich erinnere mich gut an das Wetter, denn hier ist es sonst jeden Tag sonnig. Auch die Temperatur schwankt nur zwischen »zu heiß« im Hochsommer und »richtig schön warm« im Winter. Es gibt keine Jahreszeiten hier. Es ist immer filmreifes Wetter, in der Stadt der vielen Filme. Bevor ich nach L.A. zog, war mir nie klar gewesen, wie wichtig Jahreszeiten für das eigene Zeitgefühl sind. Nun war es Ende Oktober und die letzten sechs Monate waren vergangen wie im Flug.

Es war frühmorgens und die Sonne ging gerade auf, allerdings war sie heute nur zu erahnen und hatte keine Chance gegen die dicken, hellgrauen Wolken, die tief über der Stadt hingen. Nicht einmal das allgegenwärtige, geradezu drohende Hollywood-Schild war zu erkennen. Ich war verliebt in diese Wolken, denn sie erinnerten mich an zu Hause. Und mit meinem Zuhause meinte ich an diesem Tag Regensburg. Zwar hatte ich für Louis und mich hier in einer neuen Welt eine neue Realität und ein tolles neues Zuhause geschaffen, aber an den Tagen, an denen ich mich selbst noch wie ein Kind fühlte, hieß zu Hause eben »bei Mama«.

Los Angeles ist selten ruhig, aber schläft, im Gegensatz zu New York, nicht nur gerne, sondern auch lang. Es war 6:30 Uhr am Morgen und man hörte keinen Mucks auf der Straße, nur entfernt ein paar vereinzelte Autos auf dem Sunset Boulevard.

Auf meinem hellblauen Kaffeebecher stand in weißer Schrift *Life is good*. Was soll ich sagen, der Becher hatte recht. An mehr und mehr Morgen, seit Beginn meiner Therapie, konnte ich dem Becher beipflichten. An ein paar wollte ich ihn hingegen noch immer gegen die Wand werfen.

So hätte ich ewig dort sitzen und nachdenken können, aber Louis meldete sich aus dem Schlafzimmer und wiederholte mehrfach »Nein« und »Apple«. Das waren seine ersten beiden Worte und er benutzte sie für einfach alles. Als ich ins Zimmer kam, stand er schon aufrecht im Bett, in der Hand ein Spielzeugauto, strahlte über das ganze Gesicht und schrie: »Aaaaaapple!« Ich lachte und sagte: »Ja, ich bins – dein Apple. Gut erkannt. Dann mal ab zum Windelwechseln, du Melone.« Als das Kind dann trockengelegt war, wollte ich ihm seine üblichen Kindergarten-Klamotten anziehen. Das hieß im Prinzip alles, was verloren oder zerstört werden durfte. Doch dann entschied ich mich um und zog ihm seine Sonntagsklamotten an. Jeans statt Jogginghose, Polohemd statt ausgewaschenem Glücksbärchi-Shirt. Und danach tat ich dasselbe und tauschte meinen Gemütlichkeits-Look gegen ein anständiges Outfit. Ich traute mich noch immer nicht, figurbetonte Klamotten zu tragen, aber eine Jeans und ein sehr weites hellblaues Hemd waren schon drin.

Zusammen saßen wir dann also beim Frühstück und sahen aus, als würden wir gleich Zeugnisse bekommen und das Klassenfoto schießen. Das war zwar nicht ganz der Fall, aber ich wollte trotzdem, dass wir uns feierlich fühlten, denn heute war mein besonderer Tag. Ich war seit sechs Monaten in Gruppentherapie. Zu diesem Anlass musste man vor der Gruppe sechs Fragen beantworten, die aus einem Hut gezogen wurden. Und diese Sechsmonatszeremonien waren wirklich für Überraschungen gut! Ich hatte ja schon ein paar Mal bei dem Spektakel im Publikum gesessen und da war von der feierlichen Erfolgsgeschichte bis zum tränenvollen Nervenzusammenbruch alles schon da gewesen. Man hätte also erwarten sollen, dass ich sehr aufgeregt war, aber ich war nicht mal beunruhigt. Ich war nachdenklich und still.

Ich gab Louis in der Preschool ab und seiner Betreuerin fiel sofort sein Outfit auf. Auf Englisch, aber mit ihrem unverkennbaren russischen Akzent, fragte sie: »Ohhh, special day today?« und ich erwiderte ohne nachzudenken: »Yes – special day today in Germany.« Das war ja nicht gelogen, sondern lag nur im Auge des Betrachters. Die Betreuerin strahlte Louis an und sagte feierlich: »Okay, extra cookies for you today.«

Mit der Gewissheit, dass Louis, dank erfundenem deutschem Feiertag, einen Tag mit extra Keksen verbringen würde, schwang ich mich in mein Auto und machte mich auf den mittlerweile so vertrauten Weg nach Santa Monica.

Das Radio ließ ich diesmal ausgeschaltet, denn ich wollte meine Gedanken hören können. Ich wollte genau wissen, was ich fühlte, um jede Frage aus dem Hut wahrheitsgemäß beantworten zu können. Als ich am Gemeindezentrum ankam, war ich wie immer eine der Ersten. Das verschaffte mir die Zeit, meine Mitstreiter eintreffen zu sehen. Nach all den Sitzungen, all den Gesprächen und Diskussionen, kannten wir einander besser als unsere engsten Freunde. Machte uns das nicht selbst zu engsten Freunden?

Ich konnte mich nie wirklich dazu durchringen, viel in diesem Stuhlkreis zu sagen, aber ich schrieb einfach immer seitenweise Therapietagebuch und las es vor. Das war eben meine Art, mich zu öffnen. Ich schrieb im Stillen und nur für mich zu Hause und las es dann der Gruppe vor. Man akzeptierte das und nach einer Weile wurde mein laut vorgetragener Eintrag zum stets abschließenden Punkt der Sitzung. Alle Mitglieder waren still und klatschten sogar manchmal – entweder hörten sie also sehr gerne zu oder sie waren einfach nur extrem höflich. Mein Schreiben war jedenfalls meine Brücke in die Gruppe.

Heute trat ich zum ersten Mal ohne mein Tagebuch an. Aus meinem Auto sah ich jetzt auch den letzten Teilnehmer ankommen, und es war Zeit, reinzugehen. Ich überprüfte mein Gesicht im Spiegel. Alles sah normal aus. Besser als normal. Vor sechs Monaten waren meine Backen aufgedunsen, meine Augen immer rot und meine Haut unrein gewesen. An diesem Oktobertag aber gehörte das der Vergangenheit an. Trotzdem lagen diese Zeiten nicht so weit in der Vergangenheit, als dass ich aufhören würde, ständig mein Gesicht zu kontrollieren.

Als ich das Gemeindezentrum betrat, erinnerte ich mich gut an das erste Mal, als ich hier ankam. Komisch, wie einen Meilensteine immer an die Anfänge denken lassen. Und als ich in unseren Sitzungsaal kam, begrüßte ich jeden Einzelnen mit Namen. An diesem Tag tat ich das sehr bewusst – hinter jedem Namen kannte ich die Geschichte.

Die Sitzung fing an und nahm ihren üblichen Lauf. Meine Gedanken schweiften immer wieder ab und ich fühlte mich sentimental und gleichzeitig sehr dankbar. Man sagt doch, das Leben fange da an, wo die eigene Komfortzone aufhört. In diesem Fall, in meinem Fall, stimmte das. Ich wollte meine Krankheit anfangs nicht loslassen und fühlte mich ohne sie verloren. Aber als ich angefangen hatte, sie loszulassen, hatte ich beide Hände frei, um endlich nach mir selbst zu suchen. Sicherlich eine der grundlegendsten Aufgaben im Spiel des Lebens. Meine Gedanken wurden unterbrochen, als Herr Hettford, der Gruppenleiter, meinen Namen erwähnte. »Heute ist ein besonderer Tag für Sara. Sie ist heute seit sechs Monaten im Programm und seit ganzen 15 Wochen ohne einen Rückfall«, verkündete er und klatschte. Nun applaudierten auch alle anderen und ich fühlte mich peinlich berührt. So wie in der Grundschule, wenn alle ein Lied für meinen Geburtstag singen mussten und ich nie wusste, ob ich jetzt auch mitsingen oder einfach nur zuhören sollte.

Patricia, eine der Ältesten in unserer Gruppe, rief aufgeregt: »Sechs Fragen aus dem Hut!« Die Gruppe unterstützte sie und antwortete mit einem übertriebenem »Uuuuuuuhhh«. Als ich meinen Weg zu dem kleinen Pult machte, an dem sonst nur Herr Hettford stand und redete, legte Patricia lachend »Diesmal aber ohne Skript« nach.

Dort stand ich nun und atmete tief durch. Aber nicht, weil ich aufgeregt war, sondern weil ich mich sammeln und konzentrieren wollte. In diesem Raum durfte nicht gelogen werden und ich wollte sämtliche Fragen ehrlich und offen beantworten. Das war ich meiner Gruppe schuldig. Und mir auch.

»Bereit?«, fragte Hetti. Ich nickte. »Normalerweise soll man in ein oder zwei Sätzen antworten, aber wir alle wissen, du sagst entweder gar nichts oder sehr viel. Also tob dich aus«, scherzte er. Meine Arme legte ich auf das Pult, meine Haltung war gerade, mein Hemd sauber und kein Geheimnis mehr zu beschützen. Ich war frei und bereit.

Hettford gruschtelte durch den Hut und zog den ersten Zettel heraus. Die Fragen waren vorher von Betreuern, Therapeuten und Gruppenmitgliedern verfasst und reingeworfen worden. Er faltete das Papier auf und las laut: »Vermisst du deine Essstörung manchmal?«

Kurz musste ich innehalten und nachdenken, denn das bedurfte einer vielschichtigen Antwort. »Nein. Ich vermisse die Essstörung keinen Tag. Aber die leeren Versprechungen, die sie mir machte und die ich so dringend glauben wollte, schon. Das falsche Versprechen von Schutz vor Einsamkeit. Heute weiß ich, dass es das, wonach ich suche, nur in der Verbundenheit zur Welt und in anderen Menschen gibt. Heute sehe ich die Essstörung als selbst gebaute Isolationszelle und das vermisse ich nie. Nein«, sagte ich langsam und bedacht.

Die Gesichter der Gruppe waren konzentriert. So wie sonst nur, wenn ich ihnen aus meinem Tagebuch vorlese. Herr Hettford faltete den nächsten Zettel auf und fragte: »Was motiviert dich am meisten, durchzuhalten?«

Ohne nachzudenken rief ich »Louis!« und der Klang meiner Stimme hallte in dem stillen Raum. Doch gleich danach konnte ich ehrlich ergänzen: »Aber je weiter die Essstörung weg ist, desto mehr finde ich zu mir selbst zurück, und die Sara, die am Ende auf mich wartet, motiviert mich ebenfalls sehr. Bin gespannt, sie kennenzulernen.« Ich hoffte auf einen kleinen Lacher aus der Gruppe und wurde natürlich nicht enttäuscht. Ich wünschte, meine Mutter könnte hier sein. Bevor ich den Gedanken an sie weiterspinnen konnte, räusperte sich Hetti und verkündete: »Halbzeit und Frage Nr. 3: »Was ist dein Wunsch für die nächsten sechs Monate?« Das war eine seltsame Frage, mit der ich irgendwie nicht gerechnet hatte. Spontan beschloss ich, nichts zu verkünsteln, und sagte: »Mehr Gedanken an die Liebe verschwenden als an Essen. Ich will so verliebt sein, dass ich ab und zu aus Glück vergesse zu essen. Und andere Male aus Liebe vergesse, Kalorien zu zählen. Ich wäre gerne verliebt. In einen Mann, in mich selbst und in mein Leben. Das wäre mein größter Wunsch im Moment.«

Stille im Saal und Stille bei mir. Ich war selbst ehrlich überrascht von meiner Antwort.

»Nummer 4. Bereit?«, fragte Hetti. Ich nickte. »Was ist dein bester Tipp zum Durchhalten?«

Das war einfach. »Hört auf, die erfolgreichen Tage zu zählen. Wir sind mehr wert als die Zahl auf der Waage und auch mehr als die Anzahl erfolgreicher Tage. Hört ganz auf, zu zählen. Wenn ich mal einen Rückfall hatte, und ich hatte einige, hab ich anfangs ein großes Ding draus gemacht und wieder bei null Tagen angefangen zu zählen. Aber das ist Quatsch, denn dieser Rückfall macht die guten Tage davor nicht weniger gut. Ich sehe heute jeden Tag meines Lebens als Tag ohne Essstörung. Ohne Diskussion oder Zweifel. Und sollte es mal einen Rückfall geben, dann war das eben ein schlechter Tag in einem immer gesunder werdenden Leben«, erklärte ich selbstbewusst und laut. Applaus von zwei Mädels. Ich fühlte mich geschmeichelt und ein wenig verlegen.

»Nur noch zwei, Sara, dann hast du es hinter dir«, kündigte Herr Hettford an. »Glaubst du, du bist jetzt gesund?«

Das war eine gute Frage. Und eine, über die ich mir bereits viele Gedanken ohne endgültige Antwort gemacht hatte. »Das ist eine schwierige Frage und ich habe keine treffende oder populäre Antwort – leider. Denn von meinen Beobachtungen glaube ich, dass wir Essgestörte immer auf unser Verhalten achten werden müssen. Anders als Alkoholiker oder Drogensüchtige können wir nicht einfach komplett unserer Droge der Wahl fernbleiben. Wir müssen essen. Und deswegen müssen wir immer wachsam bleiben und zusehen, dass wir nicht in alte Muster zurückfallen. Allerdings kann gesund doch auch heißen, jetzt richtig von falsch unterscheiden zu können. Oder eben den Entschluss, sich nicht hinter einer Essstörung vor dem Leben zu verstecken, jeden Tag neu zu treffen. Das ist doch auch gesund, oder? Gesund muss nicht heißen, wir fühlen uns, als hätten wir nie eine Krankheit gehabt. Gesund ist, was wir jetzt und heute tun. Und jetzt und heute bin ich gerade gesund, ja«, erklärte ich feierlich und etwas zu emotional. Gerne wäre ich jetzt mal kurz auf die Toilette verschwunden. Stattdessen schluckte ich schwer und hielt ein Tränchen zurück.

Die Gesichter meiner Gruppe waren betroffen und freudig zugleich. Eine letzte Frage noch, dann hatte ich es geschafft. Das Atmen fiel mir schwer und der Drang zu weinen kroch mir die Kehle hoch.

Hettford warf mir einen Blick zu, und er sah sicher, wie ich mit mir kämpfte. »Und zuletzt: Was bedeutet Therapie für dich?«, fragte er.

Und das war plötzlich wieder einfach: »Es ist das Aus-dem-Weg-Räumen von Hindernissen, die ich mir selbst in den Weg gebaut hatte. Ich räume sie weg, um endlich sehen zu können, was vor mir liegt«, antwortete ich schnell und selbstbewusst.

»Und dann noch eine persönliche Frage«, kündigte Hetti an. »Ganz ehrlich, Sara, wie lange hat es gedauert, bis du gemerkt hast, dass es in Westhollywood eine Gruppe zwei Minuten von deinem Haus entfernt gegeben hätte?«, fragte er laut. Was?

Die Gruppe lachte und auch ich konnte mir einen Lacher nicht verkneifen. Leicht verunsichert schaute ich zu Hetti. Ein breites Grinsen zog sich über sein bärtiges Gesicht. Überrascht spürte ich die Träne, die ich unterdrückt hatte, auf meiner Wange hinunterrollen. Sie muss sich während des Lachens herausgeschlichen haben. Ich räusperte mich übertrieben laut und sagte mit fester Stimme: »Ich wusste es seit dem Tag, als ich ›Therapiegruppen in L.A.‹ gegoogelt hatte, Herr Hettford.« Leiser fuhr ich fort: »Aber ich schämte mich anfangs so sehr für meine Krankheit, dass ich die Gruppe wählte, die am weitesten von meinem Haus entfernt lag. Heute schäme ich mich nicht mehr und das verdanke ich euch. Und jeder von euch ist mir die 45 Minuten Fahrt wert. An jedem Tag und zu jeder Zeit. Eines der wichtigsten Dinge, die ich gelernt habe, ist, Menschen in mein Leben zu lassen, und jetzt möchte ich euch doch nicht mehr missen.«

Wir sind eine Gruppe von elf Leuten und ich umarmte jeden von ihnen, als ich an diesem Oktobertag das Zentrum verließ. Patricia, die Älteste, begleitete mich zum Auto und hakte sich in meinem Arm ein. Das gefiel mir. Wir liefen vorbei an den schönen kleinen Bäumchen und über den großen Parkplatz. An meinem Auto angekommen, sagte sie: »Kleines, dir hören Menschen zu. Das ist selten. Dir ist das nicht bewusst, aber viele mit unserer Krankheit hätten viel zu sagen und keiner hört zu. Dir hört man zu! Mach was draus.«

Ich kann es kaum erwarten, Patricia dieses Buch zu geben.

SCHWARZKOPF & SCHWARZKOPF

DURCH DICK UND DÜNN

MEIN WEG AUS DER FETTSUCHT –
EIN ZWEITES LEBEN MIT 80 KILO WENIGER

DURCH DICK UND DÜNN
MEIN WEG AUS DER FETTSUCHT
Von Sandra Selbach
Mit Antje Diller-Wolff
ca. 240 Seiten, Taschenbuch
ISBN 978-3-86265-476-5 | Preis 9,99 €

Essen und die Psyche – nicht trennbar. Sandra Selbach kompensierte Einsamkeit und Frust stets mit Nahrung. Nach einer unglücklichen Affäre mit einem verheirateten Mann gleitet die junge Frau endgültig in die Fettsucht ab.

Psychisch instabil, schafft sie es nicht, ihr Leben neu zu organisieren. Als die Waage knapp 160 Kilo anzeigt, wird sie schließlich wach: Sandra Selbach stellt sich dem Kampf gegen die Adipositas und nimmt 80 Kilo ab. Heute ist die 40-Jährige zufrieden mit ihrem Körper, arbeitet sogar nebenbei als Plus-Size-Model.

Sandra Selbachs Geschichte ist packend, erschütternd und beeindruckend zugleich. Sie macht Mut, nicht aufzugeben, auch wenn der Körper eine Masse angenommen hat, der mit einer üblichen Diät nicht mehr beizukommen ist.

WWW.SCHWARZKOPF-SCHWARZKOPF.DE

SCHWARZKOPF & SCHWARZKOPF

KONTROLLIERT AUSSER KONTROLLE

EINE MAGERSÜCHTIGE JUNGE FRAU BERICHTET ÜBER IHREN KAMPF GEGEN DIE KRANKHEIT – AUFRICHTIG, MUTIG UND BEWEGEND

KONTROLLIERT AUSSER KONTROLLE
DAS TAGEBUCH EINER MAGERSÜCHTIGEN
Von Hanna-Charlotte Blumroth vom Lehn
300 Seiten, Taschenbuch
ISBN 978-3-86265-199-3 | Preis 9,95 €

»›Ich hasse diese Krankheit wie die Pest und ich liebe sie. Es gibt halt einfach immer diese zwei Seiten‹, erklärt die Autorin ihre Gefühle. Das ständige Auf und Ab ihrer Gedanken und ihre innere Zerrissenheit schreibt sie in ihrem Tagebuch auf.« stern.de

»Die Tagebuchaufzeichnungen gewähren einen Einblick in die Zwänge und Ängste, denen eine Magersüchtige unterliegt. Offen erzählt Hanna von Panikattacken und Zwangsgedanken. Und von den zwei Stimmen in ihrem Kopf: Der gesunden, die spürt, dass ihr Körper kapitulieren könnte und der kranken, die sie zum Hungern antreibt.« gofeminin.de

»Hanna ist ein tolles Biepsiel dafür, wie wichtig es ist, sich in professionelle Hilfe zu begeben, in die Klinik zu gehen und so den Sog der Krankheit zu beenden.« NDR / DAS!

WWW.SCHWARZKOPF-SCHWARZKOPF.DE

© Franz Steiner

Sara Schätzl wuchs im idyllischen Donauwörth auf und lebte zeitweilig in Regensburg und München, bevor sie schließlich nach Los Angeles auswanderte. Schon als junges Mädchen begann Sara mit dem Zählen von Kalorien und verfiel mit 14 Jahren der Bulimie. Die Essstörung hielt sie über viele Jahre gefangen, bis sie schließlich stark genug war, der Krankheit entgegenzutreten. Mittlerweile macht Sara eine Therapie und bezeichnet sich als gesund. HUNGRIGES HERZ ist ihr zweites Buch.

Sara Schätzl
HUNGRIGES HERZ
Mein Leben mit der Bulimie

ISBN 978-3-86265-445-1

Lektorat: Svenja Conrad | Coverfoto: © Kal Yee | Illustrationen: Irina_QQQ/shutterstock.com

Schwarzkopf & Schwarzkopf Verlag GmbH
Kastanienallee 32, 10435 Berlin
Telefon: 030 – 44 33 63 00
Fax: 030 – 44 33 63 044

INTERNET | E-MAIL
www.schwarzkopf-schwarzkopf.de
info@schwarzkopf-schwarzkopf.de